# CAHIERS
# D'ÉCONOMIE POLITIQUE



# *PAPERS*
# *IN POLITICAL ECONOMY*

65

Philosophie économique

*Economic Philosophy*

*2013*

L'Harmattan

*Correction éditoriale. Joëlle Cicchini*

*Maquette & mise en pages. Arnaud Frossard*

Depuis 1974, les *Cahiers d'économie politique* sont un lieu privilégié pour les discussions théoriques qui prennent en compte toute la dimension historique de la discipline économique. Considérant que l'étude des auteurs passés et les débats actuels en analyse économique peuvent mutuellement s'enrichir, ils publient des articles qui relèvent de l'histoire de la pensée économique, de la philosophie économique, ou qui se situent à l'intersection de l'histoire de la pensée et de la théorie économique contemporaine ou de l'histoire économique.
Les *Cahiers d'économie politique* publient deux numéros par an, généralement en juin et décembre. Un de ces deux numéros est thématique. Les numéros thématiques publient des sélections d'articles proposés dans le cadre de colloques ou de journées d'étude. Ces manifestations sont organisées par la revue ou par des institutions universitaires sur le principe d'un appel à communication. Pour envisager qu'un colloque soit publié dans la revue, il est nécessaire que le responsable prenne contact dès l'organisation de la manifestation avec le comité de rédaction des *Cahiers*.

Since 1974, *Papers in Political Economy* have published and participated to the main theoretical discussions by paying a particular attention to the historical aspects of economic analysis. Considering that the study of past authors and present debates are complementary, the PPE publish papers on history of economic thought, economic philosophy, or papers overlapping fields of history of economic thought and contemporary economic theory or economic history.
*Papers in Political Economy* is a biannual journal, usually published in June and December. One of the two yearly issues is thematic and includes papers presented at a workshop or conference and selected among responses to an open call for papers. For proceedings to be published in this form, conference organizers are invited to contact the journal's editorial board at a very early stage.

Adresse • Address

Site Internet : http://www.cahiersdecopo.fr/

Éditeur : Éditions L'Harmattan, 5-7, rue de l'École Polytechnique, 75005 Paris

Tél. : 01 40 46 79 10 – Site Internet : http://www.editions-harmattan.fr

Éditeur électronique : CAIRN, http://www.cairn.info/

Instructions aux auteurs • Notes for contributors

Les *Cahiers d'économie politique* acceptent les articles en français et en anglais. Normes de publication disponibles sur le site internet : http://www.cahiersdecopo.fr/

*Papers in Political Economy* accept papers in French and in English. For a full and complete guide for authors, please go to: http://www.cahiersdecopo.fr/

**5-7, rue de l'École Polytechnique, 75005 Paris**

www.librairieharmattan.com
diffusion.harmattan@wanadoo.fr
harmattan1@wanadoo.fr

ISBN : 978-2-343-02207-9
EAN : 9782343022079

# SOMMAIRE

## CONTENTS

# QU'EST-CE QUE LA PHILOSOPHIE ÉCONOMIQUE ?[1]

*Patrick Mardellat*[2]

## I. Dire ou ne pas dire la philosophie économique – Introduction

Qu'est-ce que la philosophie économique ? Et où la rencontre-t-on ? Sous quelles formes ? C'est afin de tenter de répondre à ces questions que les *Cahiers d'économie politique* ont lancé un appel à communication sur le thème de la philosophie économique, dont les papiers retenus ont été présentés et discutés lors d'un colloque qui s'est tenu à l'Institut d'études politiques de Lille les 21 et 22 juin 2012. On trouvera dans ce numéro thématique un échantillon très réduit de papiers sélectionnés qui ont été soumis par leurs auteurs à la revue, soumissions qui ont suivi les procédures habituelles d'évaluation[3]. Les auteurs sont des économistes, à l'exception d'Egidius Berns, philosophe. C'est donc en tant qu'économistes qu'ils ont développé des idées et arguments sous la désignation de philosophie économique. Or, comme le lecteur s'en rendra compte par lui-même, ces textes, la plupart d'entre eux du moins, auraient très bien pu se présenter comme des articles de théorie économique : théorie du bien-être, théorie de la justice, théorie des choix, théorie de la firme, etc. C'est en tout cas sous ces parties de la théorie économique qu'habituellement se rencontre ce type de développements. N'y

1. Ce texte a largement bénéficié de conversations avec Arnaud Berthoud. Il m'a sûrement donné plus que je n'ai su recevoir pour l'écriture de ces lignes. Je suis cependant responsable de l'orientation et du ton imprimé au développement de ces idées. Le développement et la reconnaissance de la philosophie économique en France au cours des quatre dernières décennies lui est largement redevable, au travers de ses articles et livres, de son enseignement et encadrement de doctorants, mais aussi de sa passion pour la discussion et les débats d'idées. Qu'il en soit ici chaleureusement remercié.

2. Sciences Po Lille-Université Lille Nord de France, CLERSE-UMR 8019. 84 rue de Trévise, F-59000 Lille, patrick.mardellat@sciencespo-lille.eu

3. Plus de cent dix papiers ont été soumis au comité scientifique du colloque dont soixante ont été sélectionnés, témoignant du succès de l'appel à communication et de l'intérêt pour la philosophie économique. Trente-huit papiers ont été soumis aux *Cahiers d'économie politique* : huit ont été retenus au terme de la procédure d'évaluation.

aurait-il donc pas de différence entre la philosophie économique et la théorie économique, la philosophie économique ne serait-elle qu'un autre nom pour la théorie économique ? Qu'est-ce que cela nous apprend sur la philosophie économique ?

La réponse simple est que la philosophie économique se loge dans la théorie économique, elle y est cachée, enfouie, elle est recouverte par la théorie. Ou encore, la théorie économique lorsqu'elle réfléchit et définit ces notions fondamentales de l'économie que sont la justice, le choix, l'action, la valeur, etc., constitue un prolongement de la philosophie, un développement régional appelé philosophie économique, de notions qui prennent racine et sont constitutives de la philosophie. Et cela vaut ici, dans l'échantillon présenté, pour des théories économiques contemporaines, tous les auteurs abordés étant du XX$^{e}$ siècle, voire des dernières décennies de ce même siècle, et non pas seulement pour des auteurs qui sont habituellement étudiés dans le cadre de l'histoire de la pensée économique. Ainsi, un premier enseignement à tirer de cette lecture est que la philosophie économique n'est pas un reliquat du passé : elle est actuelle à toute théorie économique, elle est contemporaine de l'activité scientifique de l'économiste. Il y a donc de la philosophie économique chez Sen, Hayek ou Schumpeter comme il y en a chez Walras, Marx ou Smith. L'histoire de la théorie économique n'est donc pas celle de l'évacuation des résidus de philosophie économique ou d'une autonomisation croissante par rapport à la philosophie économique, c'est plutôt celle de son refoulement. La philosophie économique n'est pas dite par la théorie, elle avance masquée. Cela nous apprend aussi qu'elle y est présente le plus souvent à l'insu des économistes eux-mêmes, la philosophie économique n'étant pas explicitée par les théoriciens de l'économie. À l'encontre des pratiques habituelles en économie, les économistes qui s'expriment ici à propos d'auteurs, de constructions théoriques et/ou de concepts, à propos encore d'influences entre philosophies et économistes, admettent donc qu'il y a dans ces théories et concepts de la philosophie économique. Il faudrait même dire qu'ils assument et reconnaissent l'existence de philosophie économique dans la théorie. Cela mérite d'être relevé.

Mais en quel sens cette assomption et reconnaissance ? Jusqu'où vont cette reconnaissance et cette adhésion à l'idée de philosophie économique ? Et de quelle philosophie économique s'agit-il ? Il est remarquable que les six premiers textes qui suivent développent un aspect de la philosophie économique d'un auteur ou d'une théorie à l'intérieur même du champ théorique concerné : les idées de justice et de choix de Rawls, Sen et Hayek sont abordées en les développant chacune analytiquement ou en les confrontant les unes aux autres mais à l'intérieur de la théorie de la justice ou du choix, et lorsqu'il est fait recours à des idées extérieures – celles de Searle notamment – c'est pour éclairer un point obscur de la théorie d'un auteur, donc afin d'en conforter le cadre de pensée et de « progresser » dans l'analyse ; l'institutionnalisme de Dewey est présenté à l'intérieur de sa philosophie sociale en critique de la théorie néoclassique, dont la philosophie économique ne semble pas être elle-même discutée. Ce qui frappe ainsi, c'est qu'il n'y a pas de débat de philosophie économique ici, il n'y a que des exposés et développements ou confrontations internes à chaque auteur (Dewey, Schumpeter, Rawls) et/ou à chaque théorie (de la justice, du choix, de la firme). Je veux dire par là que ces philosophies économiques particulières, dont je montrerai plus bas qu'elles sont toutes des variantes du pragmatisme au sens large ou en un sens plus étroit, ne semblent pas être en débat avec d'autres philosophies économiques : il n'y a pas de confrontation avec le positivisme logique, la phénoménologie, la philosophie pratique d'inspiration aristotélicienne, l'hégélianisme ou la philosophie économique de Marx, pour ne se limiter qu'à ces seules pensées qui ont nourri des philosophies économiques. Un certain nombre de grands économistes sont absents, pas plus nommés dans le cadre de débats de théorie économique que de philosophie économique : ni Keynes, ni Marx, ni Mill, ni Walras et les néo-walrassiens, etc. De même pour les philosophes : ni Wittgenstein, ni Heidegger, ni Hegel, ni Aristote, etc. Il ne s'agit pas simplement de constater qu'aucun article ne leur est consacré, ce qui aurait pu s'expliquer par la procédure de sélection des papiers, mais de dire que dans les articles que l'on va lire, ces auteurs, ces philosophies, ne font pas l'objet d'une confrontation. Les deux seuls textes qui ont une tonalité différente dans ce petit corpus sont ceux de Marlyse Pouchol et d'Egidius Berns : le premier qui critique la philosophie économique d'inspiration hayékienne sous la perspective d'Hannah Arendt, et le second qui ouvre très largement le débat sur la philosophie économique et son statut en faisant apparaître un pan entier de la philosophie économique qui n'est pas par ailleurs abordé dans ce dossier thématique, Aristote-Hegel, Heidegger-Derrida. Or, comme toutes les philosophies régionales – philosophie politique, philosophie morale, philosophie des sciences, etc. – la philosophie économique doit être et est débat, confrontation de conceptions et d'idées, contrairement à la théorie ou la science qui est progrès dans l'analyse et la maîtrise des causes de ce qu'il y a à expliquer. Pour le dire encore autrement, alors que la théorie ou la science n'a en vue que son objet qu'elle explique en s'enfonçant toujours plus avant dans l'analyse, ne prenant en compte que ce qui permet de progresser dans l'analyse, la philosophie économique se déploie en s'explicitant elle-même dans le débat et la confrontation avec toute sa temporalité de longue durée, soit son passé et son présent, donc son histoire. La caractéristique propre de la philosophie par rapport à la science ou la théorie, c'est que son histoire lui est toujours contemporaine : la philosophie actuelle est toujours en débat avec son passé, Platon, Aristote, Descartes, Kant, etc. Ces auteurs, ces philosophies, ne sont pas dépassés, leur lecture continue de nourrir la pensée philosophique actuelle, comme la philosophie actuelle permet de renouveler la lecture de ces philosophies. Le propre de la philosophie est donc d'être en débat avec elle-même, raison pour laquelle elle est toujours en totalité contemporaine à elle-même, d'une actualité pour l'orientation de l'homme dans le monde et la pensée qui n'est jamais dépassée, et qui se réactualise sans cesse – *unzeitmässig* au sens de Nietzsche, inactuelle et intempestive. La caractéristique de la science est autre, c'est de se développer en discontinuité le long d'une histoire linéaire, dont les progrès disqualifient les états passés de la science au cours de ruptures épistémologiques et de révolutions scientifiques : c'est ce qu'illustre pour l'économie l'histoire de la discipline sous le point de vue de l'analyse tel qu'il a été adopté par Schumpeter. Concevoir l'économie sous ce point de vue pour en faire l'histoire, suppose d'écarter ce qu'il y a de philosophie économique dans la discipline, comme le dit Schumpeter : « Je considère que le voile de la philosophie peut s'enlever également dans le cas de l'économie » [(1954) 1983, p. 60]. Mais cette phrase est une forme d'aveu : lever le voile de la philosophie suppose que la théorie économique est bien imprégnée de philosophie, de philosophie économique.

Comment dès lors comprendre qu'à part les deux derniers textes de Pouchol et Berns, tous les autres ne soient pas en débat avec d'autres philosophies économiques ? Si ces autres auteurs assument d'une manière ou d'une autre de considérer ces études comme relevant de la philosophie économique (« philosophie de l'économie » ou « philosophie et économie » sont parfois des expressions préférées par les auteurs eux-mêmes), revendiquent-ils explicitement *une* philosophie économique ? Cela présupposerait précisément de définir *sa* propre philosophie économique dans une discussion avec d'autres philosophies économiques (c'est par exemple ici la position adoptée par Marlyse Pouchol dans son article). Car peut-on *faire* de la philosophie économique sans avoir et défendre une philosophie économique ? La réponse est immédiate, faire de la philosophie économique c'est avoir une philosophie économique : la neutralité axiologique, positiviste, n'est pas de mise ici. Cela signifie avoir une définition de l'économie, et même de la bonne économie, avoir une idée de justice, une conception du travail et de la consommation, avoir une idée de la place de l'économie dans le monde par rapport à la politique et l'éthique, etc., et avoir de telles définitions et idées, c'est nécessairement en écarter d'autres qui ont été identifiées et reconnues, discutées et soumises à une argumentation et confrontation d'idées. Or, les textes qui nous sont ici donnés à lire, les six premiers, ne disent pas quelle est leur philosophie économique : ces textes développent en exposant et expliquant, en explicitant des points de philosophie économique relatifs à des auteurs ou des théories, mais se gardent de dire de quel point de vue, ce qui s'entend selon quelle philosophie économique, comme si la philosophie économique n'était pas en débat avec elle-même et que celle-ci n'était qu'affaire de progression et de progrès dans les articulations internes de la théorie étudiée. Le paradoxe est donc manifeste : il y est question de philosophie économique sans que soit explicitée la philosophie économique qui permet de l'identifier et l'exposer. Ou, pour le dire autrement, si les auteurs acceptent de ranger ces textes sous l'étiquette de « philosophie économique », ils n'explicitent pas quelle est la philosophie économique qui y est défendue et quelles philosophies économiques sont écartées. D'une certaine manière c'est une philosophie économique qui ne se dit pas, qui ne se dévoile pas, ou encore qui ne dit pas son nom. Cette philosophie économique qui me semble irriguer ces six premiers textes est, je l'ai dit plus haut, le pragmatisme, sous des variantes plus ou moins fortes il est vrai. Or, cette philosophie pragmatique ne se présente pas encore dans ces textes d'une manière qui s'inscrit dans un débat de philosophie économique, à savoir un débat où les autres philosophies économiques sont présentes et en discussion. Cela se comprend d'une certaine manière du fait que le pragmatisme des économistes étudiés dans ces articles se conçoit selon le canon de l'histoire linéaire du progrès scientifique : cela est explicitement endossé par Dewey, de manière plus implicite par Sen, mais n'est pas discuté par les auteurs de ces articles.

Pour repérer la philosophie économique d'un auteur dans un texte ou une théorie, il faut pratiquer de manière explicite la philosophie économique, c'est là une condition, c'est-à-dire qu'il faut être en relation avec les grands auteurs de la pensée économique et philosophique, ceux dont la réflexion a été approfondie sur les concepts fondamentaux de la discipline : travail, consommation, production, richesse, don, échange, valeur, argent, prix, etc., ou qui ont développé des systèmes philosophiques ayant imprégné certaines théories économiques, tels que l'aristotélisme, l'hégélianisme ou bien le pragmatisme, etc. Ainsi, pour identifier la philosophie pragmatique dans des textes de théorie économique ou de philosophie économique, il faut pouvoir situer ce pragmatisme et les institutionnalismes économiques qu'il inspire par rapport aux autres philosophies économiques avec lesquelles il est en débat, le positivisme logique et constructivisme analytique de la théorie néoclassique ou encore la philosophie économique pratique du don et de la justice qui court d'Aristote à Marx.

Cette entrée en matière dessine les articulations de cet article : d'abord dire la philosophie économique qui ne se dit pas toujours explicitement dans ces articles qu'on va lire, une philosophie analytique pour le premier, mais surtout des nuances de la philosophie pragmatique pour les cinq textes suivants, les deux derniers articles faisant entrer la philosophie économique en débat avec elle-même, ce qui permet d'aller au-delà pour mettre en lumière différentes formes possibles de philosophie économique (section 2). Puis, une présentation de la philosophie économique pratique sous le point de vue de laquelle a pu être dévoilée la philosophie économique des textes rassemblés dans ce numéro thématique (section 3).

## 2. Philosophie analytique, pragmatisme, et au-delà

### 2.1. Institutionnalisme et pragmatisme

L'institutionnalisme est la caractéristique dominante des six premiers textes qui suivent, bien que probablement leurs auteurs ne les rangeraient pas tous sous cette étiquette. Par institutionnalisme compris ici en un sens large, j'entends un ensemble de théories économiques qui considèrent un agent économique socialisé par un monde social, soit des institutions, qui le précède, alors que la tradition néo-classique considère un agent asocial aux prises avec ses seules préférences que l'économiste saisit dans une axiomatique. En ce sens-là l'institutionnalisme est la marque de tous ces textes : les agents y sont socialisés par des institutions de justice, par le langage, par la dynamique de la « Grande Société » ou encore par les institutions du capitalisme comme la firme ou l'institution monétaire (qui ne fait pas l'objet d'une attention particulière dans ces textes-ci).

#### *Philosophie économique, justice sociale et théorie de la décision*

Les développements de la théorie de la justice autour de l'œuvre de Rawls constituent pour la pensée économique contemporaine une voie privilégiée d'accès à la philosophie économique. Les économistes aux prises ici avec cette œuvre, dont l'influence sur les débats théoriques entre économistes n'est plus à démontrer, s'attachent à évaluer la contribution réelle de Rawls aux discussions entre économistes ainsi que l'originalité de l'apport des économistes dans la théorie de la justice. Quelle a été la contribution de la théorie de la justice de Rawls au renouveau de l'économie normative et à la naissance de l'approche non welfariste en économie, s'interroge Jean-Sébastien Gharbi dans le premier article. Cette piste de recherche est l'occasion d'interroger la relation de l'économie à la philosophie : le travail de l'économiste est-il déterminé ou au moins orienté de l'extérieur par des préoccupations propres aux philosophes ? C'est la question de l'autonomie des progrès de l'analyse économique qui est ainsi abordée : les apories de l'économie normative après Arrow ont-elles été dépassées par les propositions de théorie de la justice de Rawls, réorientant le travail des économistes ? Le travail de l'économiste a-t-il été réorienté par les critiques du philosophe Rawls ? À travers une étude fine mêlant histoire de la pensée économique contemporaine et philosophie économique consacrée au cas précis du rôle joué par Rawls dans la théorie de la justice sociale et de l'économie normative contemporaines, l'auteur pose une question d'une portée plus générale qui est rassemblée dans la conclusion de son article, et qui revient sur le sens de l'expression « philosophie économique » : la philosophie et l'économie ne sont pas dans une relation d'extériorité dans laquelle l'une (la philosophie) serait la gardienne de la sagesse de l'autre (l'économie), ou plutôt comme le rempart contre la déraison de l'autre. La philosophie économique s'y définit plutôt comme le travail conceptuel propre de l'économiste suivant la démarche *analytique* qui est la sienne. Sous des dehors anodins et apparemment consensuels, cette acception de la philosophie économique ne va toutefois pas de soi, car elle circonscrit la philosophie économique dans le cercle de la démarche analytique, qui constitue en soi une option philosophique et épistémologique préalable, que l'on peut faire remonter au positivisme logique du Cercle de Vienne. Cette formule d'une philosophie économique analytique ne saurait ainsi résumer et rassembler à elle seule la diversité des approches et des méthodes, des conceptions et des orientations qui se rencontrent dans ce qui commence à être identifié comme le champ de la philosophie économique, tout comme la pensée économique au cours de son histoire ne se laisse pas enfermer dans les archives d'une histoire de l'*analyse* économique. Si l'économie théorique est aujourd'hui incontestablement associée à l'analyse économique, expression qui déborde largement les clivages doctrinaux qui structurent le champ de la recherche en économie, partie la plus visible du travail de l'économiste, elle ne saurait s'y réduire : l'économie et donc la philosophie économique se présentent sous d'autres paradigmes, avec lesquels elle doit entrer en discussion, ce qui est ici esquivé.

Cette théorie contemporaine de la justice sociale est un champ de recherche structuré comme un triangle, selon la métaphore proposée par Claude Gamel dans le texte suivant, où les sommets sont occupés par les théories de Hayek, Sen et Rawls, soit deux économistes et un philosophe dont l'œuvre s'inscrit dans la tradition contractualiste. Les deux économistes rejettent ce contractualisme associé au constructivisme pour Hayek, et au transcendantalisme pour Sen. Dans les deux cas il s'agit de s'écarter et même de s'opposer à une entreprise intellectuelle de fondation jugée démesurée, absolutiste, témoignant d'une forme d'abus de la raison. Les figures de la philosophie et de l'économie se trouvent ici inversées, c'est l'économie qui apparaît alors sous la figure d'une forme de modération de la pensée alors que la philosophie se signalerait par une ambition démesurée de totalisation rationalisatrice à partir d'une idée de justice absolue ou idéale. L'économie à travers les deux pensées de Hayek et Sen, s'inscrivant dans la tradition libérale de modération des ambitions de la rationalité qu'elle soit celle de Hobbes, Descartes ou des Lumières, endosse ici les habits d'une forme de sagesse pratique/pragmatique qui vient rappeler la philosophie et le philosophe à la mesure. À travers la théorie de la justice de Rawls, c'est donc à la tradition contractualiste et au projet de la modernité de construire la société idéalement juste que l'on peut faire remonter jusqu'à *La République* de Platon, que s'opposent les économistes. Aristote n'est pas cité dans cet article, alors que l'on sait qu'il est le premier grand critique du théoricisme de Platon, même si ces deux auteurs (Hayek et Sen) ont à un titre ou un autre été rattachés à des retours à la pensée d'Aristote, parfois revendiqués par ces auteurs eux-mêmes. Le grand mérite de l'article de Gamel est de préciser le fond commun des deux critiques que respectivement Hayek et Sen adressent à Rawls par-delà leurs différences bien connues et ici clairement rappelées : mirage de la justice sociale chez l'un, identification des injustices réparables chez l'autre. Ce fond commun est identifié comme un pragmatisme, « pragmatisme fondamental », même. L'évolutionnisme de Hayek le conduit sur la route d'un pragmatisme fataliste, en raison de l'ignorance dans laquelle tout homme y compris l'économiste ou le philosophe social se trouve face à la complexité de la Grande Société, rendant illusoire le rêve de vouloir la mener vers l'idéal d'une justice sociale ; le comparatisme de Sen attentif aux situations particulières d'injustice l'amène à un pragmatisme volontariste, reposant sur une connaissance des situations particulières d'injustice que par un gradualisme réformateur il est possible de corriger, en élevant les capacités (*capabilities*) des agents. Bien que ces deux approches puisent aux sources du libéralisme, et se complètent dans un rejet commun de la démarche contractualiste de Rawls, la divergence des résultats de leurs pensées, fatalisme vs volontarisme, conduit l'auteur à réinterroger la cohérence du projet de la philosophie économique libérale et à réexaminer la place et le rôle du contractualisme dans cette ambition.

Quelle image de la philosophie économique ressort de cette confrontation très éclairante des pensées de Hayek et Sen à la théorie de Rawls ? Tout d'abord l'identification d'un objet, la justice sociale, ensuite un conflit de méthodes, le pragmatisme s'opposant au contractualisme, enfin une ambition doctrinale, donner des fondements rationnels au libéralisme. Cette philosophie économique définit un type d'approche[4] : une épistémologie que l'on peut qualifier d'analytique ou positiviste où se confrontent les approches pragmatiques et contractualistes, disons un aristotélisme faible et la théorie pure ; une philosophie politique et sociale dont le libéralisme est porteur, mais qui se trouve aux prises avec la dialectique des Lumières ou les dilemmes de la raison moderne, auxquels elle tente d'apporter des réponses par la méthode du rationalisme critique[5] ; la tentative de sceller l'héritage d'une philosophie morale libérale aux traditions parfois difficilement conciliables (de Locke à Smith, de l'utilitarisme au néokantisme) dans l'axiomatique d'une économie et d'une philosophie normatives. La grandeur de cette philosophie économique est de s'inscrire dans la continuité du moment inaugural de la théorie économique moderne et de la société économique moderne, le XVIIIe siècle en prise directe avec les tensions de la modernité, son talon d'Achille, et de se trouver prisonnière de la dialectique de la raison qui est précisément à la source de ces tensions voire du retour du tragique dans la modernité et du malheur de l'économie, qu'elle évite soigneusement d'affronter.

Les développements de la théorie contemporaine de la justice ont donné lieu à des amendements de la théorie économique standard de la décision et des choix, comme l'illustre le plus parfaitement l'œuvre de Sen. La théorie de la décision repose sur une conception de l'agent, de sa délibération, du choix et de l'action, qui par sa profondeur est de portée philosophique et rencontre des préoccupations qui sont celles de la philosophie au sens académique de ce terme[6]. Il y a ici une philosophie économique au sens où la science par l'approfondissement de ses notions sécrète et rencontre des

4. C'est cette philosophie économique que Marlyse Pouchol qualifie de post-hayékienne, pour la combattre dans l'article publié dans ce numéro thématique.

5. Le rationalisme critique est associé à la philosophie de Popper et a fait l'objet d'un exposé systématique et de développements importants pour l'économie et les sciences sociales de la part de Hans Albert [1968 ; 2000].

6. L'ouvrage de Bertrand Saint-Sernin, *Précis de l'action* [2012], est un admirable exemple de philosophie de l'action ouvert sur les apports de la théorie économique.

préoccupations philosophiques. Dans l'analyse de la décision ou des choix la théorie économique a développé une conception de la rationalité et de la souveraineté des agents que synthétise la relation de préférences : la relation est ordinale et les préférences sont incomparables. Selon cette théorie qui est acceptée comme standard, la rationalité *a priori* des choix impose la cohérence interne de ceux-ci à travers l'ordinalité des préférences, ainsi que le motif exclusif de l'intérêt personnel à travers des fonctions d'utilité reposant sur ces seules préférences. Cette conception de la rationalité des choix est au cœur des débats contemporains en théorie économique, ayant conduit à un approfondissement de la notion de rationalité notamment en prenant en compte des références externes au comportement des agents, ne pouvant donc pas se ramener à la seule expression d'un intérêt individuel. Suivant cette direction de recherche, Sen tente de formaliser des préférences dépendant du contexte du choix. Dorian Jullien, dans le troisième article, aborde cette question à travers une expérience de pensée présentant un contexte de décision (prendre et consommer une pomme dans différents contextes sociaux) à partir de textes de Sen, et, constatant l'absence de référence au concept d'intentionnalité dans les travaux de Sen, montre en quoi la philosophie de l'esprit de John Searle et son analyse de l'intentionnalité permet d'éclairer « la dimension ontologique » de l'approche de Sen. La théorie de l'intentionnalité de Searle[7] offre une possibilité de conceptualiser la manière dont les préférences des agents émergent et orientent leurs choix rationnels à travers des interactions entre la vie de l'esprit des individus et les contextes de choix. Sans nous prononcer ici sur l'articulation entre les travaux de Searle sur l'intentionnalité et ceux de Sen sur les préférences dépendant du contexte, cet article illustre à sa manière la fécondité des regards croisés de la théorie économique et de la philosophie : la philosophie n'est pas érigée en garde paix de la théorie économique, mais la théorie économique en approfondissant ses notions de base expose une philosophie (en l'occurrence de la rationalité, de l'action, du choix), ici une ontologie, qui peut être éclairée ou dont les difficultés peuvent être aplanies par l'introduction de concepts *a priori* étrangers à la théorie économique en question, ici celui d'intentionnalité, mais qui semblent être congruents avec l'appareil conceptuel et théorique de ladite théorie économique. L'auteur de l'article conclut ainsi sur l'idée que des ponts peuvent être jetés entre

7. John Searle est un philosophe du langage et de l'esprit – connu pour sa théorie des actes de langages – qui prolonge les travaux en linguistique de John Austin, dont il fonde la sous-discipline connue sous le nom de « pragmatique » qu'il ne faut toutefois pas confondre avec le pragmatisme, philosophie qui va bien au-delà de la seule linguistique. Il n'y a pas de lien évident entre la philosophie pragmatique et la branche spéciale de la linguistique qui porte le nom de pragmatique. Le concept d'intentionnalité de Searle n'a rien à voir avec celui de Husserl et de la phénoménologie en général.

débats économiques et philosophiques notamment autour de la rationalité, à partir de l'œuvre de Searle lue à la lumière des écrits de Sen : l'idée d'une philosophie économique ici illustrée est celle d'une fertilisation mutuelle entre la théorisation économique et la conceptualisation philosophique. Mais outre le fait que l'auteur ne développe pas une notion précise d'économie, si ce n'est peut-être implicitement et de manière très relâchée comme domaine des choix socialement contextualisés, il convient ici aussi de constater l'absence de discussion avec d'autres philosophies économiques du choix, de l'action, de la rationalité, etc., comme si cette philosophie économique consistait à approfondir des points théoriques par des apports conceptuels philosophiques (en contradiction avec la position défendue par Gharbi dans le premier texte) sans se situer par rapport aux débats de philosophie (économique) sur ces notions.

### *Pragmatisme, évolutionnisme et institutions du capitalisme*

La philosophie économique inspirée et soutenue par le pragmatisme conçoit l'économie comme un organisme vivant qui évolue en s'adaptant aux problèmes qu'il rencontre, dans sa reproduction et son développement, par des ajustements institutionnels qui doivent assurer le maximum d'espace à l'expression de la créativité de ses forces vives, qui se trouvent concentrées dans l'esprit d'entreprise, que l'on peut étudier à travers la reconnaissance du rôle central des firmes ou de l'esprit d'innovation de l'entrepreneur. L'économie, qui constitue une sorte d'organe vital du corps social plus large, n'a d'autre fin que la reproduction de ce corps, la satisfaction des besoins et la prospérité de la « Grande Société ». La philosophie économique est ici une philosophie sociale qui nourrit une critique de la science économique pour autant qu'elle néglige le processus de ce vitalisme et cet évolutionnisme, et une critique de l'économie dont les institutions ne seraient pas adaptées à l'expansion des forces vives de l'économie pour la prospérité et le bien-être du corps social à l'avantage des individus qui le composent. Tout ce qui entrave cette prospérité et ce bien-être au détriment des individus est dit aller contre la finalité éthique de l'organisation du système économique et en constitue une pathologie qu'il convient de soigner. Cette conception de l'économie et de sa science est pleinement dévoilée dans la lecture de la philosophie économique de John Dewey, philosophe pragmatiste, par Laure Bazzoli et Véronique Dutraive, auteures du quatrième article. La philosophie économique est alors entendue comme le point de vue porté par une philosophie particulière sur l'économie, tant comme discipline que comme dimension de la réalité sociale. Dans son projet de reconstruction philosophique qui s'inscrit en rupture avec la tradition métaphysique dualiste des substances, véritable signature du pragmatisme, Dewey – influencé par Hegel, Darwin et Peirce – développe une approche critique de l'économie. L'économie n'est pas séparée, ni comme réalité, car elle s'inscrit dans un cadre politique au service de fins éthiques devant conduire au développement de la démocratie et à l'accomplissement personnel des individus, ni comme discipline académique. La science économique doit être élaborée sur l'enquête et l'expérience humaine, elle doit rompre avec la tradition axiomatique et rationaliste. C'est l'évolution de la société (on retrouve ici l'expression de « Grande Société » partagée avec Hayek en héritage du politiste Graham Wallas (1858-1932)) et les problèmes posés par l'expérience quotidienne qui doivent orienter les solutions économiques. L'économie est identifiée comme processus « vital » assurant les bases matérielles de l'existence, mais elle n'est pas coupée du tout social ; il doit en aller de même pour la science économique. Selon cette philosophie sociale l'économie est un processus qui doit être compris dans la continuité du processus évolutionniste naturel. L'économie serait ainsi la part naturelle du social, si l'on peut dire, mais ce sont les besoins de l'évolution sociale, la norme éthique d'une amélioration des conditions d'existence dans un cadre démocratique de liberté et d'égalité, qui définissent les problèmes à résoudre : rendre compatibles les valeurs économiques avec les valeurs humaines. Cette conception engage Dewey dans une critique de la théorie économique de la rationalité, que depuis les critiques de l'école de Francfort nous qualifions d'instrumentale, pour lui substituer une notion d'intelligence s'étendant à la discussion des fins de l'activité humaine. La philosophie économique pragmatique est ainsi attentive aux pathologies sociales et économiques qui entravent le processus ou l'évolution vers davantage d'intégration sociale et la promotion d'une affiliation des individus à la société, d'une meilleure intégration et d'une élévation des capacités individuelles.

Le lecteur de cet article sera sensible aux résonnances très actuelles de la philosophie sociale pragmatique de Dewey. Ce n'est pas seulement l'institutionnalisme qui peut se réclamer de son héritage, mais bien au-delà cette philosophie économique partage des principes, des enjeux et des solutions avec des préoccupations théoriques que l'on rencontre aujourd'hui tant chez Sen – comme le texte de Gamel l'a montré en qualifiant sa théorie de comparatisme pragmatique, dont le volontarisme doit permettre de corriger les injustices particulières en vue d'améliorer les capabilités des individus – que dans les hétérodoxies se réclamant de Polanyi avec la volonté de ré-encastrer l'économie dans le social et la science économique dans une science sociale plus large. Le fond commun de ces approches par delà leurs différences qu'il ne faut pas sous-estimer, c'est un refus tant de l'axiomatique ou du « transcendantalisme » (pour reprendre le terme de Sen) que d'une ontologie de la différence insistant sur les ruptures entre le politique et l'économique (comme on la rencontre dans la tradition pratique d'Aristote dont on trouve chez Arendt encore des traces très vives, qui animent les réflexions de Pouchol dans son texte). Ce refus ne se fait non pas au nom d'une vérité scientifique ou philosophique éternelle ou transcendante, mais au nom d'une promotion des fins de la vie individuelle et collective. La vie se fait son chemin dans la réalité, elle évolue le long de ce chemin, que ce soit pour les espèces ou que ce soit pour l'humanité, au gré des problèmes qu'elle rencontre, et la tâche de la connaissance économique consiste à mettre en garde contre les entraves que les hommes pourraient y mettre soit en raison de conceptions morales et politiques qui ne reconnaîtraient pas ce primat de « l'évolution créatrice » de la vie, soit en raison de l'illusion de la volonté de puissance des hommes à façonner la vie, la société, l'économie et la politique, selon des modèles qu'ils construisent rationnellement, le plus souvent sur la base d'une axiomatique *a priori*. L'ennemi de cette conception philosophique de l'économie est tout autant Aristote que Platon, Pascal que Descartes, etc., bien que ces philosophes ne soient pas ici explicitement discutés.

Afin d'illustrer cette conception de la philosophie économique consistant à repérer de possibles pathologies économiques en raison d'arrangements institutionnels inadéquats à la réalisation des individus, entendue comme l'efficacité économique de leur comportement, le plein développement de leurs capacités et leur bien-être, quoi de mieux que de réfléchir sur les implications du statut reconnu aux firmes – institution centrale s'il en est du capitalisme – incarnant dans le capitalisme contemporain la force motrice de l'évolution économique. Les firmes sont considérées comme des agents rationnels auxquels a été reconnue la personnalité juridique : quelles en sont les implications juridiques, morales et politiques ? Faut-il aller jusqu'à leur reconnaître des droits de la personne, c'est-à-dire les droits constitutionnels attachés aux personnes comme la liberté d'expression, l'égalité, un droit à l'existence, un respect de leur intimité (*privacy*), etc. Il s'agit là d'une question d'ontologie relative à un acteur social/une institution, qui soulève de manière plus générale la question de la nature d'un agent rationnel, autrement dit qui interroge les conséquences morales de la reconnaissance de la rationalité accordée à un agent : s'appuyant sur la philosophie de Searle – ici encore – il apparaît raisonnable et rationnel de considérer les firmes comme des agents sociaux, ayant une réalité physique dotée d'une intentionnalité ; le statut des entreprises est cependant discuté plus avant dans l'espace public de nos sociétés libérales, invoquant à leur propos citoyenneté, responsabilité, etc., qui pourraient leur être reconnues indépendamment des individus qui la constituent en tant qu'acteur social. Les entreprises sont-elles des personnes ? C'est la question qu'aborde frontalement l'article de Richard Adelstein dans le cadre américain, qui constitue d'une certaine façon l'envers ou la contrepartie juridico-morale de la question de « la nature de la firme ». Le fait que les entreprises soient des contrats performatifs (*contracts in performance*) fonde la revendication à n'être pas seulement une réalité sociale, mais bien davantage des agents rationnels, ce qui du coup soulève la question de savoir s'il convient de les traiter comme des personnes morales ou légales. Fondamentalement la question abordée ici sur fond d'une philosophie morale de la personne (Kant) pose le problème de savoir jusqu'où la reconnaissance de la rationalité d'un agent lui confère des droits moraux de personnalité : les agents qui forment une économie sont-ils tous des personnes, à égalité de droit ? Une firme, une société commerciale, etc., peuvent-elles être traitées à égalité de droit avec les agents économiques que sont aussi les citoyens ? Cette enquête philosophico-économique présente des enjeux concrets importants dans le cadre du développement de l'économie capitaliste qui voit de plus en plus les entreprises intervenir dans les débats publics, influençant l'écriture des textes de lois, recourant aux tribunaux, etc., entre autres à travers l'intervention des lobbys.

Sur fond d'une lecture kantienne de la personnalité morale, l'auteur dénie aux firmes cette personnalité morale, affirmant ainsi que les droits reconnus aux entreprises relèvent de choix politiques c'est-à-dire non fondés éthiquement, mais leur reconnaître des droits de propriété pour des raisons utilitaristes n'implique certainement pas dans le même temps qu'il faille leur reconnaître des droits moraux et politiques. L'article se termine par une présentation de la situation américaine dans laquelle il a été reconnu aux entreprises des droits constitutionnels (notamment à travers le 14e amendement), comme résultant d'une conception « essentiellement collectiviste » qui a eu pour conséquence de grandement favoriser les intérêts politiques et légaux des entreprises et considérablement influencer l'attitude du public envers elles. Cette étude jette un éclairage sur les raisons de l'impuissance des États devant le pouvoir des firmes aujourd'hui et les dysfonctionnements sociaux qui résultent de cette impuissance. Si les États semblent affaiblis face aux firmes, notamment multinationales, ce n'est pas simplement que celles-ci sont financièrement et économiquement puissantes, mais aussi et surtout qu'elles se sont vues peu ou prou reconnaître des droits qui sont ceux attachés aux personnes. Or, rien ne permet philosophiquement de fonder une telle attitude. La reprise de pouvoir par les États et gouvernements dans les rapports qu'ils entretiennent avec les entreprises passe certainement par une déconstruction de ces supposés « droits » des entreprises appuyée sur une philosophie économique solidement établie.

L'enquête philosophico-économique d'Adelstein a montré que la reconnaissance de droits humains pour les firmes ne pouvait être fondée en raison ; l'article suivant d'André Lapied et Sophie Swaton déplace le regard sur l'entrepreneur selon la conception que s'en fait Schumpeter comme innovateur : quelle est la nature de ce pouvoir d'innovation et de création destructrice qui bouleverse l'ordre socio-économique établi ? L'hypothèse de lecture qui est proposée est que Schumpeter sous influence de la pensée du surhomme chez Nietzsche[8], présentée dans la deuxième section, a conçu la figure de l'entrepreneur comme un type humain en vue de sortir la représentation orthodoxe de l'économie de son cadre statique (l'équilibre) au bénéfice d'une représentation dynamique (processus). Les caractéristiques, ou mieux le caractère qu'il prête à l'entrepreneur, reprennent les traits du surhomme de Nietzsche : l'entrepreneur est le type d'homme qui s'écarte de la voie de la routine suivie par la masse et qui ouvre ainsi un nouveau chemin pour l'évolution économique et donc la société, ce qui suppose une liberté d'esprit et une force qui s'élève au-dessus de ce qui est nécessaire pour satisfaire aux exigences de la vie quotidienne. L'entrepreneur est un créateur qui ouvre de nouveaux mondes possibles qui s'installent sur les ruines résultant de la destruction des anciens mondes. La force qui pousse l'entrepreneur à la création destructrice est sa volonté de puissance. Cela suffit-il pour voir dans le héros et héraut du capitalisme qu'est l'entrepreneur schumpétérien, la figure nietzschéenne du surhomme, la figure de la transvaluation de toutes les valeurs, dont on sait que chez Nietzsche elle culmine dans la figure de l'enfant joueur qui lance son « oui » à la vie ? Les auteurs écartent rapidement l'idée que la création de valeur économique puisse soutenir l'analogie. Mais en un autre sens, selon lequel l'entrepreneur « crée sans répit » extériorisant sa force intérieure ou sa volonté de puissance, volonté dynastique de fonder un royaume privé sur le modèle de César Borgia, dans « la joie [...] de créer une forme économique nouvelle » [Schumpeter, cité par les auteurs] et d'accoucher « de l'être et du devenir », les auteurs confirment cette filiation nietzschéenne de la figure de l'entrepreneur. Cet article permet de confirmer une filiation conceptuelle qui était reconnue, mais qui jusqu'à présent n'avait pas fait l'objet d'une justification fouillée sur la base d'une lecture des textes : la figure schumpétérienne de l'entrepreneur

8. Il convient ici de relever l'ironie qui consiste à retrouver le « voile philosophique » de la théorie de Schumpeter afin d'accéder à la pleine intelligibilité de sa conception de l'entrepreneur, en contradiction totale avec sa propre conception du travail d'historien de la pensée économique !

rassemble les traits idéal-typiques du surhomme nietzschéen. Mais quelle représentation de l'économie en ressort-il ? Faut-il voir dans le triomphe du capitalisme d'entrepreneurs avec ses figures emblématiques (Bill Gates, Steve Jobs, pour ne citer que les plus médiatiques) l'avènement d'un âge au-delà de toute valeur ? L'ordre capitaliste doit-il se lire comme la soumission de la masse vouée au culte utilitariste des produits mis sur le marché par les surhommes innovant pour assurer l'affirmation de leur volonté de puissance ? La créativité de l'entrepreneur n'est en tout cas pas au service de ses préférences ou d'un impératif utilitariste du plus grand bonheur pour le plus grand nombre, elle résulte de « l'extériorisation d'un surcroît de force », autrement dit une sorte de pulsion vitale qui se fraie son chemin dans les méandres marchands du capitalisme, emportant avec elle dans sa dynamique toute l'économie. L'évolution économique capitaliste théorisée par Schumpeter autour de la figure centrale du type *surhumain* de l'entrepreneur apparaît donc au final comme l'expression d'un élan vital ou d'une évolution créatrice. Quelle acception de la philosophie économique rencontre-t-on ici ? Il s'agit de l'inscription de la théorie d'un économiste dans la postérité d'une pensée philosophique, ici, la théorie schumpétérienne de l'entrepreneur qui est située dans le sillage de la pensée nietzschéenne du surhomme, illustrant la fécondité théorique pour l'économie de pensées philosophiques qui a *priori* peuvent paraître éloignées des préoccupations théoriques de l'économiste. La science économique se constitue dans un bain philosophique d'idées et de concepts dont sont imprégnés les concepts mêmes de la théorie économique, sans qu'il faille pour autant parler d'un agenda philosophique de l'économie. L'économie a bien son autonomie dans la fixation de son agenda théorique et des questions qu'elle juge pertinentes d'aborder à travers son appareil conceptuel et théorique, selon une logique d'analyse qui lui est propre. Mais elle n'est pas autonome au sens où elle serait vierge de toute influence philosophique et pure de toute philosophie dans les conceptions de la rationalité, de la décision ou de la justice.

### *Bilan d'étape : quelle est la signification de la philosophie économique pragmatique ?*

Quel bilan se dégage de ces articles s'il est possible d'en tirer un d'une telle diversité d'approches et d'études ? Il me semble qu'une tonalité forte imprègne ces études consacrées à des notions et des auteurs en apparence éloignés. Cette tonalité est pragmatique et, sous les divers thèmes abordés, pointe une justification plus ou moins affirmée du capitalisme sans qu'il soit toujours nommé, en cela que ce régime de l'économie accompagnerait au mieux les élans, instincts et pulsions propres à la vie. Le capitalisme serait le régime rationnel d'économie le plus accommodant avec les caprices de la vie, celui aussi qui ferait au mieux *justice* de la vie et de ses exigences afin d'accomplir ce dont à travers l'homme elle peut être capable [Sen]. Le capitalisme trouverait sa meilleure justification aux yeux de ce pragmatisme vitaliste hérité du XIXe siècle – dont on a pu trouver des expressions plus ou moins revendiquées dans la pensée autrichienne [Hayek-Schumpeter], dans la réaction senienne au constructivisme rawlsien, dans la revendication d'une fondation searlienne de la rationalité des agents économiques, comme directement dans l'institutionnalisme héritier de la philosophie d'un Dewey par exemple – en tant que régime économique qui dresserait le moins d'obstacles aux expressions économiques de l'élan vital et de la volonté de puissance inscrite dans la vie même, ainsi que de l'évolution créatrice qui définit la vie. Le capitalisme, aussi paradoxal que cela puisse paraître aux yeux des ravages environnementaux et atteintes à la vie dont il se rend coupable, serait l'économie de la vie, et le pragmatisme, la philosophie qui sous-tend ce régime économique. Le pragmatisme, dans une acception large qui regroupe tout autant la pensée explicitement revendiquée comme telle – le pragmaticisme – que des nuances du pragmatisme avec les théories de Hayek, Schumpeter ou encore Sen, apparaît comme constituant un socle accueillant à la philosophie économique : il court dans les soubassements de la théorie autrichienne, l'institutionnalisme et la conception senienne de la justice, comme de la théorie keynésienne qui n'a pas ici fait l'objet d'une discussion. Il y a très certainement un lien entre la naissance de l'économie politique moderne, l'avènement d'une société économique capitaliste et l'affirmation de philosophies de la vie : ces différentes conceptions de l'économie qui sont plus ou moins fortement arrimées à une version forte ou lâche du pragmatisme sont orientées par un désir d'expansion des formes sociales, institutionnelles et créatrices de la vie. Ce pragmatisme dessine probablement les traits d'une orthodoxie en philosophie économique, qui s'impose en décalage avec l'orthodoxie économique dont la philosophie économique est autre, positiviste et rationaliste, théoriciste et constructiviste. Il convient au terme de la lecture de ces six articles de relever cette ironie : l'orthodoxie de l'économie et l'orthodoxie de la philosophie économique ne se correspondent pas, et même elles se font face. L'hypothèse d'interprétation de cette ironie que l'on peut formuler est que la théorie néo-classique tait sa philosophie économique, si profondément refoulée qu'elle n'a aucunement conscience d'héberger une philosophie économique, alors que les variantes de l'institutionnalisme (au sens où les agents sont toujours déjà socialisés avant même d'entrer dans des relations marchandes) font la critique de l'orthodoxie économique en affirmant plus ou moins explicitement une variante du pragmatisme philosophique. Ce pragmatisme devient une sorte de socle philosophique qui va de soi sans véritable discussion pour la plupart des critiques de l'économie *mainstream* qui s'y rallient, mais sans se situer explicitement au niveau philosophique, c'est-à-dire sans entrer en débat avec les autres philosophies économiques, qui sont pour ainsi dire ignorées. L'institutionnalisme reste d'une certaine façon fasciné par le modèle de scientificité de l'économie néoclassique, confondant le niveau de l'analyse avec le niveau philosophique, et voyant dans des propositions pragmatiques qui enrichissent la théorie de l'acteur et de la décision, qui contextualisent l'idée de justice dans des institutions concrètes, des formes du progrès scientifique, ne nécessitant pas davantage de confrontation avec d'autres courants de philosophie économique sur ces notions, s'enfermant ainsi dans une cécité née d'un aveuglement à propos de la relation entre théorie et philosophie économiques.

### 2.2. La philosophie économique comme combat (et l'exigence de retenue), au-delà du pragmatisme : ouvertures sur d'autres horizons de philosophie économique

Le pragmatisme n'est pas toute la philosophie économique et la confrontation ne se limite pas à l'opposition entre la science néoclassique pour qui l'agent rationnel est premier et tout ce qui est, y compris les institutions – en particulier la monnaie –, résulterait des rencontres marchandes entre agents, et l'institutionnalisme qui spécifie d'abord les institutions qui socialisent les agents avant même leurs rencontres marchandes orientant ainsi l'évolution du système économique dans une certaine direction qui peut être qualifiée de normale ou pathologique. Les deux derniers textes témoignent ici d'une sortie de cette alternative et conçoivent la philosophie économique comme un combat ou une confrontation au sein même de la philosophie économique, c'est-à-dire qui fait débattre entre eux des auteurs reconnus de philosophie et de philosophie économique. Ces deux derniers articles ont donc une tonalité combative, polémique, en s'opposant frontalement à d'autres philosophies économiques pour expliciter celle que défendent leurs auteurs.

Le malheur économique constitutif de notre condition moderne, dont Arendt a précisément identifié l'origine dans la confusion entre le politique et l'économique, dans le refus de maintenir la distinction entre la politique et l'économie reposant sur une anthropologie biaisée qui confond l'animal politique et l'*homo œconomicus*, fournit à Marlyse Pouchol son point de départ. Revendiquant ce postulat arendtien comme clé de lecture, l'auteure de cet article dense voit triompher cette confusion dans la fondation d'une « école » de philosophie économique qui conçoit la tâche de celle-ci dans le sillage de la pensée de Hayek, comme devant à la fois dénoncer le constructivisme et orienter la prise de décision respectant les principes du libéralisme. L'auteure entre dans une discussion polémique avec cette conception, selon elle réductrice et orientée de la philosophie économique, fondée par A. Leroux et A. Marciano. Cette philosophie économique est aussi caractérisée comme une philosophie économique des interfaces entre l'économie politique et la philosophie sociale, entre l'économie normative et la philosophie morale, enfin, entre la science économique et la philosophie des sciences. Cette philosophie économique se laisserait déduire de la philosophie de l'ordre spontané de Hayek, c'est en tout cas ce que s'attache à montrer cet article, d'où sa dénomination de « post-hayékienne ». Ces trois interfaces se superposeraient ainsi aux trois méfaits de l'interventionnisme étatique dans l'économie et la société dénoncés par Hayek : les plaintes des hommes au nom de la justice ne sont pas toutes recevables ; les lois positives ne respectent pas toutes les règles de bonne conduite ; les énoncés des scientifiques ne sont pas tous des vérités scientifiques. Ces trois dénonciations définissent en creux les contours de *cette* philosophie économique qui se met au service de la promotion d'un « humanisme de la personne », inspiré du pragmatisme évolutionniste de Hayek, qui voit en l'humanité, autrement dit la civilisation, le produit de la multiplication des échanges et des activités économiques, le fruit de règles de bonne conduite émergeant de la catallaxie. C'est la philosophie économique d'une humanité sans essence ni destinée, dont l'existence ne s'épanouit qu'à même le jeu du marché. Pour le dire dans les termes d'un aristotélisme fort, qui ne semble pas ici être assumé par l'auteure, il s'agit de la philosophie économique de l'homme chrématistique. La polémique engagée par Marlyse Pouchol laisse transparaître les contours et la substance d'une philosophie économique critique, à contrepied de cet *humanisme chrématistique*, qui prend pied sur le sol d'une tradition de philosophie pratique et de phénoménologie, qui n'est pas thématisée dans cet article[9].

Le dernier article discute l'expression « philosophie économique », se confrontant ainsi aux relations réciproques qu'entretiennent ces deux termes et donc ces deux disciplines intellectuelles. L'économie peut-elle et doit-elle

9. Le lecteur intéressé par la philosophie économique de Hannah Arendt pourra se reporter à la publication *Symposium : économie et société chez Hannah Arendt* qui rassemble des articles tirés de contributions à un colloque sur ce même thème, P. Mardellat [2011].

être déterminée par la philosophie ? Autrement dit, la philosophie est-elle légitimement la raison qui vient indiquer sa limite et sa mesure à l'économie, c'est-à-dire à la rationalité ? Ou bien, comme le suggère son auteur, le philosophe Egidius Berns, avec la globalisation économique qui s'entend comme une forme d'achèvement ou d'accomplissement de l'aventure de la rationalité économique, ne faut-il pas plutôt penser que c'est précisément la rationalité économique qui est totalisante, et alors poser la question de la place de la philosophie dans le devenir économique du monde ? Traditionnellement la philosophie est vue comme l'achèvement de la rationalité, comme la raison englobante qui sur le plan pratique vient limiter les excès du calcul économique – la mauvaise chrématistique ou le mauvais infini – à travers la politique qui est plus ou moins conçue comme la mesure et la pondération philosophique mise en pratique. C'est le moment de la détermination philosophique de l'économie : celle-ci n'est pas autonome et reçoit sa limite et sa fin de la philosophie, moment qui se déploie d'Aristote à Hegel et dont Marx est aussi l'héritier. Seulement, l'auteur interroge la nature de cette rationalité pratique qui est érigée par la philosophie en gardienne de la raison en exerçant son contrôle sur la rationalité instrumentale de l'économie. Cela revient finalement à retourner la question et interroger l'identité de la philosophie à partir de l'économie. Qu'est la philosophie du point de vue du déploiement de la rationalité propre à l'économie qui a réussi sa conquête du monde ? Ce moment est celui qui s'inscrit dans l'histoire de la métaphysique occidentale sous le nom de Platon : moment théorétique, d'une rationalité modélisante qui approche le réel à partir d'une fondation rationnelle, pure, ou encore logique – dogmatique, dirait Max Weber –, qui se déploie dans la construction de modèles théoriques d'appréhension du monde, signalant la coupure entre le sensible et l'intelligible. Ce geste, qui est aussi celui de la philosophie entendue comme *theoria,* sera renouvelé à l'époque de la Renaissance et donnera naissance aux sciences modernes, logico-mathématiques, accouchant aussi de la science économique. Lu à travers le prisme philosophique de Heidegger, tout cela participe de l'âge de la technique, de ce que l'on pourrait appeler la technoscience. C'est l'achèvement de la métaphysique comme arraisonnement du monde, ce que l'on appelle aujourd'hui la globalisation, c'est-à-dire l'englobement du monde et de nos pratiques par cette rationalité instrumentale. Toute cette entreprise métaphysique, dont la science économique contemporaine est porteuse, repose sur l'évidence des axiomes de la rationalité de l'agent, évidence pourtant relative comme Nietzsche et sa lecture par Heidegger le montreront. Ces axiomes sont l'expression de la volonté de puissance, s'auto-justifiant dans sa conquête « effrénée » du monde, dans l'extension de l'empire de la rationalité instrumentale à toutes les sphères de la vie, comme Weber l'a très bien analysé. Ces axiomes ne sont que le masque logique des valeurs propres à la rationalité économique contemporaine, soit l'utilitarisme. Aussi l'absence de limite interne à l'économie, dévoilée par Aristote, tend « naturellement » à la globalisation de son empire et emprise sur le réel, révélant ainsi qu'elle est la rationalité en tant que telle. Elle est l'absolu à l'œuvre dans notre histoire, comme on pourrait le dire en paraphrasant Hegel. Le paradoxe de notre modernité est que l'illimitation que les philosophes de la mesure – Aristote, Hegel, Marx – percevaient et dénonçaient comme la preuve de son inachèvement se révèle au cours de son déploiement historial comme étant précisément son accomplissement et sa destination. Cette rationalité économique est à elle-même sa propre condition et sa propre justification, précisément ce que la rationalité philosophique sous perspective platonicienne revendiquait pour elle-même comme justifiant son hégémonie : l'économiste-roi est la figure réelle, historique et concrète du philosophe-roi de Platon.

Qu'en est-il alors de la philosophie pour l'économie et l'économiste ? Doit-elle être répudiée par l'économiste ? La réponse est négative, car c'est précisément la déconstruction de cette rationalité économique (ou technique chez Heidegger) comme travail philosophique, qui nous fait accéder au « moment inaugural » à partir duquel la rationalité se déploie comme rationalité économique et l'économie comme figure de la Totalité, ce qui indique qu'il eût pu en être autrement, ou qu'une autre figure de la rationalité et de l'économie est toujours possible. Ce qui veut dire, autrement exprimé, qu'à la globalisation économique toujours quelque chose échappe, malgré tout. La Totalisation par la rationalité économique – celle des modèles, la rationalité logico-formelle et mathématique – ne parvient jamais à totalement englober la sphère de la vie et du bien vivre, soit le domaine pratique de l'existence. La rationalité économique s'use et s'épuise dans sa prise en charge de toutes les dimensions de la vie et du réel. Cette « usure » est à entendre au double sens de son épuisement, soit finalement de son incapacité à assumer la prise en charge totale de la vie et du réel, et au sens d'une usure prélevée selon un taux sur le réel (la nature) et les hommes qui diffuse un malheur dont il ne semble pas que nous puissions nous sauver par la seule rationalité économique. L'auteur va plus loin en interrogeant la possibilité même d'un discours pratique, soit d'un discours et d'une pratique, pour contenir ce malheur. Semblant souscrire à l'idée d'une guerre des dieux sans fin sur le terrain de la raison pratique, sans se référer à Max Weber toutefois, Egidius Berns ne voit pas d'issue à cette situation d'achèvement historial dans le malheur économique humain.

Niant la pertinence d'une limite entre l'économie et la philosophie, ou plutôt entre rationalité instrumentale et rationalité pratique, entre économie et politique, il ouvre toutefois sur un dehors à cette rationalité, un en dehors qui échappe « à tout usage de la raison ». Comment nommer cette extériorité intotalisable ? L'article ne le dit pas, mais y situe le terrain d'un « combat philosophique » dont la langue « n'est pas scientifique, telle qu'on l'entend en sciences économiques », langue pour laquelle le sens même d'« économie » et de « philosophie » devient indéterminé. Cette langue est-elle celle du poète ou du littérateur, est-elle celle du prophète ou de l'utopiste ? Egidius Berns nous laisse avec cette aporie à méditer.

La philosophie économique illustrée par ces deux derniers articles, sur lesquels se clôt ce numéro thématique, n'est pas approfondissement analytique, ni résolution de problèmes techniques ou d'ambiguïtés de langage, elle est débat et discussion avec elle-même dans toute son historicité. En se déployant dans ces textes, la philosophie économique dévoile la multiplicité des voies qu'elle peut emprunter et la multiplicité des voix et des raisons qui s'y expriment (*odos* et *logos*). Elle fournit donc aussi des clés de lecture des différentes philosophies économiques qui soutiennent et se logent dans les développements de la théorie économique. C'est à la présentation de la clé de lecture qui fut la mienne dans la présentation de ces articles qu'est consacrée la section suivante, la philosophie économique pratique.

## 3. La philosophie économique pratique : don, mesure et justice

### 3.1 Les trois types de philosophie économique

La philosophie économique qui domine les textes constituant ce dossier thématique, je l'ai qualifiée de pragmatique, dont j'ai donné la signification dans le bilan d'étape. Cette qualification est une manière de démarquer cette philosophie économique d'autres philosophies économiques. Combien y a-t-il donc de philosophies économiques ?

Répondre à cette question suppose une vue d'ensemble de l'histoire de la pensée économique et l'identification de traits caractéristiques ou de types idéaux qui constituent la signature des différentes formes de la philosophie économique. Je dirai qu'il y a trois formes pures de philosophie économique : la forme rationaliste du positivisme qui structure la science néoclassique, la forme pragmatique qui soutient l'institutionnalisme, et la forme pratique qui prend sa source dans la pensée d'Aristote et dont nous connaissons des résurgences dans la pensée économique de Rousseau, la théorie de Marx, ou de manière sporadique chez des penseurs plus ou moins marginaux de l'économie. La science néoclassique construit les grandeurs économiques sur une table rase de toute institution, faisant de l'agent le barycentre de toutes les relations à partir desquelles se constituent l'espace économique et les objets de ces relations, appelés biens économiques. Le modèle philosophique en est une forme de cartésianisme vulgaire qui situe dans l'agent le point de départ (les préférences) à l'explication de tout ce qui se rencontre dans la réalité économique. Le savoir économique qui se déduit d'axiomes spécifiant les préférences prend la forme de concepts qui s'organisent en un système de théorie pure. Le système économique est clos sur lui-même, il ne connaît pas d'extériorité, il est une prétention à la totalisation qui est symptomatique de l'aventure métaphysique de la pensée philosophique. Les systèmes walrassiens et néowalrassiens souvent identifiés (à tort) à toute la science néoclassique sont représentatifs de cette philosophie économique. De manière opposée, l'institutionnalisme immerge les agents économiques dans un monde économique institutionnalisé et réglé, avec des conventions. Les agents ne sont rien s'ils ne sont pas d'abord socialisés, aussi le point de départ de l'analyse ou de la compréhension du fonctionnement d'une économie ne peut-il pas se situer dans les préférences des agents, mais dans l'énumération, la description et la connaissance des institutions, des règles et des conventions qui orientent les choix et les actions des agents. Ceux-ci ne sont pas de simples machines qui calculent les plaisirs et les peines selon une arithmétique qui ne connaît ni culture ni circonstances mais que seul le maximum aiguille, ils sont des agents sociaux dont la rationalité procédurale repose précisément sur une évaluation des circonstances et du contexte de choix (comme l'illustre l'article de Jullien à propos du choix d'une pomme tiré d'un exemple de Sen). Les agents sont socialisés par la monnaie comprise selon l'analogie du langage, ils évoluent dans des institutions telles que la banque et la firme, et l'économie connaît un acteur central en l'État, dont les fonctions sont l'objet de discussions de politique économique, ce qui fait de l'économie un système qui reste ouvert. Le savoir économique est ici de type pragmatique, fait de définitions conventionnelles ou d'usage, en fonction des objectifs pragmatiques de connaissance qui tournent autour de l'identification et de la correction de pathologies de l'organisation économique – le capitalisme – qui peuvent être des injustices ou inégalités, le chômage de masse, l'instabilité financière, la fragilité monétaire, etc. Le choix de ce qui constitue la pathologie majeure à combattre donne à la théorie économique sa spécificité : identifier le chômage de masse comme le problème qu'il convient d'expliquer et de combattre donne à la théorie économique une structure qui n'est pas la même que s'il s'agit de corriger des injustices pour augmenter les capabilités des moins favorisés. La théorie de Keynes et des néokeynésiens, celle de Ricardo ou encore les différents programmes de recherche se revendiquant de Polanyi sont à un degré ou un autre illustratifs de cette philosophie économique.

Mais la pensée économique et la philosophie économique ne se bornent pas à ce face-à-face. Il existe une troisième forme de philosophie économique, dont Aristote a été l'initiateur. Pour l'introduire je partirai de l'idée que l'on trouve dans le texte de Berns selon laquelle la rationalité économique, le calcul, ne parvient pas à tout totaliser, c'est-à-dire à expliquer tout ce qui est comme étant le résultat de la mise en œuvre de la rationalité calculatrice. Cependant, cette extériorité intotalisable est pour lui une aporie sur laquelle la pensée reste en suspens, alors qu'elle a valeur d'une connaissance préexistante[10] pour la tradition de la philosophie pratique. Il s'agit tout simplement de partir du don : quelque chose est donné qui constitue la condition de possibilité de toute économie. C'est de là qu'il convient de partir et d'identifier l'enjeu pratique de l'économie : comment accueillir ce don ? Comment recueillir ce qui est donné ? Quelle est la bonne mesure dans notre relation à ce que nous n'avons pas nous-mêmes produit ? Comment partager justement ce qui n'échoit pas plus à moi qu'à toi par nature ? Comment produire et consommer sans tarir ce qui est donné et est nécessaire, car préexistant à ce que nous pouvons produire ?, etc. La reconnaissance du don, de ce qu'il y a quelque chose qui est donné et qui ne peut être totalisé par la rationalité économique maximisatrice, comme point de départ de toute pensée économique situe l'agent d'une manière radicalement originale par rapport aux deux autres formes de philosophie économique dont il a été question plus haut : l'agent économique est immédiatement un sujet moral. Les questions économiques qui se posent à l'agent sont indissociablement morales, c'est dire qu'elles se définissent par rapport au bien et au mal, à la bonne et à la mauvaise économie. L'agent ici n'évolue pas dans un vide institutionnel et il n'est pas non plus conditionné par les institutions existantes, mais l'agent est avant tout un consommateur qui est en même temps un sujet moral qui veut le bien, ce qui le définit par des vertus, et leur contraire. Il veut le bien pour son bonheur, qu'il cherche dans une relation mesurée et juste au monde et aux autres agents dans les relations économiques d'échange, de partage, de prêt, de don, de travail et de production. Ce qui fait du bien, donc du bien

10. Sur la nécessité des connaissances préexistantes dans l'épistémologie aristotélicienne, voire *Les seconds analytiques* I, 1 [1979].

économique, une question qui reste ouverte à sa délibération, à la fois calcul et délibération morale. Cet agent est situé en un lieu de vie, un foyer ou une famille qui est la première institution, et sa relation au monde et aux autres est médiatisée par la monnaie qui en constitue la mesure. La justice n'est pas ici une procédure définie abstraitement en surplomb de toute relation d'échange, elle n'est pas le produit de la mécanique des forces marchandes, ni une vertu prêtée prioritairement aux institutions, la justice doit se manifester à chaque échange et relation par un accord concerté de paroles et jugements exprimés et partagés. Le savoir économique ici ne peut donc pas avoir la forme d'une théorie pure indifférente aux situations et insensible aux protagonistes d'une relation économique, pas plus qu'il ne peut avoir la forme d'un ensemble de fonctions hiérarchisées du point de vue de la finalité d'un système – plein emploi, stabilité monétaire, équilibres financiers ou autre. L'économie pratique et la philosophie économique pratique requièrent une forme qui retient/contient et diffuse un savoir pratique – la sagesse pratique – qui est tout autre, à savoir une langue qui « n'est pas scientifique, telle qu'on l'entend en sciences économiques » (E. Berns). C'est la langue de l'action, du temps et du récit, la langue de la métaphore vive, pour reprendre des titres de Paul Ricœur.

### 3.2. La donation première, la demeure et la richesse. Quelques vérités premières

> « Pour qui sait [...] cueillir tout a des dons secrets. »
> Victor Hugo, « À un riche » in *Les Voix intérieures.*

Afin d'illustrer cela je m'appuierai sur quelques métaphores vives tirées de la pensée de Levinas [1961] pour introduire (à quoi se bornera ce dernier paragraphe) la philosophie économique pratique.

Le premier mot de l'économie pratique n'est pas la rareté et le dénuement du monde dans lequel l'homme serait jeté, en proie à l'appétit et au désir de pouvoir des autres. Le monde ne nous est pas hostile. « À l'origine, il y a un être comblé, un citoyen du paradis. » [1961, p. 118] L'origine de l'économie ce n'est pas le manque, l'absence, l'insuffisance, qu'il s'agit dans une lutte contre autrui et contre le monde de combler, l'origine de l'économie c'est un être déjà comblé, qui doit apprendre le bon usage du monde pour le vivre comme un paradis. Il ne s'agit pas là d'un commentaire biblique, mais d'une connaissance préexistante que le monde s'offre ou se donne au « nourrissement » de la vie. La vie, la jouissance de la vie, le bonheur de vivre ne sont pas des productions ou des constructions que nous pouvons maîtriser par la détermination de causes matérielles. Ce monde nous fait la grâce de la vie jusqu'à la possibilité du bonheur, soit de l'accomplissement de soi. Cette possibilité ouverte est une largesse du monde, un événement qui court-circuite toute connaissance déterminante. Ce monde ne se refuse ni à notre jouissance ni à notre travail, et s'il n'est pas possible de passer sous silence l'angoisse du lendemain et la peine dans le travail qui l'accompagne, cela n'altère pas absolument la bénédiction de ce monde, car « l'insécurité ne saurait supprimer l'agrément fondamental de la vie » [p. 106] ni altérer « le rapport originel de l'homme avec le monde matériel [qui] n'est pas négativité, mais jouissance et agrément de la vie » [*ibid.*]. Pour résumer, le point de départ de l'économie pratique n'est pas la rareté mais « pain et travail » : « Nous vivons de “bonne soupe”, d'air, de lumière, de spectacles, de travail, d'idées, de sommeil, etc. [...]. » [p. 82] Ce qui est ici énuméré, ce ne sont pas des moyens du vivre, comme des instruments ou des outils qui resteraient extérieurs au vivre lui-même, c'est bien plutôt ce qui nous fait « grâce de la vie » [p. 84]. Avant toute production, quelque chose est donné qui nous précède « comme un absolu d'une antiquité irreprésentable » [p. 111] et dans lequel nous nous tenons : « C'est du vent, de la terre, de la mer, du ciel, de l'air. » [p. 105]

Point encore d'agent économique ici. Il y a simplement l'énoncé de ce qui conditionne toute économie, le fond élémental [p. 104] dans lequel nous sommes immergés et que nous ne pouvons posséder. Pour que l'agent économique entre en scène, il faut lui accorder la stabilité d'une demeure – la première institution – pour que la relation au monde, c'est-à-dire à ces choses pour la jouissance de sa vie, et la rencontre d'autrui puisse avoir lieu. La jouissance des choses de la vie ne peut devenir pleinement accomplissement dans le bonheur que dans l'intériorité d'une demeure qui offre la stabilité à notre séjour au monde. La demeure comme telle n'est pas la fin de l'activité humaine, elle en est la condition, le commencement comme le dit Levinas [p. 125]. La maison est ce qui rend possibles le travail et la propriété. C'est dans l'intériorité de la demeure que les choses que le travail arrache aux éléments sont rassemblées en une propriété qui définit la richesse. C'est dans cette séparation du propre par rapport à l'extériorité du monde que l'homme est élevé à l'existence économique. C'est cette intériorité de la demeure (l'oïkos) qui constitue l'économie comme relation au monde. La demeure est le lieu de réception de la largesse du monde qui nous fait grâce de la vie, le monde y est consommé en toute quiétude, en paix avec le monde, ce qui n'est pas le détruire sans mesure et le recouvrir de déchets. La demeure ne peut accueillir le monde dans son entièreté et y dissoudre l'élémental, sa limite y borne la consommation elle-même. Et c'est cette mesure, d'une certaine façon naturelle, ajustée aux besoins dans lesquels l'homme se plaît à vivre, qui autorise l'écoute d'autrui et son accueil comme une exigence de justice. « Reconnaître autrui, c'est reconnaître une faim » [p. 48], écrit Levinas. C'est le besoin d'autrui qu'il s'agit d'entendre et de reconnaître, c'est dans la reconnaissance de cette faim que se noue la relation de justice. Le besoin de l'autre m'interpelle et en philosophie pratique j'en suis le répondant. Ce n'est pas une institution aussi rationnelle soit-elle qui peut m'épargner l'écoute du besoin de l'autre. L'attention au besoin d'autrui est essentielle à la relation de justice. Sous cette perspective la justice manifeste toujours une donation qui outrepasse toute action, non pas que l'agent donne en pleine conscience et en toute objectivité d'un acte de don dont il aurait la maîtrise, car cela ne se peut, comme Jean-Luc Marion l'a montré de façon pénétrante [2005]. Mais la simple reconnaissance du besoin d'autrui, qui se manifeste dans l'échange, dans le don au sens propre, dans l'hospitalité de la demeure, est toujours déjà la manifestation d'une donation qui déborde la détermination de l'acte comme échange, don ou hospitalité.

L'agent économique, situé en sa demeure, est ici un sujet moral – sujet à entendre aussi en cela qu'il se plie dans son action à une logique de la manifestation de la relation éthique qu'il ne calcule pas –, un sujet moral dans sa relation à autrui médiatisée par sa relation au monde. L'économie est condition nécessaire mais non suffisante de la relation éthique : « [L]a transcendance du visage ne se joue pas en dehors du monde, comme si l'économie par laquelle se produit la séparation, se tenait au-dessous d'une espèce de contemplation béatifique d'Autrui. [...] La "vision" du visage comme visage est une certaine façon de séjourner dans une maison ou, pour le dire d'une façon moins singulière, une certaine forme de vie économique. *Aucune relation humaine ou interhumaine ne saurait se jouer en dehors de l'économie.* » [p. 147, je souligne.] C'est à saisir et expliciter cette certaine forme de vie économique que s'attache la philosophie économique pratique depuis Aristote, dans un débat et une discussion vive au sein même de la philosophie économique, avec la dramatique platonicienne et son constructivisme d'abord, puis au cours des développements de l'histoire de la pensée économique jusqu'à nos jours avec les formes nouvelles du savoir économique empreint de positivisme ou de pragmatisme. C'est de ces confrontations renouvelées à chaque âge de la science économique que se nourrit la philosophie économique, celle-ci ne pouvant prospérer sans se rapporter à la dynamique des idées et théories économiques qui toutes, par touches successives, dévoilent, précisent, corrigent une notion d'économie dans laquelle se reconnaît une dimension de la condition humaine qui pour un temps fixe les débats, qu'il s'agisse de la démontrer, de la consolider, de la combattre pour ses insuffisances, avec la pensée projetée sur l'horizon de la bonne économie.

Autrement dit, comme le dit Arnaud Berthoud, « le premier thème de toute philosophie économique est l'économie elle-même » ([2002, p. 9], à savoir qu'est-ce que l'économie ? Et de quelle économie parle-t-on ?

## Bibliographie

Albert H. [1968], *Traktat über kritische Vernunft.* Tübingen, Mohr, 1991.

— [2000], *Kritischer Rationalismus.* Tübingen, Mohr.

Aristote [1979], *Les seconds analytiques.* Trad. fr. J. Tricot. Paris, Vrin.

Berthoud A. [2002], *Essais de philosophie économique. Platon, Aristote, Hobbes, A. Smith, Marx.* Villeneuve d'Ascq, Presses universitaires du Septentrion.

Hugo V. [1837], *Les Voix intérieures.* Paris, Gallimard, 1970.

Levinas E. [1961], *Totalité et infini. Essai sur l'extériorité.* La Haye, Martinus Nijhoff.

Mardellat P. [2011], « Nature et usages de la philosophie économique de H. Arendt », *Symposium : Économie et Société chez Hannah Arendt. Économies et Sociétés – Cahiers de l'ISMEA.* Tome XLV, n°7, série PE *Œconomia*, n°44, p. 1091-1096.

Marion J.-L. [1997], *Étant donné. Essai d'une phénoménologie de la donation.* Paris, PUF, coll. « Quadrige Essais Débats », 3e éd. : 2005.

Saint-Sernin B. [2012], *Précis de l'action.* Paris, Éditions du Cerf.

Schumpeter J.-A. [1954], *Histoire de l'analyse économique.* T.1. Paris, Gallimard, coll. « Bibliothèque des sciences humaines », 1983 ; coll. « Tel », 2004.

# PHILOSOPHIE ÉCONOMIQUE, JUSTICE SOCIALE ET ÉCONOMIE NORMATIVE : REMARQUES SUR LE RÔLE DE RAWLS

*Jean-Sébastien Gharbi*[1]

Il pourrait paraître tentant de présenter la publication de la Théorie de la justice de John Rawls [1971] comme étant à l'origine, d'une part, du renouveau de l'économie normative et, d'autre part, de la naissance de l'approche non welfariste en économie. La question de l'initiateur de ces deux mouvements n'est toutefois pas si facile à trancher et elle est intéressante dans une optique de philosophie économique. Elle est intéressante parce qu'elle interroge la possibilité que le travail de l'économiste soit orienté de l'extérieur. Elle n'est pas évidente à trancher parce qu'elle suppose une compréhension fine du problème du choix social tel que le posait Arrow [1950 ; 1951] et la maîtrise des outils de l'économie contemporaine.

Cet article défendra l'idée que Rawls ne peut être considéré ni comme l'initiateur du renouveau de l'économie normative, ni comme celui de l'approche non welfariste en économie. Nous conclurons, de manière assumée comme prospective et exploratoire, en tentant de mettre en évidence certaines relations entre philosophie et économie et leur impact sur le sens de la formule « philosophie économique ».

***Economic philosophy, social justice, and normative economics: some remarks about Rawls's role***

*It could seem tempting to present the publication of Rawls'* A theory of Justice *[1971] as being at the origin, on the one hand, of the revival of normative economics and, on the other hand, of the birth of non welfarist approach in economics. However, the question of the initiator of these two movements is not so easy to resolve and it is interesting in an economic philosophy perspective. It is interesting because it questions the possibility that the economist's works could be oriented from the outside. It is not easy to resolve because it assumes a subtle understanding of the social choice problem as Arrow puts it [1950; 1951] and the entire command of contemporary economics' tools.*

*In this paper, we defend the idea that it would be wrong to present Rawls as the initiator of the revival of normative economics and of the non-welfarist approach in economics. We conclude, in a clearly prospective and exploratory way, in trying to highlight some relations between philosophy and economics and their implications on the meaning of the expression "economics philosophy."*

**Mots clefs :** philosophie économique, économie normative, justice sociale, Rawls.

**Keywords:** economic philosophy, normative economics, social justice, Rawls.

**JEL classification:** A12, B41, D63

---

1. Aix-Marseille University (Aix-Marseille School of Economics), CNRS et EHESS.
Courriel : jsgharbi@gmail.com
Des versions antérieures de ce texte ont nettement bénéficié de remarques venant d'Arnaud Berthoud, Claude Gamel, Serge-Christophe Kolm et Yves Meinard, des participants du *Séminaire de philosophie économique* du GREQAM et du Colloque international *Philosophie économique* organisé à Lille, les 21 et 22 juin 2012, ainsi que de deux rapporteurs anonymes. L'auteur reste bien entendu seul responsable de toutes les imprécisions et défauts qui subsistent.

L'économie normative peut, en première approximation, être définie comme la partie de la science économique qui cherche à déterminer « ce qui devrait être » par opposition à l'économie positive qui traite de « ce qui est[2] » [J. N. Keynes, 1890, p. 21-22]. De leur côté, les théories de la justice sociale désignent un champ qui excède l'économique – puisqu'elles peuvent être amenées à traiter de questions relevant du politique ou du juridique – même s'il l'intéresse à plus d'un titre. La question de l'intégration des valeurs (qui se trouvent au cœur de ces théories de la justice) dans la méthodologie économique sans sacrifier la rigueur de sa démarche est l'un des champs privilégiés de la philosophie économique[3]. Pour cette raison, interroger l'articulation de l'économie normative et des théories de la justice sociale revient en partie à poser la question du statut de la philosophie économique.

Dans la mesure où il est couramment admis que « la renaissance de la philosophie politique normative trouve sa source dans la publication en 1971 de la *Théorie de la justice* de John Rawls » [Kimlycka, 1990, p. 17], il pourrait paraître tentant d'en inférer que c'est aussi cette publication qui a donné la première impulsion à ce qui devait, par la suite, conduire au renouveau de la réflexion normative en économie. De même, l'opposition bien connue de Rawls à la philosophie utilitariste pourrait conduire à penser que c'est la place que la discussion de son ouvrage a pris dans la théorie économique qui a introduit l'approche non welfariste en économie. La question de l'initiateur de ces deux mouvements n'est toutefois pas si facile à trancher. En effet, déterminer l'initiateur du renouveau de l'économie normative suppose que l'on revienne sur le sens et la portée du théorème d'impossibilité d'Arrow, puisque ce théorème avait été compris comme interdisant d'adopter une approche normative en économie. La question de l'initiateur de l'approche non welfariste en économie n'est guère plus aisée à trancher, car cela nécessitait de fournir aux économistes un outil leur permettant de traiter de questions qu'ils considéraient jusque-là comme ne relevant pas de leur champ disciplinaire, bref cela demandait de leur fournir un outil formel pour intégrer cette nouvelle démarche dans leur discipline.

2. Bien que l'on n'ait retenu de ce travail que cette opposition binaire, John Neville Keynes proposait en fait une tripartition entre « science positive », « science normative » et « art » – le dernier étant le moyen terme entre les faits de la première et les idéaux de la seconde.

3. À l'appui de cette idée, on peut citer la tripartition du champ de la philosophie économique esquissée dans Leroux & Marciano [1998], puis explorée par Leroux & Marciano [1999] et par les trois premiers tomes des *Leçons de philosophie économique*, à savoir : économie politique et philosophie sociale [Leroux & Livet, 2005], économie normative et philosophie morale [Leroux & Livet, 2006] et science économique et philosophie des sciences [Leroux & Livet, 2007].

Cet article défendra l'idée que Rawls ne peut être considéré ni comme l'initiateur du renouveau de l'économie normative, ni comme celui de l'approche non welfariste en économie. Le fait de chercher à déterminer le rôle joué par Rawls dans ces deux changements d'orientation majeurs de l'économie comme discipline théorique suffirait à lui seul à justifier notre effort d'analyse. Notre intérêt pour cette question n'est toutefois pas strictement historique. En effet, Rawls est très souvent présenté comme ayant eu une grande influence sur l'évolution de l'économie et en particulier sur le sous-champ des théories économiques de la justice. Revenir sur la question du rôle de Rawls dans ces deux tournants majeurs de la science économique amènera à poser une question importante dans une optique de philosophie économique : celle de la possibilité que le travail de l'économiste soit orienté de l'extérieur.

Pour ce faire, nous procéderons en trois temps. Dans un premier temps, nous nous tournerons vers le renouveau de l'économie normative et mettrons en évidence que ce n'est pas Rawls qui a montré que la lecture du théorème d'impossibilité d'Arrow comme interdisant à l'économie toute dimension normative reposait sur une identification fautive des concepts de fonction d'utilité sociale chez Bergson et chez Arrow. Dans un second temps, nous nous tournerons vers le concept d'ordre lexicographique et montrerons que Rawls reprend ce concept technique (ouvrant la voie à une approche non welfariste) de travaux d'économie normative. Dans un troisième temps, nous reviendrons sur la question de la possibilité d'un indice des biens premiers, sujet qui s'est trouvé au cœur des débats et des incompréhensions entre Rawls et les économistes, et qui nous semble appuyer le point de vue selon lequel Rawls n'a été à l'origine, à proprement parler, ni du renouveau de l'économie normative, ni de la naissance de l'approche non welfariste en économie. Nous conclurons en revenant sur ce que le cas de Rawls nous semble indiquer quant aux relations entre philosophie et économie. En une démarche assumée comme prospective et exploratoire, nous essaierons d'en tirer quelques conséquences concernant le sens de l'expression « philosophie économique ».

La question de l'origine est toujours une question redoutable, aussi est-il nécessaire de préciser un peu plus notre objectif. Rawls, Kolm et Sen se connaissaient et il est tout à fait impossible de retracer une quelconque causalité ou influence que l'un d'entre eux a pu avoir sur l'autre au cours de leurs échanges informels[4]. Ce qui nous intéresse ici se situe toutefois au-delà

4. Kolm [2003] est le témoignage des relations qu'ont entretenues Rawls et Kolm – et Rawls [1982] dis-

des questions de personnes et de relations informelles : en effet, cela concerne la façon dont ces relations ont été intégrées par l'économie comme discipline – et, à ce sujet, les textes publiés constituent des repères à la fois pertinents et accessibles.

## 1. Rawls et le renouveau de l'économie normative

Tenter de déterminer le rôle joué par Rawls dans la renaissance de la réflexion normative en économie nécessite que l'on fasse quelques rappels historiques. De la fin du XIXe siècle au début des années 1970, la formule « économie normative » était synonyme d' « économie du bien-être[5] » – que l'on appelle aujourd'hui « welfarisme[6] ». Le welfarisme constitue le prolongement économique de la philosophie utilitariste telle que l'a développée le philosophe Jeremy Bentham[7] :

> « Par principe d'utilité, on entend le principe qui approuve ou désapprouve toute action, quelle qu'elle soit, en fonction de sa tendance à augmenter ou à réduire le bonheur des parties prenantes. [...] Par utilité, on entend la propriété qu'a toute chose de produire un bénéfice, un avantage, un plaisir, un bien, ou du bonheur (tous ces mots désignant, dans le cas présent, la même réalité), ou (ce qui revient au même) d'éviter un dommage, une

cute la position de Kolm [1971]. On sait, de plus, que Sen avait été l'un des premiers lecteurs de *Théorie de la justice* parce qu'il le discute dans son livre *Collective Choice and Social Welfare* [1970b] avant même sa publication – Rawls remercie d'ailleurs Sen à ce titre [1971, p. 23].

5. L'introduction de l'ouvrage de Graaff sur les fondements de l'économie du bien-être ne laisse aucun doute à ce sujet : « Il serait vain de tenter d'établir une dichotomie tranchée ; il est néanmoins important d'avoir une vague idée des différences essentielles qui séparent l'économie positive de l'économie du bien-être. Les parties théoriques de l'économie positive, dans la mesure, certes, où elles ont un contenu empirique, nous fournissent des théorèmes dont nous pouvons contrôler la validité en les confrontant aux faits qu'ils ont pour objet d'expliquer, des propositions concernant le monde réel dans lequel nous évoluons, lesquelles peuvent, en principe tout au moins, se révéler fausses et dès lors être rejetées, si elles ne sont pas vérifiées et empiriquement établies. [...] Les propositions de l'économie du bien-être ont un contenu assez différent. » [Graaff, 1957, p. 2] On trouve parfois des résurgences de cette manière d'identifier « économie normative » et « économie du bien-être » jusque dans des ouvrages contemporains et alors même que ceux-ci accordent, par ailleurs, une large place aux approches non welfaristes : « L'économiste doit s'intéresser non seulement à ce qui est possible mais aussi à ce qui est souhaitable. Tel est l'objet de l'économie normative (*Welfare economics*), cette branche de l'économie qui a connu une histoire plutôt mouvementée. » [Clément *et al.*, 2008, p. 11]

6. « L'expression de "welfarisme" a été employée pour la première fois par Hicks à la fin des années 1950, mais en un sens différent [de celui que nous utilisons aujourd'hui]. C'est Sen [1977, p. 1559] qui a introduit le concept [tel que nous l'utilisons] » ([Clément *et al.*, 2008, p. 15, note 2], nous ajoutons les précisions entre crochets et modifions la référence de façon à ce qu'elle corresponde à notre bibliographie).

7. Nous nous en tenons ici à la présentation classique du lien entre la philosophie de Bentham et le welfarisme. Ce lien a toutefois été discuté et sérieusement mis en doute [Sigot, 2001].

> souffrance, un mal, ou un chagrin à la partie dont l'intérêt est considéré ; s'il s'agit de la communauté en général, alors il s'agit du bonheur de la communauté (*the happiness of the community*) ; s'il s'agit d'un individu particulier, alors il s'agit du bonheur de cet individu. » [Bentham, 1789, p. 2]

Dérivé de cet utilitarisme, le welfarisme est alors la doctrine qui affirme qu'« en définitive, le caractère souhaitable (*goodness*) d'un état du monde dépend de l'ensemble des utilités individuelles de cet état, et – plus précisément (*more demandingly*) – peut être vu comme une fonction croissante de cet ensemble » [Sen, 1979, p. 464]. Autrement dit, le welfarisme défend l'idée que 1) l'utilité épuise l'ensemble de l'information économiquement pertinente ; 2) « plus d'utilité » signifie « mieux ».

Il existe deux variantes du welfarisme. La première, à laquelle sont attachés des noms comme Marshall et Pigou, est appelée « “ancienne” économie du bien-être » et admet : 1) que les utilités individuelles sont cardinales ; 2) que l'on peut, pour cette raison, les comparer et les sommer. Dans cette optique, on peut donc déterminer si le fait de réduire le bien-être d'un individu a des conséquences positives du point de vue de la collectivité, ou, pour le dire autrement, si cela entraîne une augmentation du bien-être des autres, supérieure à la baisse subie par l'individu en question. Supposant que l'on peut mesurer les utilités individuelles, l'ancienne économie du bien-être défend ainsi une sorte d'« arithmétique sociale » qui conduit, *en principe*, à déterminer l'unique optimum social : l'état dans lequel la société atteint le maximum de satisfaction[8].

La seconde variante du welfarisme, appelée « “nouvelle” économie du bien-être » et représentée entre autres par Kaldor, Hicks et Samuelson, 1) défend une conception ordinale des utilités individuelles, et 2) met en cause, à la suite de Robbins, l'idée que l'on peut procéder à des comparaisons interpersonnelles de ces utilités. Cela interdit que l'on réduise le bien-être d'un individu en arguant de l'augmentation de bien-être collectif qui en découle – ce qui supposerait que l'on puisse comparer les utilités en question. Le refus des comparaisons interpersonnelles d'utilité, en conduisant la nouvelle économie du bien-être à accorder plus de place à l'individu, a donc pour conséquence d'ériger l'unanimité (dite « parétienne ») en critère de choix social et se trouve ainsi dans l'impossibilité de déterminer un unique

---

8. Nous ne mentionnons pas Edgeworth (bien que son nom soit aussi associé à l'ancienne économie du bien-être) parce que, tout en acceptant la cardinalité des utilités individuelles, il refusait de les considérer comme additives et interpersonnellement comparables.

optimum social – puisque tout état non dominé qui ne réduit l'utilité d'aucun individu est alors un prétendant au titre d'optimum social.

Le théorème d'impossibilité d'Arrow [1950 ; 1951] porta un véritable coup d'arrêt à l'économie normative dans sa version nouvelle économie du bien-être. Arrow prouvait en effet que, dans ce cadre qui refuse les comparaisons interpersonnelles d'utilité[9], il n'existe pas de fonction d'utilité sociale permettant de passer des préférences individuelles à une préférence sociale. Autrement dit, ce théorème prouvait qu'il est impossible de définir une procédure de choix collectif (notamment une règle de vote) rationnelle et « démocratique[10] ». Pour être encore plus précis, il démontrait que, si le nombre d'états sociaux à classer est au moins égal à trois, il n'existe aucune fonction de choix social, c'est-à-dire aucune procédure d'agrégation des choix individuels concernant ces états, qui satisfasse en même temps les cinq exigences suivantes : transitivité, universalité, non-dictature, unanimité, indifférence aux états non pertinents[11]. Pendant près de vingt ans, le théorème d'impossibilité d'Arrow fut considéré comme la preuve que l'économie ne saurait être à la fois *rigoureuse* et *normative* et que la recherche d'un optimum social intégrant les exigences éthiques semblant les moins discutables était une impasse théorique [Gamel, 2009, p. 148].

Le théorème d'Arrow ne « sonna » toutefois pas « le glas[12] » de l'économie normative. En 1966, Amartya Sen et Serge-Christophe Kolm présentèrent,

9. « On adoptera ici le point de vue suivant : la comparaison interpersonnelle des utilités n'a pas de sens » [Arrow, 1951, p. 31].

10. Pour être plus précis, il faudrait dire « non dictatoriale au sens d'Arrow ». Il va de soi que, malgré le sens peu commun qu'Arrow donne au terme « dictateur », une procédure de choix « dictatoriale au sens d'Arrow » n'est pas démocratique. Arrow définit en effet la présence d'un dictateur par le fait qu'un individu détermine, même dans le cas où il se retrouve seul contre tous, le résultat de la procédure de choix. Nous qualifions le sens qu'Arrow donne au terme « dictateur » de « peu commun », d'une part parce que l'individu auquel il s'applique n'exerce pas nécessairement son autorité de manière violente (ce qui est un élément important de la définition du terme dans son usage courant), mais aussi parce qu'il semble que la définition d'Arrow permette d'appeler « dictateur » un individu qui ne souhaite pas l'être ou, et cela est encore moins intuitif, qui ne sache pas l'être.

11. Pour plus de précisions sur ces axiomes classiques, on pourra se référer à Arrow, [1951, p. 53-72], Clément *et al.*, [2008, p. 28-37] ou Fleurbaey [1996, p. 54-56].

12. « On considérait à l'époque [autrement dit en 1951 et dans les années qui ont suivi] que le théorème d'impossibilité d'Arrow sonnait le glas de l'économie du bien-être aussi bien dans sa version Edgeworth-Pigou que dans sa version Pareto-Bergson. » [Phelps, 1980, p. 331 ; nous ajoutons la précision entre crochets.] On aurait tort ici de prendre l'usage de la formule « sonner le glas » comme une clause de style un peu emphatique, car elle constitue une référence au thème de la mort de l'économie normative [Baujard, 2011].

dans un même colloque[13], des interventions qui ne laissent aucun doute possible sur le fait qu'ils étaient convaincus, bien avant la parution de *Théorie de la justice*, de la possibilité pour l'économie d'être normative, malgré la démonstration d'Arrow. Les titres de leurs communications respectives en attestent. En effet, Sen intitule sa présentation « Les préférences des planificateurs : optimalité, répartition et utilité sociale ». En associant optimalité et utilité sociale, ce titre s'oppose à l'idée que l'économie ne peut pas parler de ce qui doit être et revendique la possibilité de déterminer l'optimum social – possibilité qui était niée par la majorité des économistes de l'époque qui acceptaient la thèse de la mort de l'économie du bien-être [Baujard, 2011]. Le titre de Kolm, à savoir « La production optimale de justice sociale », pose de même que l'on peut parler d'optimum à propos d'un attribut social. Le refus par Kolm d'accepter l'idée que l'économie ne peut pas être normative est d'ailleurs affirmé dès la première page du texte de son intervention :

> « L'économie descriptive a longuement analysé à la fois l'efficacité productive et la distribution du revenu, l'économie normative a de nombreuses recommandations à faire sur le plan de l'efficacité, mais la science économique, en son état présent, est presque muette sur l'aspect normatif du partage du bien-être, c'est-à-dire sur la justice sociale. Pire, elle consacre une bonne partie de ses efforts à tenter de se débarrasser de ce problème, au lieu d'essayer de le résoudre comme nous le ferons ici. » [Kolm, 1966, p. 111]

Cette conviction commune aux deux auteurs exigeait toutefois qu'ils déterminent avec précision la portée du théorème d'impossibilité et qu'ils montrent que les aspirations normatives de leurs démarches ne se trouvaient pas invalidées par avance par la démonstration d'Arrow. En concluant qu'il n'existe pas de « fonction d'utilité sociale », Arrow semblait en effet affirmer l'impossibilité de déterminer un quelconque optimum social et, par conséquent, montrer que l'objectif même de l'économie normative était irréalisable.

Bien que leurs exposés n'aient ni les mêmes objectifs, ni les mêmes enjeux, ils se trouvaient ainsi tous deux amenés à dénoncer « le grave malentendu » [Kolm, 1966, p. 138] ou « les confusions » [Sen, 1966, p. 180] concernant le concept de fonction d'utilité sociale. Les deux auteurs expliquaient qu'Arrow confère à l'expression « fonction d'utilité sociale » une signification

13. Le célèbre colloque *Économie publique* a eu lieu à Biarritz du 2 au 9 septembre 1966 (les actes ont été publiés en français [Guitton & Margolis, 1968] et en anglais et y participèrent, entre autres, Malinvaud, Musgrave, Samuelson et Stoleru).

très différente de celle, classique jusque-là en économie normative, que lui donnait Bergson. La fonction d'utilité sociale de Bergson est, en effet, « une fonction d'utilité à valeurs réelles », autrement dit, elle est « simplement une fonction de bien-être correspondant à un préordre social » [Sen, 1966, p. 181]. La fonction d'utilité sociale d'Arrow est, quant à elle, un procédé, une règle ou encore « une méthode permettant de passer des préordres individuels à un préordre social » [*ibid.*].

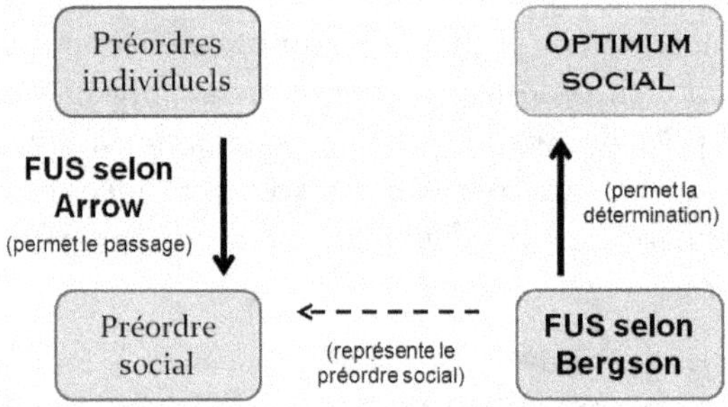


**Schéma 1 : Distinction et relation du concept de fonction d'utilité sociale selon Bergson et selon Arrow**

Le schéma 1 vise à mettre en évidence le nerf de l'argument de Kolm et Sen concernant la non-identité de ce à quoi renvoie le concept de fonction d'utilité sociale chez Bergson et chez Arrow. La fonction d'utilité sociale (notée FUS sur le schéma) selon Bergson, d'une part, représente le préordre social et, d'autre part, permet la détermination de l'optimum social. La fonction d'utilité sociale selon Arrow n'a pas pour rôle de représenter quelque chose, mais de permettre le passage des préordres individuels à un préordre social, autrement dit elle constitue une règle de transformation de toute pluralité de préordres individuels en un préordre social. Leur rôle différent vis-à-vis du préordre social rend difficilement discutable le fait que nous avons bien affaire chez Bergson et chez Arrow à deux types de fonctions d'utilité sociale qui ne s'identifient pas.

Lorsqu'on interprète le théorème d'Arrow comme affirmant l'impossibilité d'une fonction de bien-être social représentant un préordre social (c'est-à-dire, d'une fonction d'utilité sociale au sens de Bergson), on confond les deux types de fonctions d'utilité sociale[14]. La fonction d'utilité sociale telle que la conçoit Arrow est une condition suffisante de la détermination d'un optimum social. En effet, si l'on parvient à passer des préordres individuels à un préordre social, cela suffit pour que l'on puisse représenter ce préordre social par une fonction de bien-être social au sens de Bergson, et par conséquent que l'on puisse déterminer l'optimum social. Toutefois, si la fonction d'utilité sociale telle que la conçoit Arrow est bien une condition suffisante à la détermination de l'optimum social, *elle n'en est pas du tout une condition nécessaire*. On peut en effet admettre la possibilité d'une fonction d'utilité sociale représentant le préordre social même s'il n'existe pas de méthode satisfaisante de passer des préordres individuels à un préordre social – dans la mesure où Arrow ne prétend pas démontrer l'impossibilité d'un préordre social. Autrement dit, la démonstration d'Arrow ne prouve ni 1) l'impossibilité de la fonction d'utilité sociale telle que la conçoit Bergson, ni 2) l'impossibilité de déterminer l'optimum social[15].

Kolm et Sen refusent que l'on pose une identité entre fonction de bien-être social selon Bergson et selon Arrow et mettent ainsi en évidence que la démonstration du fait qu'il n'existe aucune fonction d'utilité sociale au sens d'Arrow n'interdit pas de déterminer un optimum social. Revenons au niveau des règles logiques : si A est identique (ou équivalent) à B, le fait de nier A suffit évidemment pour nier B – puisque dans ce cas l'équivalence fait que A est une condition nécessaire de B et réciproquement. Si, en revanche, les deux termes sont distincts et que A implique B, alors le fait de nier A ne permet pas de nier B. Formellement, on ne peut déduire de la seule proposition « A implique B » l'autre proposition selon laquelle « non-A implique non-B ». Transposé aux relations des deux fonctions d'utilité sociale, on obtient que le fait d'accepter la proposition « l'existence d'une fonction d'utilité sociale au sens d'Arrow implique (puisque c'est une condition suffisante) la détermination d'un optimum social » n'implique pas cette autre proposition

14. Arrow lui-même note qu'« il y a une certaine différence entre le concept de fonction de bien-être collectif, utilisé [dans son livre de 1951] et celui de Bergson » [1951, p. 55]. Après avoir précisé cette différence en des termes proches de ceux qu'utiliseront Kolm et Sen en 1966, et semblant donc tout avoir en main pour affirmer que son théorème d'impossibilité ne concerne pas la fonction d'utilité sociale au sens de Bergson, il conclut de manière surprenante que « formellement, les deux définitions de la fonction de bien-être collectif ne présentent pas de différences très importantes » [1951, p. 56].

15. Gamel relève le fait que « I. M. D. Little [1952] et J. de V. Graaff [1957] avaient déjà pour l'essentiel localisé l'origine du malentendu en soulignant la distinction entre règle de prise de décision collective et jugement relatif au bien-être » [1986, p. 45, note 3]. Little déclare en effet : « [Si] j'ai correctement compris la signification de la fonction de Bergson, le résultat d'Arrow ne concerne pas la possibilité ou l'impossibilité d'une telle fonction. » [1952, p. 139]

selon laquelle « l'inexistence d'une fonction d'utilité sociale au sens d'Arrow implique l'impossibilité de déterminer un optimum social ».

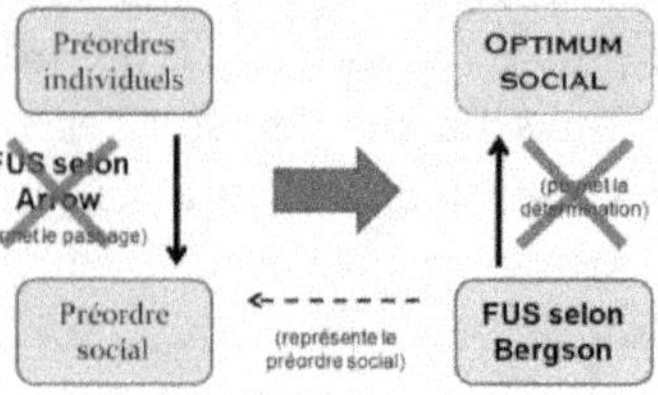


**Schéma 2 : Mauvaise lecture de la relation entre les deux types de fonction d'utilité sociale**

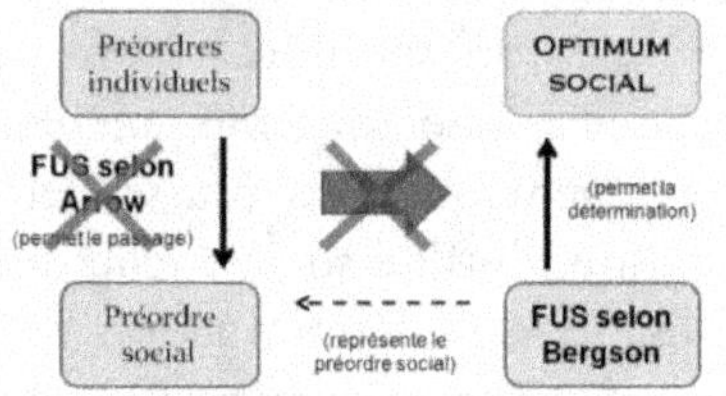


**Schéma 3 : Lecture correcte de la relation entre les deux types de fonction d'utilité sociale**

Les schémas 2 et 3 représentent respectivement la lecture erronée et la lecture correcte de la relation entre le théorème d'impossibilité d'Arrow et la possibilité formelle de déterminer un optimum social. Dans les deux cas, la flèche centrale ajoutée par rapport au schéma 1 représente une relation d'implication. Le schéma 2 représente la lecture du théorème d'impossibilité qui a conduit au thème de la mort de l'économie du bien-être et que Kolm et Sen dénoncent comme une lecture fautive. Ce schéma affirme en effet que l'impossibilité de la fonction d'utilité sociale au sens d'Arrow implique que l'on ne puisse pas déterminer l'optimum social. Le schéma 3 représente la lecture correcte du théorème d'impossibilité, lecture qui met en évidence le fait que ce célèbre théorème n'a pour conséquence ni de nier le fait, définitionnel, que la fonction d'utilité au sens de Bergson représente le préordre social, ni d'empêcher que cette fonction d'utilité sociale (au sens de Bergson) permette de déterminer l'optimum social.

Kolm est revenu sur ce point quelques années plus tard : supposer que le théorème d'Arrow rend caduque l'économie normative, c'est confondre, d'une part, « le problème du choix collectif » et, d'autre part, « le problème de l'optimum social » [Kolm, 1980, p. 248][16]. L'outil théorique qu'est la fonction d'utilité sociale au sens d'Arrow a été conçu pour trouver une solution au problème du choix collectif, alors que la fonction d'utilité sociale au sens de Bergson avait pour but de régler le problème de l'optimum social. On peut montrer que la résolution du problème du choix collectif est une condition suffisante, mais pas nécessaire, de la détermination de l'optimum social. Aussi la preuve formelle de l'impossibilité de résoudre le premier problème ne suffit-elle pas à conclure à l'impossibilité de résoudre le second et donc à priver l'économie normative de son objectif.

16. Il est intéressant de noter que l'essentiel de cet article est repris comme dernier chapitre de Kolm [1986], ouvrage intitulé *Philosophie de l'économie*.

Ce n'est donc pas parce qu'on sait qu'il est impossible de trouver une procédure de choix social qui soit à la fois optimale et « démocratique » que l'on doit arrêter de poser la question de l'optimum social. Il y aurait d'ailleurs, il faut bien le reconnaître, quelque chose d'un peu gênant à affirmer que l'économiste ne doit pas se préoccuper de telles questions, alors que celles-ci se posent constamment lorsqu'il faut choisir entre différents modes de fiscalité, de redistribution des revenus ou encore de protection sociale.

Une fois ces rappels historiques faits, il est pour le moins difficile de faire de Rawls l'initiateur du renouveau de l'économie normative : en abordant les questions de la justice sociale et des normes en général, l'économiste ne joue pas sur un terrain tracé par le philosophe. La mise au point de Kolm et de Sen concernant le sens du théorème d'impossibilité exigeait, en effet, une compréhension extrêmement fine du problème du choix social tel que le posait Arrow et une grande maîtrise des outils de l'économie contemporaine – dont Rawls ne témoigne dans aucun de ses textes. Loin, donc, d'avoir réveillé l'économie normative de son sommeil dogmatique, le livre de Rawls s'est, de ce point de vue, intégré dans un mouvement déjà enclenché par des économistes et ne les a intéressés que parce qu'il abordait des questions connexes à celles qui se posaient à eux de façon à la fois très actuelle et urgente.

Il est d'ailleurs important de noter que Rawls, bien que philosophe de formation, était très informé des débats économiques de son époque et qu'il suivait régulièrement les séminaires d'économie de Harvard[17]. Il était donc au courant du fait que certains économistes se tournaient de nouveau vers l'économie normative après une assez longue période d'abandon de ce champ théorique[18]. Et une telle information ne pouvait qu'attirer son attention et son intérêt.

## 2. Rawls et la naissance de l'approche non welfariste

Il demeure toutefois tentant, même après avoir admis que Rawls n'a pas été l'initiateur de la renaissance de l'économie normative, de lui attribuer le mérite

17. De 1963 à 1967, Kolm était *Research Professor* à Harvard. Et il avait notamment présenté, « peu après [s]on arrivée », un séminaire sur « la question de la réalisation d'un idéal égalitaire qui respecte l'efficacité sociale » concernant « l'inégalité [...] des revenus ou des richesses », auquel Rawls avait assisté [Kolm, 2003, p. 21-23].

18. Concernant l'influence et la contre-influence de Rawls dans l'œuvre d'Amartya Sen, qui fournit une illustration intéressante de l'intérêt que Rawls accordait aux problématiques économiques, on pourra se référer à Gilardone [2011].

de l'avoir orientée dans une direction jusque-là inédite en développant une approche *non welfariste*. La question est alors de savoir si Rawls a réellement été *à l'origine* de l'approche non welfariste en économie normative – dont le seul nom suffit à réaffirmer la prégnance de la position dont elle prend le contre-pied. Le sens de cette interrogation n'est pas de poser la question, relativement stérile, et en tout cas purement factuelle, d'une quelconque antécédence d'un auteur sur un autre. Cette question ne porte en effet pas seulement sur la survenue d'un événement (qui aurait pu avoir lieu ou non), elle enveloppe aussi une question de droit qui importe du point de vue de la philosophie économique : elle interroge la possibilité que la démarche de l'économiste soit profondément remise en cause de l'extérieur.

Rawls annonce dès les premières pages de *Théorie de la justice* sa volonté « d'élaborer une théorie de la justice qui représente une solution de rechange à la pensée utilitariste en général et donc à toutes les versions différentes qui peuvent en exister » [1971, p. 49]. Il est important de noter que l'utilitarisme ne s'identifie pas au welfarisme, mais qu'il en est un cas particulier [Sen, 1979]. Pour être plus précis, le welfarisme admet, comme l'utilitarisme, que les seules informations pertinentes pour juger un état du monde (et donc pour comparer deux états du monde) sont les utilités individuelles. Leur différence tient au fait que l'utilitarisme ajoute que l'agrégation de ces utilités individuelles doit se faire au moyen d'une somme, alors que le welfarisme ne précise pas quelle règle d'agrégation des utilités individuelles doit être utilisée[19]. Dans la mesure où le welfarisme partage avec l'utilitarisme l'importance prêtée à l'utilité et à sa maximisation, il semble difficile de contester que l'un des enjeux de la discussion rawlsienne de l'utilitarisme était d'attaquer *indirectement* le welfarisme[20].

---

19. Il arrive que l'on distingue un welfarisme réel (ou philosophique) et un welfarisme formel (ou technique). Dans la mesure où Rawls attaque le welfarisme philosophique (qui correspond à la définition donnée par Sen [1979]), nous utilisons toujours dans cet article l'expression « non welfarisme » pour signifier « non welfarisme au sens philosophique », laissant de côté les débats concernant le welfarisme formel. Pour plus de précisions sur la distinction entre ces deux types de welfarisme, leur comparaison avec la définition de Sen et sur la question de savoir si la position de Rawls est non welfariste au sens formel, on pourra se reporter à Gharbi & Meinard [2012].

20. Audard affirme : « Rawls n'emploie pas ces termes de "welfarisme" ou d'"experts", sauf dans sa réponse à Habermas, mais c'est historiquement le contexte intellectuel dans lequel il opère, celui d'une critique de "théorie économique" de la démocratie, dominante depuis l'après-guerre. » [2009, p. 427] Il serait néanmoins bien difficile de faire de la discussion du welfarisme le centre de gravité de la *Théorie de la justice*. En effet, sur les treize occurrences de la formule « *welfare economics* » que contient cet ouvrage, il n'y en a que quatre qui ne se trouvent pas dans la mention du titre d'un article ou d'un ouvrage cité, alors que le terme "utilitarisme" y est omniprésent. Sen n'ayant pas encore forgé le mot, il est naturel qu'on ne trouve pas le mot « *welfarism* » sous la plume de Rawls en 1971.

De plus, Rawls défend, en guise de « solution de rechange à la pensée utilitariste en général », une position qui accorde à la liberté individuelle une place centrale et pour tout dire la valeur d'une exigence, position qui dénote avec le welfarisme. Le welfarisme, tout comme l'utilitarisme, ne prête en effet à la liberté individuelle comprise de manière très classique comme un ensemble de droits inaliénables, qu'une valeur relative : si le respect de la liberté individuelle conduit à une augmentation des bien-être individuels et social, alors le welfarisme défendra (et même imposera, au besoin) le respect de cette liberté. Mais s'il s'avère, au contraire, que le respect de la liberté individuelle induit une diminution de bien-être collectif, le welfarisme préconisera qu'on ne la respecte pas.

La position adoptée par Rawls s'oppose donc point à point, même si cette opposition reste indirecte, aux cadres définissant le welfarisme. Toutefois, pour briser l'identité que l'on avait l'habitude de poser entre l'« économie normative » et le « welfarisme » (qui était encore appelé « économie du bien-être »), il ne suffisait pas de relever les insuffisances éthiques, déjà bien connues, dont pouvait souffrir une approche utilitariste, ni de développer une théorie *philosophique* de la justice. Il était en outre nécessaire de montrer comment donner un sens positif à ces critiques et à ces propositions dans les termes de la méthodologie économique – ce que firent Sen et Kolm[21].

Dans un article célèbre (qui a depuis été discuté à maintes reprises et de maintes façons) sur l'impossibilité d'être parétien et libéral, Sen [1970a] introduit une conception de la notion de droit (ou de liberté individuelle) dans le cadre du choix social tel que l'avait élaboré Arrow[22].

Pour illustrer cette situation, Sen imagine un exemple mettant en scène deux personnes, l'individu 1 qui est prude et l'individu 2 qui juge que la pruderie est un préjugé, et un livre, *L'Amant de Lady Chatterley*, jugé inconvenant par le premier individu, mais pas par le second. La question est de savoir si le livre sera lu (*x*) par l'individu 1 uniquement, (*y*) par l'individu 2 uniquement ou (*z*) par aucun des deux. L'ordre de préférence de l'individu

---

21. « L'article du *Journal of Political Economy* [Sen, 1970a] [...] ainsi que la monographie de Kolm [1971] ont eu un rôle considérable en étant à l'origine des recherches sur les aspects non welfaristes en économie normative. » [Salles, 2006, p. 43]

22. Nous suivons ici la présentation la plus courante du paradoxe libéral-parétien [Clément *et al.*, 2008, p. 39]. On a toutefois pu faire remarquer qu'en dotant les individus de préférences interdépendantes, Sen modifiait notablement le cadre adopté par Arrow : « L'impossibilité d'être à la fois parétien et libéral [ne fait] que traduire la difficulté de transposer le critère d'unanimité dans un contexte d'"utilité" au sens de Pareto [par opposition à ce que cet auteur appelle l'ophélimité], où les préférences de l'individu dans la société deviennent interdépendantes » [Gamel, 1992, p. 58] (nous ajoutons la précision entre crochets).

1 concernant ce problème est le suivant : il préfère que (*z*) personne ne lise le livre aux deux autres options, mais il préfère tout de même (*x*) lire ce livre lui-même (dans l'idée de ne pas exposer l'individu 2 à cette influence) à la dernière option qui consiste (*y*) à ce que l'individu 2 le lise. Pour ce premier individu, on a donc le classement $z >_1 x >_1 y$. L'individu 2 préfère pour sa part que (*x*) l'individu 1 lise le livre (et ait ainsi l'occasion de sortir de ses préjugés) aux deux autres possibilités, mais il préfère (*y*) lire lui-même le roman plutôt que (*z*) personne ne le lise. Pour le second individu, le classement est donc $x >_2 y >_2 z$. Il semble acceptable de poser que si la société composée de ces deux individus doit seulement choisir entre les deux événements (*x*) l'individu 1 lit le livre et (*z*) personne ne le lit, l'avis de l'individu 1 doit être déterminant – parce qu'il a le droit de ne pas être forcé à lire un livre. De même, si la société doit seulement choisir entre les deux événements (*y*) l'individu 2 lit le livre ou (*z*) personne ne le lit, l'avis de l'individu 2 semble devoir primer – parce qu'il a le droit de lire un livre s'il le souhaite. Sen montre que ces deux dernières conditions, qu'il appelle des « conditions minimales de libéralisme » [Sen, 1970a, p. 154], entrent en contradiction avec le critère de bien-être qu'est le principe de Pareto faible[23] et conduisent ainsi à une situation indécidable.

Il revient aussi à Sen d'avoir introduit la notion d'*ordre lexicographique* dans la problématique du choix social :

> « [P]our une communauté de *n* individus, [nous pouvons définir] un ordre lexicographique de la forme suivante :
>
> (1) Maximiser le bien-être des individus les plus défavorisés.
>
> (2) Pour un niveau égal de bien-être des individus les plus défavorisés, maximiser le bien-être des individus les plus défavorisés en second.
>
> [...]
>
> (*n*) Pour un niveau égal de bien-être des individus les plus défavorisés, des individus les plus défavorisés en second, [...], des individus les plus défavorisés en (*n* – 1), maximiser le bien-être des individus les plus favorisés » [Sen, 1970b, p. 138, n. 12 ; nous ajoutons la précision entre crochets.]

Il est d'ailleurs notable que ce concept d'ordre lexicographique est introduit par Sen au cours d'une discussion de la position adoptée par Rawls

23. Le principe de Pareto est aussi appelé « principe d'unanimité ». Dans sa version faible, il pose que si tous les individus préfèrent strictement A à B, alors A sera socialement préféré à B.

et que les écrits de Rawls antérieurs à la *Théorie de la justice* ne se référaient pas à un ordre lexicographique, mais uniquement au critère de maximin[24].

De son côté, l'intervention de Kolm à Biarritz [1966] affiche, dès le départ, la volonté d'intégrer la question de la justice sociale dans les modèles de recherche de l'optimum social. Identifiant un manque de l'analyse économique de cette période, Kolm affirme en effet que « l'analyse de la justice sociale » est « une branche de l'Économie politique et même plus précisément de l'Économie publique » [1966, p. 112]. S'il ne se présente pas comme une remise en cause du welfarisme, ce texte cherche, pour le moins, à l'interroger :

> « L'optimum résultant [des choix entre justice et efficacité] n'est pas en général une situation de revenu social maximum [...]. En fait, certaines sociétés sacrifient de la production afin de réaliser une certaine justice. Donc la mesure habituelle du bien-être d'une société, le revenu social par tête, n'est pas une bonne mesure car elle omet la consommation de justice. » [*Ibid.*, p. 116]

Kolm [1971] poursuit, de ce point de vue, dans la direction ouverte par la communication de 1966. Après avoir réaffirmé que si les économistes « savent dire beaucoup de choses sur l'efficacité ("optimalité de Pareto"), ils sont presque muets à propos de la *justice* », il constate que « le critère d'efficacité est insuffisant » pour penser cette justice [p. 13]. Si le titre de cet ouvrage est *Justice et équité* et non pas « Justice et efficacité », c'est justement parce que l'on ne peut pas penser la justice sans équité et parce que la question de l'équité va introduire des modifications majeures dans les résultats de l'analyse économique de la justice. Pour être plus précis, Kolm définit l'équité comme un état social dans lequel « chaque personne préfère être dans sa propre situation que dans celle d'aucune autre », « il y a équité lorsque personne n'a de raison d'être envieux » [1971, p. 25] – ouvrant ainsi le champ des théories de l'équité comme absence d'envie[25]. Partant de la constatation qu'« il peut ne pas exister d'état juste efficace, ni même d'état juste possible : la justice peut être inefficace, et donc sans doute inoptimale, ou même simplement impossible » [1971, p. 114], Kolm introduit le concept de « justice pratique ». « La proposition est [...] de commencer par s'occuper du plus malheureux. Si l'on s'en occupe tant et si bien qu'il cesse d'être le plus malheureux, c'est au nouveau plus malheureux que l'on s'intéresse. Et

---

24. Lorsqu'il mentionne l'ordre lexicographique, Rawls renvoie d'ailleurs explicitement à l'ouvrage de Sen [Rawls, 1971, p. 68 et p. 82, note 23].

25. Cf. Clément *et al.* [2008, p. 130-146] ; Fleurbaey [1996, chap. 10, p. 203-230].

ainsi de suite[26] » [1971, p. 115]. On aura reconnu ce que Kolm appelle « un *maximin lexicographique*, l'ordre de la lexicographie étant celui des bonheurs croissants » [1971, p. 116].

Il est important de noter que *l'ordre lexicographique ne rompt pas nécessairement avec la démarche welfariste*. L'ordre lexicographique défini par Sen [1970b] s'applique en effet sur des bien-être individuels et le maximin lexicographique de Kolm [1971] concerne des bonheurs, autrement dit, des utilités individuelles. Le fait que le concept d'ordre lexicographique exprime « une aversion absolue [pour] l'inégalité[27] » [Clément *et al.*, 2008, p. 106] est neutre vis-à-vis du welfarisme, en ce sens qu'il ne l'implique, ni ne l'exclut. L'ordre lexicographique peut donc être compris quantitativement comme une contrainte de plus dans un programme de maximisation de l'utilité sociale, autrement dit comme une règle de classement lexicographique de vecteurs d'utilité. Ce premier cas correspond à ce que proposent initialement Sen et Kolm en utilisant l'ordre lexicographique pour classer des vecteurs de bien-être ou de bonheur. La contrainte posée par ce critère supplémentaire concerne alors les seules caractéristiques du *résultat atteint*. L'ordre lexicographique peut toutefois être interprété qualitativement comme ajoutant à la *procédure* d'arbitrage entre états sociaux l'idée d'une priorité (par exemple, les droits avant l'utilité) qui ne se ramène pas à une contrainte de plus dans un programme de maximisation. Dans ce second cas, il s'applique sur des principes et non sur des vecteurs – ce qui correspond précisément à l'usage qu'en fait Rawls dans sa *Théorie de la justice* en hiérarchisant ses deux principes de justice (et les deux sous-principes qui constituent le second principe) : « Un ordre lexical [terme que Rawls préfère à « lexicographique » pour de simples raisons de style] évite donc d'avoir jamais à mettre en balance des principes. Ceux qui se trouvent placés plus tôt dans la série ont une valeur absolue, pour ainsi dire, par rapport à ceux qui viennent après

26. Afin de faciliter la lecture et dans la mesure où cet aspect n'est pas essentiel pour notre propos, nous passons sur le fait que la possibilité de comparer les bonheurs individuels dans ce cas s'explique par une référence au concept de « préférence fondamentale » [Kolm, 1971, p. 79-80] ; voir aussi Clément *et al.* [2008, p. 94-95 et p. 159-160]. Soulignons donc, malgré la rapidité de cette évocation, que le concept de « justice pratique » n'est pas trivial.

27. Cette caractéristique de l'ordre lexicographique est aussi relevée par Fleurbaey à propos du leximin, à savoir du critère lexicographique appliqué uniquement sur des utilités individuelles. Fleurbaey évoque l'« aversion infinie pour l'inégalité » du leximin [1996, p. 80, note 6]. Précisons que ces formules ne signifient pas du tout que l'ordre lexicographique interdit l'inégalité, mais (ce qui est beaucoup moins exigeant) qu'il interdit de passer d'un état du monde $x$ à un état du monde $y$ si un tel passage suppose un sacrifice pour une catégorie de personnes en particulier (il s'agit le plus souvent des plus mal lotis, mais cela ne tient pas à la forme du critère). Pour cette raison, il serait peut-être plus juste de parler « d'aversion absolue pour la dégradation de la situation d'une catégorie d'individus ».

et n'admettent pas d'exception » [Rawls, 1971, p. 68] (nous ajoutons la précision entre crochets d'après le texte précédant la citation).

C'est donc Sen et Kolm qui ont mis en évidence la possibilité concrète d'intégrer l'aversion pour l'inégalité dans la modélisation économique en y introduisant le concept (terme qu'il faut en l'occurrence comprendre comme un « outil de modélisation ») d'ordre lexicographique. Ces deux auteurs ont ainsi ouvert la voie à une alternative au welfarisme que l'on a, par la suite, qualifiée de « non welfariste ».

Nul ne peut nier l'importance qu'a eue Rawls dans les débats concernant la justice depuis la parution de *Théorie de la justice* – et notre propos ne vise absolument pas à le faire. Il nous semble toutefois important de refuser l'idée qu'il ait été, *à lui seul*, l'artisan du renouveau de l'économie normative ou de la naissance de l'approche non welfariste dans ce champ de recherche. Tout comme pour le renouveau de l'économie normative, il semble nécessaire de poser que l'attaque de Rawls contre l'utilitarisme a intéressé les économistes parce que sa démarche *convergeait* avec les débats récents d'une économie normative en pleine effervescence. Il est certes bien difficile d'évaluer l'impact qu'aurait eu la *Théorie de la justice* sur l'économie normative si les travaux de Sen et de Kolm n'avaient pas ouvert la voie à l'intégration de ce type d'interrogations dans le cadre de la modélisation économique, mais il en aurait probablement été très amoindri – voire annulé. En revanche, une fois la pertinence d'une approche non welfariste de l'économie normative acquise, sa théorie ne pouvait que devenir un objet de discussion pour les spécialistes de ce champ.

Ce point nous semble confirmé par le débat qui a eu lieu entre Rawls et quelques économistes majeurs concernant la possibilité de construire un indice des biens premiers. La construction d'un indice des biens premiers a en effet longtemps été considérée comme menant à des impossibilités comparables à celle mise en évidence par le théorème d'impossibilité d'Arrow. Ce débat, qui n'a définitivement été réglé que par Fleurbaey [2003], appuie l'idée que ce ne sont pas les travaux de Rawls qui ont conduit à la naissance de l'approche non welfariste en économie, mais que c'est, au contraire, la naissance de cette approche qui a amené les économistes à s'intéresser aux travaux de Rawls.

## 3. Welfarisme, perfectionnisme et indice des biens premiers

Dans la mesure où la justice est une propriété des états du monde impliquant plus d'un individu, l'idée même de classer des états du monde en fonction d'un critère prenant en compte la justice suppose de pouvoir faire des comparaisons interpersonnelles des situations individuelles. La réouverture du programme de la théorie du choix social par Sen [1970b] consistait d'ailleurs à défendre, contre le présupposé d'Arrow, la pertinence de certaines comparaisons interpersonnelles – dans un cadre qui demeurait welfariste. La *Théorie de la justice* de Rawls ne pouvait que rencontrer aussi cette question et se trouvait donc dans l'obligation de fournir un moyen de procéder à de telles comparaisons qui soit, de plus, cohérent avec son rejet du welfarisme.

Il convient de préciser qu'un classement non welfariste des états sociaux ou un indice non welfariste de comparaison des situations individuelles permettant d'établir un tel classement ne serait pas nécessairement « anti-welfaristes ». Une approche « anti-welfariste » consisterait, en effet, à refuser toute pertinence au bien-être (*welfare*) comme critère de comparaison interpersonnelle et donc comme outil de classement des états sociaux. Or, le principe qui préside au développement des approches non welfaristes (telles que celles de Rawls [1971], Sen [1980] ou Kolm [2005][28]) ne consiste pas à rejeter de la sorte l'utilité individuelle, mais seulement à poser que cet indicateur ne résume pas toute l'information pertinente dans cette optique. Mettre en évidence tout ce que les fonctions d'utilité individuelles ne prennent pas en compte en représentant les préordres individuels ne revient pas à leur refuser *toute* pertinence. Les approches non welfaristes s'inscrivent donc à la fois dans un processus de critique et d'élargissement du welfarisme, qui s'opère en prenant en compte des aspects qui échappaient à la stricte approche welfariste.

L'origine de l'utilité n'est, par exemple, pas du tout prise en compte par le welfarisme [Clément, 2009, p. 61]. Savoir si, pour atteindre un même niveau d'utilité, l'individu travaille dur ou s'il est talentueux (attendu que

28. Si nous avons souligné que ni Sen [1970b], ni Kolm [1971] ne se situaient hors du welfarisme, les deux auteurs ont par la suite développé des approches non welfaristes. L'approche par les capabilités de Sen [1980] est un exemple emblématique (à côté de la *Théorie de la justice* de Rawls) d'approche refusant de faire des utilités individuelles la seule donnée pertinente pour juger un état du monde. Kolm [2005] replace le critère de « justice pratique » comme convenant dans certains cas de microjustice, mais ne pouvant valablement servir de règle de justice dans le cadre plus général de la macrojustice, qui concerne la distribution globale des revenus, biens et ressources de la société et qui répond, selon Kolm, à des critères non welfaristes.

l'impact de l'effort ou de son absence sur l'utilité est déjà prise en compte dans le résultat) n'entre pas du tout en ligne de compte dans l'évaluation welfariste de leurs situations respectives et donc dans le classement des états sociaux. De même, le welfarisme n'accorde qu'une importance indirecte au fait de savoir si l'individu jouit ou non de ses droits dits « fondamentaux » – dans la mesure où l'importance qu'il lui accorde ne tient qu'à l'impact que cela a sur son utilité. Les approches non welfaristes admettent pour leur part qu'un état social doit, certes, être jugé en fonction des préférences des individus, mais aussi en fonction d'autres aspects comme le respect des droits « fondamentaux » ou l'origine de l'utilité (notamment à travers la question centrale de la responsabilité).

Puisqu'il est nécessaire de comparer les situations des individus pour opérer un classement des états sociaux, il est nécessaire de déterminer si un indice synthétique de comparaison des situations individuelles prenant en compte leurs préférences, mais en leur associant aussi d'autres informations, est seulement possible. Peut-il y avoir un troisième terme entre welfarisme et anti-welfarisme (au sens que nous venons de définir) ? La réponse à cette question est nettement moins évidente qu'il ne pourrait sembler et elle a été objet de controverse à travers celle de savoir s'il est possible de construire un indice (rawlsien) des biens premiers.

L'une des rares fois où il a évoqué la question du rapport entre sa position, relevant de la nouvelle économie du bien-être, et la possibilité d'une théorie de la justice, Arrow a écrit :

> « Réduire une personne à une liste de qualités particulières, c'est refuser, en un sens profond, d'admettre son individualité. D'une façon que je ne parviens pas à exprimer adéquatement et que je ne suis pas très sûr de pouvoir défendre, l'autonomie des individus est un élément de l'incommensurabilité mutuelle des personnes qui semble nié par la possibilité de comparaisons interpersonnelles. Sans doute est-ce un sentiment tel que celui-ci qui m'a rendu si réticent à abandonner le pur ordinalisme, malgré mon désir de chercher à fonder une théorie de la justice[29]. » [Arrow, 1977, p. 225]

En développant une théorie libérale de la justice, Rawls ne pouvait que se trouver confronté à cette nécessité d'opérer des comparaisons entre les individus et à la question de la réduction de leur « incommensurabilité ».

---

29. Immédiatement après avoir cité ce passage (que nous retraduisons), Dupuy poursuit ainsi : « Arrow, donc, préfère que le problème de la volonté générale soit insoluble et que la notion de justice sociale soit sans fondement plutôt que de renoncer à ce qu'il pense être la condition de l'autonomie individuelle, à savoir la radicale indépendance, la totale incommensurabilité des êtres. » [1992, p. 40-41]

Plus précisément, en affirmant qu'une théorie de la justice ne doit pas viser la maximisation des utilités individuelles ou même collective, mais que le principe de différence exige que l'on maximise les biens premiers sociaux des individus les plus défavorisés, Rawls se trouvait dans la nécessité de proposer une métrique de ces biens premiers[30].

La réaction d'Arrow à la proposition de Rawls a consisté en une réponse apparemment décalée qui interprétait le principe rawlsien de différence comme un maximin en termes d'utilité[31]. Cette lecture peut sembler surprenante vu l'insistance de Rawls sur le fait que le principe de différence *n'est* justement *pas* un critère de maximin – et *a fortiori* de maximin en utilités[32].

> « Il se peut que les économistes souhaitent appeler le principe de différence le critère du "maximin", mais j'ai évité soigneusement ce terme pour plusieurs raisons ; le critère du "maximin" est généralement compris comme étant une règle de choix dans des conditions de grande incertitude, tandis que le principe de différence est un principe de justice. Il n'est pas souhaitable d'utiliser le même terme pour deux choses si différentes. [...] De plus, si l'on appelle critère du "maximin" le principe de différence, ceci suggère à tort que l'argument principal en faveur de ce principe dérive d'une hypothèse de très forte aversion à l'égard du risque. Il y a, en effet, une relation entre le principe de différence et une telle hypothèse, mais je ne postule pas des attitudes extrêmes vis-à-vis du risque ; et, en tout cas, il y a beaucoup de considérations en faveur du principe de différence où l'aversion à l'égard du risque ne joue aucun rôle. Il est donc préférable d'utiliser le terme "critère maximin" seulement pour la règle de choix dans l'incertain. » [Rawls, 1971, p. 115]

---

30. Rawls était d'ailleurs tout à fait conscient de l'importance de cette métrique et il s'emploie à montrer que ses deux principes de justice simplifient de manière considérable le problème qu'elle représente [1971, p 123-124].

31. « Rawls [...] en déduit l'affirmation selon laquelle la société doit maximiser *min* $u_i$ » [Arrow, 1973, p. 251]. Hammond fera la même lecture : il comprendra le principe de différence comme un maximin ou un maximin lexicographique s'appliquant sur des utilités [Hammond, 1976, p. 798-799]. Gilardone montre que si Sen a toujours identifié le principe rawlsien de différence comme un maximin lexicographique (qui ne se réduit donc pas à un simple maximin), il a longtemps présenté ce principe comme portant *uniquement sur le bien-être* des individus les plus désavantagés, puis lexicographiquement sur celui des individus un peu plus avantagés (et ainsi de suite) [Gilardone, 2011, en particulier section 1].

32. Rawls développe deux critiques distinctes : 1) l'utilité (et sa maximisation) n'est pas un critère suffisant de justice ; 2) le principe de différence n'est pas une forme de maximin. C'est la lecture d'Arrow, suivie sur ce point par la majorité des économistes, qui conduit à lier les deux aspects en affirmant que le principe de différence se ramène, au final, à un maximin en utilités. Bien que chez Rawls, les deux aspects puissent être dissociés, il n'y a aucune confusion à refuser d'un même mouvement que le principe de différence soit un maximin et qu'il ne porte que sur des utilités individuelles.

Plutôt qu'une simple et grossière erreur de lecture[33], la façon dont Arrow interprète le principe de différence tient au fait qu'il est convaincu que le seul moyen de construire un indice synthétique de comparaisons interpersonnelles non welfariste est d'être *anti-welfariste*. La question de la détermination d'un tel indice se trouve en effet confrontée au difficile problème de l'agrégation de ces biens premiers sociaux[34] qui ne sont pas interpersonnellement comparables entre eux. « La liste de base des biens premiers (que nous pouvons élargir si nécessaire) comprend les cinq points suivants : 1) les droits et libertés de base, dont on peut également proposer une liste ; 2) la liberté de circulation et la liberté dans le choix d'une occupation avec, à l'arrière-plan, des opportunités variées ; 3) les pouvoirs et les prérogatives afférents à certains emplois et positions de responsabilité dans les institutions politiques et économiques de la structure de base ; 4) les revenus et la richesse ; et enfin 5) les bases du respect de soi-même » [Rawls, 1988, p. 295]. À la suite d'une objection de Musgrave[35] [1974], Rawls [1974] ajoute le temps de loisir à cette liste.

Rawls rappelle que le principe de liberté et le principe de juste égalité des chances impliquent que les libertés de base sont toujours égales et que « les biens sociaux premiers dont la répartition est inégale sont les droits et les prérogatives de l'autorité, [le loisir], les revenus et la richesse » [1971, p. 123-124] (nous ajoutons la précision entre crochets). Ce point n'est certes pas négligeable puisqu'il réduit notablement le problème posé par la construction d'un indice de pondération des biens premiers.

On retrouve toutefois la difficulté qu'Arrow avait identifiée au niveau du choix collectif : la construction d'un indice des biens premiers n'est possible que si l'on parvient à rendre commensurables ces éléments en eux-mêmes incomparables. Or accepter cela, c'est soit (1) accepter une échelle de valeur absolue[36], soit (2) faire en sens inverse le chemin que Rawls pensait avoir

33. Rawls répondra que « le fait d'interpréter le principe de différence comme le principe d'utilité du maximin (le principe qui maximise le bien-être des plus désavantagés) est une grave méprise d'un point de vue philosophique » [1982, p. 30, note 16].

34. Rawls distingue les biens premiers sociaux des biens premiers naturels que sont, par exemple, la santé et la vigueur, l'intelligence et l'imagination. Bien que la possession de ces biens premiers naturels soit influencée par la structure de base de la société, ils ne sont pas aussi directement sous son contrôle [Rawls, 1971, p. 93]. Le principe de différence s'applique par conséquent uniquement aux biens premiers sociaux [Rawls, 1971, p. 124].

35. L'objection de Musgrave consiste à souligner la possibilité d'un arbitrage entre revenu et loisir et le problème posé par le fait que l'on ne peut pas, à proprement parler, redistribuer le loisir.

36. Cela correspondrait, toutes choses égales par ailleurs, à la détermination du choix collectif par un

accompli en passant de la satisfaction individuelle aux ressources permettant d'atteindre cette satisfaction. Cette seconde possibilité reviendrait à admettre que les ressources que Rawls souhaite égaliser ne peuvent être prises en compte dans un indice de comparaisons interpersonnelles que dans la mesure où elles influencent l'utilité des individus. Refusant toute référence à une échelle absolue de valeur, Rawls serait ainsi, fût-ce à son corps défendant, un welfariste[37] – et dans un tel cadre, la distance entre critère du "maximin" et principe de différence s'estompe.

En affirmant que la théorie rawlsienne de la justice se trouvait dans l'obligation de choisir entre welfarisme et perfectionnisme, Arneson [1990] n'a fait que préciser la logique qui était sous-jacente à la lecture d'Arrow – et il a ainsi mis en évidence les raisons expliquant les réticences de la plus grande partie des économistes concernant l'idée même d'un indice des biens premiers. Se définissant comme le fait de se référer à une évaluation objective[38], le perfectionnisme pose un problème qui se manifeste sous deux angles : philosophiquement, il ne laisse pas les individus libres de choisir leurs objectifs de vie (c'est d'ailleurs ce qui conduit Rawls à son refus sans appel du perfectionnisme [1971, p. 365]) ou ce qui revient au même mais relève plutôt d'une approche économique, elle n'accorde *aucune* importance aux préférences individuelles et viole ainsi le principe de Pareto [Fleurbaey, 2003, p. 113].

Il ne fait aucun doute que Rawls avait conscience de l'écueil que représentaient pour sa théorie l'utilitarisme[39] et le perfectionnisme. Il était toutefois convaincu que sa théorie « conduit effectivement à des principes de

dictateur (au sens d'Arrow) puisque les préférences des individus n'entreraient alors plus du tout en ligne de compte. Cette manière de construire l'indice de comparaisons interpersonnelles romprait avec le welfarisme.

37. « Imaginons un hémophile qui a besoin de 4 000 $ de coagulant par an pour atteindre un état dans lequel les risques pour sa sécurité liés à un saignement sont en tout point comparables à ceux d'une personne normale. Un revenu égal signifiera-t-il l'égalité ? Si ce n'est pas le cas, pour être cohérent, Rawls devra ajouter la santé à sa liste de biens premiers ; mais alors il y aura un arbitrage entre santé et richesse, ce qui entraînera tous les problèmes qui se posent lorsqu'on a des fonctions d'utilité différentes. [...] Aussi longtemps qu'il y aura plus d'un bien premier, un problème d'indice numérique lié au fait de rendre commensurable les différents biens se posera. » [Arrow, 1973, p. 254]

38. En l'occurrence, cette évaluation serait « objective » ([Arnsperger C. & Van Parijs P., 2000, *Éthique économique et sociale*, Paris, La Découverte, p. 62] ; cité par Fleurbaey [2003, p. 113]) au sens où elle ne serait pas subjective, c'est-à-dire où elle reviendrait à prendre une conception (forcément particulière) de la vie bonne comme référence.

39. Comme nous l'avons déjà mentionné (note 19), la discussion du welfarisme n'est pas le centre de gravité de la *Théorie de la justice* – même si elle constitue l'un de ses enjeux.

justice qui sont à l'opposé de l'utilitarisme et du perfectionnisme » [Rawls, 1971, p. 42]. Or, ni cette conviction, ni son argumentation selon laquelle la mise en ordre lexicale des principes de justice simplifie considérablement le problème de la construction d'un indice des biens premiers sociaux [1971, p. 123-124] ne suffisent *à garantir* qu'un troisième terme entre welfarisme et perfectionnisme est concevable – ou pour le dire autrement qu'un indice des biens premiers est possible[40].

Comme le note Roemer, cette question était pourtant cruciale : « Parvenir à un indice [des biens premiers] est un problème que Rawls ne résout pas et [...] c'est un problème-clé de sa théorie. De cela dépend l'affirmation selon laquelle sa théorie est non welfariste. » [1996, p. 167]

Face au quasi-consensus des théoriciens du choix social contre la possibilité de construire un indice des biens premiers, la seule réponse satisfaisante consistait à prouver formellement cette possibilité. C'est ce qu'entreprend Fleurbaey [2003]. Pour être plus précis, cet article ne construit pas un indice prenant en compte tous les biens premiers de la liste de Rawls. Il ne s'intéresse qu'à l'indexation du revenu et du temps de loisir – prenant acte du fait que démontrer la possibilité de cet indice particulier suffirait à prouver la possibilité de construire un indice des biens premiers moins restreint.

La difficulté de la construction d'un indice non welfariste de comparaison des situations individuelles consiste à démontrer que l'indice en question fournit un classement satisfaisant des états sociaux. Fleurbaey montre qu'un indice $v_i(R_i, T_i)$ (où $R_i$ désigne le revenu de l'individu $i$ et $T_i$, son temps de travail) qui n'est ni welfariste, ni perfectionniste, est possible et qu'il permet d'obtenir un tel classement. Cet indice n'est pas welfariste parce qu'il « ne permet pas de porter un jugement si l'on connaît [...] les niveaux d'utilités subjectives », mais qu'on ignore les niveaux de revenu et de temps de travail [2003, p. 121]. Il n'est pas non plus perfectionniste, puisqu'il respecte les évaluations subjectives des états du monde (à travers les fonctions d'utilité représentant les préordres individuels). L'indice $v_i(R_i, T_i)$ que construit

40. La conviction de Rawls était d'autant plus insuffisante que « plusieurs auteurs, tels que Plott [1978], Gibbard [1979] et Blair [1988], [avaient] appliqué des variantes du théorème d'Arrow au problème de l'indice des biens premiers pour montrer que cet indice est impossible à construire » [Fleurbaey, 2003, p. 122]. Les trois articles auxquels Fleurbaey fait référence sont les suivants : – Plott C. R. [1978], « Rawls's Theory of Justice: An Impossibility Result », *in* H.W. Gottinger & W. Leinfellner (ed.), *Decision Theory and Social Ethics*, Dordrecht, Reidel, p. 201-214 ; – Gibbard A. [1979], « Disparate Goods and Rawls's Difference Principle: A Social Choice Theoretic Treatment », *Theory and Decision*, 11 (3), p. 267-288 ; – Blair D. H. [1988], « The Primary-Goods Indexation Problem in Rawls's *Theory of Justice* », *Theory and Decision*, 24 (3), p. 239-252.

Fleurbaey contourne donc la difficulté qu'Arrow pensait indépassable en constituant un indice individuel de pondération entre les biens premiers qui ne remet pas en cause l'incommensurabilité interpersonnelle des biens premiers. La comparaison entre les indices individuels est ainsi possible sans pour autant que cela revienne à nier l'individualité des personnes, cet indice est en effet « construit à partir des préférences individuelles ordinales et non comparables » [Fleurbaey, 2003, p. 126].

La question se pose immédiatement de savoir comment expliquer le quasi-consensus qui existait pour affirmer l'impossibilité d'un tel indice. La conclusion de Fleurbaey inflige en effet un démenti cinglant à l'affirmation d'Arrow selon laquelle « [s]i nous écartons la possibilité de comparaisons interpersonnelles *des utilités*, les seules méthodes de passage des préférences individuelles aux préférences collectives qui soient satisfaisantes et définies pour un très grand nombre d'ensembles d'ordres individuels, sont soit imposées, soit dictatoriales » [Arrow, 1951, p. 115] (nous mettons en italique). Au fait, relativement évident, que (1) un classement des états sociaux requiert de pouvoir comparer les situations individuelles, Arrow ajoute que (2) un tel classement nécessite que ces comparaisons portent sur les utilités des individus (autrement dit, soient entièrement subjectives). Puisque ce second point s'avère ne pas être nécessaire, il ne peut que découler des choix opérés dans le cadre formel adopté par Arrow – bref, il dépend d'un jugement implicite contenu dans les axiomes choisis.

C'est l'affaiblissement de l'axiome d'indépendance qui différencie la démonstration de Fleurbaey de celle d'Arrow, et qui conduit à l'affirmation de la possibilité d'un classement des états sociaux opéré par le biais de l'indice non welfariste $v_i(R_i, T_i)$ :

> « La différence essentielle entre le théorème d'Arrow et le Théorème 1 ci-dessus tient dans la condition d'Indépendance qui est plus exigeante chez Arrow, puisqu'elle impose que le classement social des deux allocations ne dépende que des préférences individuelles relatives à ces deux allocations, sans même tenir compte des courbes d'indifférence [...]. Il apparaît clairement que la possibilité de construire un indice des biens premiers est conditionnée par le choix entre la condition d'Indépendance du Théorème 1 et la condition plus forte d'Arrow. Si la condition la plus forte s'avérait indispensable, alors l'intérêt de l'indice $v_i(R_i, T_i)$ serait remis en cause. » [2003, p. 123-124]

La référence aux courbes d'indifférence dans la citation ci-dessus souligne le fait que la condition d'indépendance d'Arrow permet de tenir compte *uniquement* et *exclusivement* des préférences individuelles relatives aux allocations A et A'. La condition d'indépendance utilisée par Fleurbaey est plus faible : elle permet de prendre en compte l'ensemble des courbes d'indifférence sur lesquelles se situent ces allocations et pas uniquement les points leur correspondant dans l'espace revenu-loisir[41].

Cet élargissement de l'ensemble d'informations jugé pertinent revient à accepter la possibilité (ce que la condition d'Arrow excluait) de procéder à des comparaisons interpersonnelles *des indices individuels de pondération des biens premiers* $v_i$[42] – et non pas des utilités individuelles. Sortir du cadre extrêmement pauvre en termes d'information, qui était celui d'Arrow, permet ainsi de classer des états du monde tout en refusant les comparaisons interpersonnelles d'utilités individuelles[43].

Comme c'était le cas pour la première impulsion ayant conduit au renouveau de l'économie normative ou pour la naissance de l'approche non welfariste en économie, le débat autour de la possibilité de construire un indice des biens premiers n'a pas été réglé par Rawls lui-même. C'est parce que des économistes comme Sen, Kolm ou Fleurbaey ont adopté (ou à tout le moins exploré) l'approche non welfariste qu'une partie de la communauté des économistes a, par un effet de retour, relu avec beaucoup d'intérêt les travaux de Rawls. Et il ne semble pas exagéré de dire que, de Rawls, l'économie normative n'a reçu que ce que des économistes lui ont rendu perceptible. L'existence (et la persistance) de l'expression « fonction

---

41. « Bien qu'elle soit habituellement négligée, il existe une [...] manière d'échapper à l'impossibilité d'Arrow qui n'introduit pas d'autres informations que celles portant sur les préférences individuelles. En bref, elle consiste *à affaiblir l'axiome d'indépendance aux alternatives non pertinentes d'Arrow de façon à prendre en compte les informations concernant les courbes d'indifférence individuelles.* » [Fleurbaey & Maniquet, 2005, p. 94, les auteurs soulignent.]

42. « Il est évidemment exact qu'une évaluation sociale requiert des comparaisons entre les situations individuelles, et la fonction $\min_i v_i(R_i, T_i)$ repose bien sur les comparaisons interpersonnelles des indices $v_i$. Mais il est inexact que les préférences individuelles forment une base d'information insuffisante pour construire un classement social cohérent. Les indices $v_i$ sont calculés à partir des préférences individuelles, et une mesure supplémentaire, directe, de la satisfaction subjective est inutile. » [Fleurbaey, 2003, p. 122-123]

43. Fleurbaey [2003, p. 124-125] donne l'exemple d'un état du monde *x* dans lequel un individu 1 obtient un revenu non nul en ne travaillant pas du tout et un individu 2 obtient un revenu nettement supérieur au revenu de l'individu 1 en travaillant beaucoup. Si l'on demandait, s'il serait préférable de passer de cet état du monde *x* à un autre état du monde *y* dans lequel l'individu 1 aurait un revenu inférieur à celui qu'il avait dans l'état du monde *x* (toujours non nul et toujours sans travailler) et l'individu 2 aurait un revenu supérieur à celui qu'il avait dans l'état du monde *x* pour le même temps de travail, la question serait indécidable dans le cadre d'Arrow. Si l'on tient compte, par exemple, d'une éventuelle aversion partagée à l'égard du travail, il devient possible de classer ces deux états du monde – mais cela requiert de prendre en compte des informations excédant les seuls niveaux d'utilité individuels relatifs aux dotations des deux individus dans ces deux états du monde.

d'utilité *rawlsienne* » pour désigner une fonction d'utilité accordant un poids supérieur aux individus les plus défavorisés en termes de bien-être est à cet égard symptomatique. Si l'on peut donc accepter l'idée « qu'il existe un écho des propositions de Rawls » dans le débat actuel sur les limites « d'une mesure entièrement subjective de la qualité de vie des individus » [Clément, 2009, p. 78], il nous semble toutefois devoir insister sur le fait que cet écho est *indirect*. Pour tout dire, cet écho n'a été entendu que parce qu'il a été répercuté par des personnes capables de lui donner une forme compatible avec les outils de modélisation de l'économie normative – dont l'annonce de la mort a été pour le moins prématurée.

## Conclusion

L'idée que Rawls ait joué un rôle de déclencheur ou d'initiateur dans le renouveau de l'économie normative et dans la naissance de l'approche non welfariste en économie nous semble devoir être refusée. Cela ne revient pas du tout à nier l'importance qu'a eu cet auteur dans les débats, largement transdisciplinaires, portant sur la justice sociale, mais seulement à souligner le fait que son influence sur l'économie normative comme discipline formelle n'a été effective que de manière indirecte et une fois que les deux tournants en question eurent déjà été amorcés par des économistes.

Le cas de Rawls et de son influence sur l'économie ne peut, certes, pas être pris comme règle de tous les échanges entre philosophie et économie. Cette conclusion pose toutefois de manière assez acérée la question de la pertinence d'identifier un champ théorique qui s'appellerait « philosophie économique », ou, pour le dire autrement, de la manière dont les problématiques relevant à la fois de la philosophie et de l'économie peuvent prendre une forme relevant de la « philosophie économique ». Que reste-t-il d'un tel champ si les interactions entre les deux disciplines s'inscrivent toujours dans des mouvements théoriques amorcés indépendamment de cette interaction ? Malgré son apparente radicalité, cette question n'est pas une menace pour la « philosophie économique ». Tout au contraire, elle est l'occasion de spécifier le sens de cette expression. L'expression « philosophie économique » pose, en effet, un problème d'identification qui oblige à préciser immédiatement ce qu'elle ne désigne pas, autrement dit à préciser ce que la philosophie économique n'est pas.

La formule de « philosophie économique » peut facilement être mal comprise et susciter un rejet aussi compréhensible que justifié, si on la comprend comme :

• L'affirmation d'une mise sous tutelle ou d'une « annexion épistémologique » de l'économie par la philosophie. Selon cette façon de comprendre la formule, le philosophe fixerait *a priori* le champ d'étude de l'économiste et limiterait ainsi à la fois ses recherches, ses méthodes et ses conclusions.

• Une philosophie appliquée à l'économie : une fois le travail proprement économique terminé, le philosophe en tirerait, telle une conscience qui manquait jusque-là, un sens inaccessible à l'économiste – aveugle ou borné. L'économie serait encore subordonnée à la philosophie, mais cette fois-ci *a posteriori.*

Le défaut de ces deux façons de comprendre la formule « philosophie économique » tient tout simplement à l'extériorité supposée de la philosophie et de l'économie. Dans les deux cas ci-dessus, la philosophie s'imposerait à l'économie *de l'extérieur* – autrement dit, elle imposerait à la démarche de l'économiste des considérations *qui ne sont pas économiques.* Pour que l'on puisse donner un sens à cette formule, il est essentiel que l'articulation de la philosophie et de l'économie se fonde sur le refus d'une telle extériorité – qu'elle ne consiste pas à faire de l'économie une simple vassale de la « science reine », pas plus d'ailleurs qu'à faire de la philosophie un simple outil au service de l'économie.

Loin de s'opposer à l'idée d'une philosophie économique, ces considérations en sont des préalables nécessaires. Elles n'ont en effet pas pour conséquence d'isoler, de manière définitive et insurmontable, l'économie de la philosophie. Bien au contraire, elles conduisent à définir la philosophie économique comme le travail conceptuel que l'économiste *lui-même* accomplit et doit accomplir *dans sa propre démarche analytique.* Non seulement un tel travail *économique* intéresse le philosophe, mais il peut indiscutablement, et sans doute doit, s'enrichir d'échanges avec la philosophie.

## Bibliographie

Arneson R. [1990], « Primary goods reconsidered », *Noûs* 24 (3), p. 429-454.

Arrow K. J. [1950], « A difficulty in the concept of social welfare », *Journal of Political Economy* 58 (4), p. 328-346.

— [1951], *Social Choice and Individual Values*, New Haven : Yale University Press ; 2e édition révisée [1963] ; traduction française par le groupe Tradecom *Choix collectif et préférences individuelles*, Paris : Calmann-Lévy, 1974 (édition citée).

— [1973], « Some ordinalist-utilitarian notes on Rawls's *Theory of Justice* », *Journal of Philosophy* 70 (9), p. 328-346.

— [1977], « Extended sympathy and the possibility of social choice », *American Economic Review* 67 (1), p. 219-225.

Audard C. [2009], *Qu'est-ce que le libéralisme ?*, Paris : Gallimard, coll. « Folio Essais ».

Baujard A. [2011], « L'économie du bien-être est morte, vive l'économie du bien-être », *Document de travail du Crem*, n° 2011-02.

Bentham J. [1789], *Introduction to the Principles of Morals and Legislation*, Oxford : Clarendon Press ; réédition [1907] (édition citée).

Clément V. [2009], « Économie du bien-être, choix social et l'influence de la théorie de la justice », *Raisons politiques* n° 33, p. 57-79.

—, Le Clainche C. & Serra D. [2008], *Économie de la justice et de l'équité*, Paris : Economica.

Dupuy J.-P. [1992], *Le sacrifice et l'envie*, Paris : Calmann Lévy ; réédité sous le titre *Libéralisme et justice sociale – Le sacrifice et l'envie*, Paris : Hachette, 2009 (édition citée).

Fleurbaey M. [1996], *Théories économiques de la justice*, Paris : Economica.

— [2003], « Ni perfectionniste, ni welfariste : l'indice des biens premiers est possible », *Revue de philosophie économique* n° 7, p. 111-135.

— & Maniquet F. [2005], « Fair social orderings when agents have unequal production skills », *Social Choice and Welfare* 24 (1), p. 93-127.

Gamel C. [1986], *Essai critique sur l'économie de la justice – L'État social comme objet, l'unanimité comme outil*, Thèse de doctorat d'État ès Sciences économiques, Université Paul Cézanne, Aix-Marseille III.

— [1992], *Économie de la justice sociale – Repères éthiques du capitalisme*, Paris : Cujas.

— [2009], « La distinction fait/valeur en théorie économique : Trois temps fondamentaux d'une histoire mouvementée », *Analisi e diritto*, p. 135-153.

Gharbi J.-S. & Meinard Y. [2012], « Sur le sens du non welfarisme dans le modèle Elie de redistribution des revenus de Kolm », *document de travail de l'AMSE*, n° 2012-37.

Gilardone M. [2011], « Rawls's influence and counter-influence on Sen: post-welfarism and impartiality », *document de travail du CREM*, n° 2011-04.

Guitton H. & Margolis J. (dir.) [1968], *Économie publique*, Paris : CNRS.

Graaff J. de V. [1957], *Theoretical Welfare Economics*, Cambridge, Cambridge University Press ; traduction française par G. Treny & F. Ettori : *Fondements théoriques de l'économie du bien-être*, Paris : Dunod, 1970 (édition citée).

Hammond P. J. [1976], « Arrow's conditions and Rawls's difference principle », *Econometrica*, 44 (4), p. 793-804.

Keynes J. N. [1890], *Scope and Method of Political Economy*, réédition Kitchener : Batoche Books, 1999.

Kymlicka W. [1990], *Comtemporary Political Philosophy: An introduction*, Oxford : Oxford University Press ; traduction française par M. Saint-Upéry *Les théories de la justice : une introduction*, Paris : La Découverte, 2003 (édition citée).

Kolm S.-C. [1966], « La production optimale de justice sociale », *in* H. Guitton & J. Margolis (dir.) *Économie publique*, Actes du colloque *Économie publique*, Biarritz, 2 au 9 septembre, Paris : CNRS, p. 109-177.

— [1971], *Justice et équité*, Paris, Cepremap ; réédition, Paris : CNRS, 1972 (édition citée).

— [1980], « Choix social, choix collectif, optimum social », *Revue d'économie politique* 90 (3), p. 246-254.

— [1986], *Philosophie de l'économie*, Paris : Le Seuil.

— [2003], « Quelques souvenirs de John Rawls », *Revue de philosophie économique* n° 7, p. 21-31.

— [2005], *Macrojustice – The Political Economy of Fairness*, Cambridge : Cambridge University Press.

Leroux A. & Livet P. (dir.) [2005], *Leçons de philosophie économique*, Tome 1 : Économie politique et philosophie sociale, Paris : Economica.

— & — (dir.) [2006], *Leçons de philosophie économique*, Tome 2 : Économie normative et philosophie morale, Paris : Economica.

— & — (dir.) [2007], *Leçons de philosophie économique*, Tome 3 : Science économique et philosophie des sciences, Paris : Economica.

— & — (dir.) [2009], *Leçons de philosophie économique, Tome 4 : La pauvreté dans les pays riches*, Paris : Economica.

— & Marciano A. [1998], *La philosophie économique*, Paris : Puf.

— & — (dir.) [1999], *Traité de philosophie économique*, Paris : De Boeck.

Little I. M. D. [1952], « Social choice and individual values », *Journal of Political Economy*, 60 (5), p. 422-432 ; réédité *in* E.S. Phelps (ed.) *Economic Justice*, Harmondsworth : Penguin Education, 1973, p. 137-152 (édition citée).

Musgrave R. A. [1974], « Maximin, incertainty and the leisure trade-off », *Quarterly Journal of Economics* 88 (4), p. 625-632.

Phelps E. S. [1980], *Studies in Macroeconomics Theory*, vol. 2, *Redistribution and Growth*, New York : Academic Press.

Rawls J. [1971], *A Theory of Justice*, Cambridge, MA : Harvard University Press ; traduction française par C. Audard *Théorie de la justice*, Paris : Le Seuil, 1997, (seconde édition revue) (édition citée).

— [1974], « A reply to Alexander and Musgrave », *Quarterly Journal of Economics* 88 (4), p. 633-655.

— [1982], « Social unity and primary goods », *in* A.K. Sen & B Williams (ed.) *Ulilitarianism and Beyond*, Cambridge University Press, p. 159-185 ; traduction française par M. Rüegger, « Unité sociale et biens premiers », *Raisons politiques*, 2009, n° 33, p. 9-43 (édition citée).

— [1988], « The priority of right and ideas of the Good », *Philosophy and Public Affairs*, 17 (4), p. 251-276 ; traduction française par C. Audard, « La priorité du juste et les conceptions du Bien », *in* J. Rawls *Justice et démocratie*, Paris : Le Seuil, 1993, p. 287-320 (édition citée).

Roemer J. E. [1996], *Theories of Distributive Justice*, Cambridge MA : Harvard University Press.

Salles M. [2006], « La théorie du choix social : une introduction à quelques résultats fondamentaux », *in* A. Leroux & P. Livet (dir.) *Leçons de philosophie économique*, Tome 2 : Économie normative et philosophie morale, Paris : Economica, p. 32-56.

Sigot N. [2001], *Bentham et l'économie : Une histoire d'utilité*, Paris : Economica.

Sen A. K. [1966], « Les préférences des planificateurs : optimalité, répartition et utilité sociale », *in* H. Guitton & J. Margolis (dir.) *Économie publique*, Paris : CNRS, Actes du colloque *Économie publique*, Biarritz, 2 au 9 septembre, p. 179-203.

— [1970a], « The impossibility of a Paretian liberal », *Journal of Political Economy* 78 (1), p. 152-157.

— [1970b], *Collective Choice and Social Welfare*, San Francisco : Holden Day.

— [1977], « On weights and measures: informational constraints in social welfare analysis », *Econometrica* 45 (7), p. 1539-1572.

— [1979], « Utilitarianism and welfarism », *Journal of Philosophy* 76 (9), p. 463-489.

# JUSTICE SOCIALE : HAYEK ET SEN FACE À RAWLS. UNE PROXIMITÉ MÉTHODOLOGIQUE INATTENDUE

*Claude Gamel*[1]

Par leur méthode d'approche de la justice sociale, Rawls, Hayek et Sen occupent chacun le sommet d'un triangle, où le « comparatisme » du dernier tient désormais à équidistance le « contractualisme » du premier et « l'évolutionnisme » du second (1). Lorsque la position du philosophe sert de point de repère, les deux économistes semblent toutefois développer des analyses curieusement assez proches : en dépit de conclusions fort éloignées (2), surgit une première convergence sur leur opposition de principe au contractualisme rawlsien (3). Plus fondamentalement, les démarches de Hayek et de Sen s'avèrent surtout comparables par leur pragmatisme (4). Que des résultats tout à fait opposés puissent être issus de méthodes aussi proches esquisse un paradoxe que de futures recherches devront encore étayer (5).

***Social justice: Hayek and Sen facing Rawls. An unexpected methodological closeness***

*Through their methods for studying social justice, Rawls, Hayek and Sen are each situated on the summit of a triangle, where "comparatism" of the latter stands at equal distance from "contractualism" of the first former and from "evolutionism" of the second one (1). Nevertheless, when the position of the philosopher is used as a landmark, both economists seem to develop analyses which are strangely near enough to each other: in spite of quite different conclusions (2), a first convergence appears about their positions which are really opposed to Rawlsian contractualism (3). More basically, Hayek's and Sen's thought processes appear to be comparable, because they are both pragmatic (4). The fact that their opposed results might stem from so near methods designs a paradox, which has still to be confirmed by further studies (5).*

**Mots clefs :** justice sociale, méthodes, contractualisme, évolutionnisme, comparatisme.

**Keywords:** social justice, methods, contractualism, evolutionism, comparatism.

**JEL classification:** A12, B41, D63

1. Aix Marseille University (Aix-Marseille School of Economics), CNRS et EHESS.
claude.gamel@univ-amu.fr
Je remercie l'auteur du rapport très détaillé transmis par les *Cahiers d'économie politique*, pour ses commentaires et suggestions sur une version antérieure du présent texte. Je reste évidemment seul responsable des erreurs et approximations qui pourraient y subsister.

## 1. Introduction : le troisième côté inexploré d'un triangle

Depuis quarante ans, les théories de la justice sociale constituent un important champ de recherches, où philosophie morale et économie normative s'enrichissent mutuellement. Rawls [1971] et Hayek [1973 ; 1976 ; 1979] ont d'abord dominé les débats, rejoints depuis par Sen, dont les travaux de 1970 à 2009 constituent un troisième pôle de référence.

Les pensées des deux premiers auteurs se situent *a priori* aux antipodes l'une de l'autre, tandis que l'œuvre du troisième est l'héritière de celle du premier. On peut en effet se demander ce que peuvent avoir en commun l'économiste Hayek théoricien du « mirage de la justice sociale » et le philosophe Rawls auteur d'une « théorie de la justice », tandis que « l'idée de justice » de Sen [2009], qui développe surtout une méthode de lutte contre l'injustice, semble offrir le complément pragmatique de la démarche abstraite de Rawls. Notre propos ici est d'alerter d'emblée le lecteur sur la fragilité des apparences qui, sans être forcément trompeuses, nous semblent masquer une réalité bien plus complexe que révèle la comparaison Rawls/Hayek, puis la comparaison Rawls/Sen.

En ce qui concerne la première, Hayek rejette certes l'expression « justice sociale », vide de sens à ses yeux lorsqu'elle est appliquée à un ordre social spontané que personne ne maîtrise, mais il développe néanmoins une certaine conception de la justice en société fondée sur les « règles abstraites de juste conduite » [Gamel, 2000]. En comparant la pensée de Hayek à celle de Rawls, les différences semblent même bien plus atténuées sur le fond que ne le laisse supposer le choc frontal entre évolutionnisme « hayékien » et contractualisme « rawlsien » [Gamel, 2008][2].

La comparaison Rawls/Sen révèle une surprise symétrique. Si l'on s'en tient à l'approche par les « capacités » au cœur de l'approche de Sen et issue d'une critique des « biens premiers », une lecture rawlsienne de l'apport de Sen reste possible, en appliquant la hiérarchie des principes rawlsiens de justice, non aux « biens premiers », mais aux « capacités » qu'il conviendrait systématiquement de leur substituer [Gamel, 2007][3]. Cette démarche

2. En dépit des paradigmes opposés qu'ils utilisent, Hayek et Rawls adoptent des démarches qui restent comparables – au sens étymologique du terme – dans la gestation de leur système respectif de normes (anti-utilitarisme, impartialité, expérimentation) et ils aboutissent à deux versions d'une même conception de la justice en société, par les normes retenues et leur hiérarchie (prééminence de la liberté, réelle augmentation des chances de chacun, amélioration du sort des plus défavorisés).

3. Sen semble lui-même considérer qu'une telle substitution serait tout à fait compatible avec l'approche

présente toutefois l'inconvénient de négliger l'essentiel, à savoir la méthode « comparative » défendue depuis peu par Sen [2006 ; 2009]. Or celle-ci réfute toute conception globale et absolue de la justice et révèle un profond « conflit de méthodes » avec le contractualisme rawlsien.

En fait, du point de vue de la philosophie économique, chacun des trois auteurs semble désormais occuper le sommet d'un triangle, où le « comparatisme » de Sen semble tenir à distance autant « l'évolutionnisme » de Hayek que le « contractualisme » de Rawls. Or, si deux côtés du triangle (Rawls/Hayek et Rawls/Sen) ont déjà été parcourus, le troisième côté (Hayek/Sen) reste à ce jour inexploré, tant ces deux économistes semblent développer des points de vue opposés. Toutefois, dès lors que Hayek se révèle plus proche de Rawls qu'il n'y paraît et que Sen s'en est fortement éloigné, la comparaison Hayek/Sen, *a priori* la plus incongrue des trois, pourrait, elle aussi, se révéler plus intéressante que prévu.

C'est du moins la conjecture que nous voudrions ici aborder, de manière aussi « distanciée » que possible. Dans cette perspective, la position de Rawls offre un point de repère extérieur : elle facilite la confrontation des deux économistes sur la question de la justice sociale, par comparaison de leur positionnement respectif à l'égard de la théorie pionnière du philosophe[4] :

- Du point de vue de la méthode d'abord, l'évolutionnisme hayékien et le comparatisme senien semblent constituer des approches curieusement assez proches, si ce n'est convergentes, notamment lorsqu'on les compare au contractualisme rawlsien.

- Ce n'est qu'en confrontant les résultats de leur démarche respective que Hayek et Sen développent des conceptions que l'on peut certes encore qualifier de libérales, mais qui se révèlent fondamentalement antinomiques.

---

rawlsienne : « Si mon interprétation de la motivation de Rawls à recourir aux biens premiers est correcte (centrer indirectement l'attention sur la liberté humaine), alors je ne crois pas que passer des biens premiers aux capacités introduise une divergence fondamentale avec le programme rawlsien lui-même, mais constitue surtout un ajustement de stratégie pour une raison pratique. » [Sen, 2009, p. 66]

4. Ce détour semble d'autant plus justifié que, sans prétendre à l'exhaustivité, nous n'avons trouvé entre Hayek et Sen que très peu d'« échanges » directs : sous la plume de Hayek, aucune citation de Sen, pourtant déjà connu dans les années 1970 et 1980 ; en sens inverse, un commentaire de Sen en 2004 dans le *Financial Times* sur *La route de la servitude* (pour le 60e anniversaire de la parution de l'ouvrage) et, dans *The Idea of Justice* [2009], une note de bas de page (p. 77) sur l'interdépendance entre institutions et comportements dans la conception hayékienne du capitalisme (selon une analyse de Phelps) et une référence (p. 442) à *La constitution de la liberté* (à propos de la liberté « qui ne doit pas être perturbée par l'interférence d'autrui »).

Un tel paradoxe (proximité des méthodes, opposition des résultats) fragilise la démarche d'ensemble de l'un et de l'autre et pourrait conduire *in fine* à réévaluer le contractualisme rawlsien, comme fondement plus solide du libéralisme contemporain.

Plus précisément, alors que tout semble opposer Hayek et Sen, il n'est déjà pas facile d'aller à contre-sens, en soutenant que leurs méthodes d'appréhension du social peuvent au moins être utilement comparées. Mais notre cause semble perdue d'avance et relever d'un certain goût pour la provocation, lorsqu'il s'agit de convaincre le lecteur que l'évolutionnisme de l'un et le comparatisme de l'autre relèvent de démarches épistémologiques bien plus proches que ce que l'on pourrait croire.

Pour tenter de désamorcer le scepticisme bien compréhensible à l'égard de cette tentative, notre idée est de « déconstruire » la méthode de chaque auteur, en commençant par le plus connu, c'est-à-dire les conclusions vers lesquelles s'acheminent l'un et l'autre sur la question de la justice sociale (2). Dès lors, en remontant en amont de ces conclusions, surgit une première convergence fondée sur leur opposition de principe au contractualisme rawlsien, opposition que Hayek et Sen justifient cependant avec des arguments très différents (3). Mais, au-delà de cette opposition commune, les démarches de Hayek et de Sen sont surtout comparables par leur pragmatisme fondamental, lequel n'est évidemment pas orienté dans la même perspective (4). Dans le présent texte, seul est traité le volet « méthodes » – à l'origine même du paradoxe –, le volet « résultats » et les conséquences d'ensemble à en tirer n'étant évoqués qu'en conclusion (5), comme prolégomènes à de futures recherches.

## 2. Les cheminements de Hayek et de Sen sur la justice sociale

Les œuvres des deux auteurs en matière de justice sociale sont certes célèbres par leur conclusion, le « mirage de la justice sociale » pour Hayek[5] et « l'identification des injustices réparables » pour Sen[6] ; mais il est essentiel pour notre propos de resituer ces conclusions dans le cheminement épistémologique dont elles ne sont que le produit : dans le premier cas, il s'agit d'une véritable dialectique et, dans le second, d'une priorité complètement assumée.

5. « Le mirage de la justice sociale » est le sous-titre du tome 2 de Hayek [1976].

6. « L'identification des injustices réparables est non seulement ce qui nous pousse à penser en termes de justice et d'injustice, mais cela constitue aussi le cœur de la théorie de la justice, telle que je la défends dans cet ouvrage. » [Sen, 2009, p. vii]

### 2.1. La dialectique hayékienne du « mirage de la justice sociale »

L'évolutionnisme hayékien prend sans doute sa forme définitive dans *Law, Legislation and Liberty* [1973 ; 1976 ; 1979]. Dans cet ouvrage transparaît une sorte de dialectique « hégélienne » (thèse, antithèse, synthèse), laquelle projette le lecteur très loin en aval de ces prémisses, un peu comme dans l'œuvre de Marx, lorsque l'on souscrit à la dynamique de la lutte des classes.

Les institutions sociales sont « le résultat de l'action des hommes mais non d'un dessein humain », aime à répéter Hayek reprenant ici une citation de Ferguson[7]. À l'image des insectes sociaux comme les abeilles ou les fourmis, les hommes vivent en société sans pour autant maîtriser un processus aussi complexe que celui de la vie sociale à laquelle ils participent. Ce processus relève d'une sorte de « darwinisme » appliqué aux institutions : de même que seules survivent les espèces qui résistent à l'évolution des conditions de vie, de même les meilleures institutions sociales sont celles qui résistent au temps, en particulier à l'évolution des mœurs et au progrès des connaissances.

Pour le dire autrement, fondamentale est pour Hayek la distinction entre « l'ordre social spontané » issu d'actions d'hommes nombreux, mais qui n'est le résultat du dessein d'aucun d'entre eux (thèse) et les « organisations » que les hommes peuvent concevoir en leur assignant un objectif précis (antithèse). Dans les secondes et à la différence du premier, le degré de complexité est suffisamment modéré pour que les hommes puissent encore en contrôler tous les éléments constitutifs. Une entreprise, une association, ou même une collectivité publique comme l'État, sont *a priori* des « organisations » – avec un objectif propre (le profit, un but non lucratif, ou l'intérêt général), un organigramme (défini par les statuts de l'entreprise, de l'association, voire par le droit constitutionnel ou public) et des moyens (matériels et humains). En revanche, même au niveau local, et *a fortiori* au niveau national, ou international, la société humaine dans son ensemble relève, quant à elle, d'un ordre spontané.

Dans le champ de cet ordre social spontané, il est évidemment impossible de connaître tous les éléments constitutifs, nombreux et divers, ni toutes les circonstances particulières à chacun d'entre eux. Dès lors, le troisième temps de la dialectique (synthèse) réside dans le constat que seules sont à la portée de la connaissance humaine des règles générales dont le respect peut

7. « Nations stumble upon establishments, which are indeed the result of human action, but not the execution of any human design. » [Ferguson, *An Essay on the History of Civil Society*, 1767 ; cité par Hayek, 1980, p. 179.]

engendrer la formation d'un ordre social encore plus complexe et donc plus civilisé, même si, par ailleurs, il demeure de toute façon impossible d'en maîtriser tous les détails.

Or, pour l'essentiel, l'émergence de ces règles résulte d'un processus de sélection qui, lui, n'est pas spontané : par expérimentations, erreurs et tâtonnements, ce processus laisse peu à peu apparaître les « règles abstraites de juste conduite » qui conduisent de fait les gens à se comporter d'une manière qui rende la vie sociale possible, en leur offrant des points de repère relativement invariants. En outre, comme l'ordre social spontané n'est pas finalisé, les règles à appliquer ne le sont pas non plus ; elles doivent donc pouvoir s'appliquer à un nombre indéterminé de cas et « laisser chacun libre d'utiliser ce qu'il connaît en vue de ce qu'il veut faire » [Hayek, 1980, p. 66].

C'est principalement aux juges civils qui ne sont pas plus omniscients que quiconque, mais qui sont en position de corriger les perturbations survenant dans un ordre qui n'a été agencé par personne, qu'incombe la lourde tâche de perfectionner graduellement le système des règles existantes, en en posant de nouvelles susceptibles de faire jurisprudence[8].

Dans cette perspective, la notion de justice sociale, c'est-à-dire la notion de justice étendue à tout l'ordre social, ne peut être source que de désillusions car, tel un mirage, elle tend à faire croire que la société pourrait être « organisée » de manière juste, ce qui supposerait qu'on puisse la maîtriser et que des responsables des injustices puissent être identifiés. Or, dans la réalité, les faits observés peuvent être « bons ou mauvais », mais non pas « justes ou injustes » [Hayek, 1982, p. 38], car la société relève d'un ordre spontané et non pas d'un ordre délibéré, auquel un ou des responsables pourraient être aisément associés.

Cela est notamment vrai dans la dimension juridique de l'ordre social spontané, où aucun juge ou aucune instance judicaire n'a la maîtrise de toute la jurisprudence à laquelle il ne contribue que ponctuellement, mais cela est aussi le cas dans la dimension économique de cet ordre social spontané,

8. La jurisprudence constitue d'ailleurs la source principale du droit (*nomos*) régissant l'ordre social spontané (*kosmos*), tandis que la législation au sens de Hayek (*thesis*) est constituée de règles finalisées et subsidiaires (loi de finances, par exemple) que se donnent l'État et les collectivités publiques pour le bon fonctionnement de leurs administrations (*taxis*). Ainsi la dialectique hayékienne revêt-elle une forme juridique essentielle, au point que Hayek la fait figurer dans le titre de tout l'ouvrage *Droit, législation et liberté* : dans une société libérale, la « liberté » est protégée par le « droit » de l'ordre social et pourrait être atrophiée par une emprise croissante de la « législation » sur le « droit », si l'État en intervenant par la loi voulait « organiser » tout l'ordre social.

c'est-à-dire « l'ordre de marché » : chaque individu y poursuit des objectifs différents, mais seul le mécanisme impersonnel des prix oriente les efforts des hommes et personne ne maîtrise de manière délibérée la répartition des revenus et des richesses qui en est la résultante.

En conséquence, les « règles abstraites de juste conduite », qui encadrent le jeu du marché, ne peuvent jamais lever toutes les incertitudes sur les anticipations que forment les agents car, si elles empêchent les occasions les plus fréquentes de conflits, elles ne déterminent jamais positivement les actes que les individus devraient entreprendre pour toutes les éviter. Dès lors l'état de la répartition des revenus et des richesses n'est jamais complètement prévisible et donc maîtrisable, ce qui signifie en particulier que la récompense du mérite des individus pour les efforts personnels qu'ils ont réalisés n'est jamais garantie par le marché[9]. Il en est de même pour la question de l'égalité des chances : la prospérité et la capacité d'adaptation de la « Grande Société » – autre nom donné par Hayek à l'ordre social spontané –, reposent sur des décisions que prennent avec plus ou moins de bonheur les individus d'une même génération ; or, dans le même mouvement, ces décisions créent, involontairement mais inévitablement, une inégalité des chances entre les individus des générations suivantes. Tous les efforts pour créer une réelle égalité des chances, même entre personnes aux aptitudes identiques, ne sont pas vains, mais ils seront forcément incomplets.

Au total, l'absence de maîtrise complète des processus sociaux débouche chez Hayek sur la discipline rigoureuse des seules « règles abstraites de justice conduite », laquelle ne peut conduire à satisfaire l'aspiration à la « justice sociale », du fait de l'impossibilité de corriger de manière volontariste l'ordre spontané du marché. C'est une orientation *a priori* diamétralement opposée que va défendre Sen, en considérant comme prioritaire « l'identification des injustices réparables ».

## 2.2. La priorité senienne à « l'identification des injustices réparables »

Sen a justifié sa démarche « comparatiste » tout au long de son ouvrage de 2009, *The Idea of Justice*. Cependant, dès l'introduction, se trouvent

9. « La fonction des prix est moins de rétribuer les individus pour ce qu'ils *ont fait* que de leur dire ce qu'ils *devraient faire* dans leur propre intérêt comme dans l'intérêt général. [...] Pour fournir une incitation suffisante à des mouvements qu'exige le maintien de l'ordre de marché, il sera souvent nécessaire que la rétribution des gens *ne corresponde pas* au mérite qu'on peut leur reconnaître. » [Hayek, 1982, p. 86]

juxtaposés les arguments de base qui vont permettre de soutenir cette démarche et l'orienter vers la lutte contre l'injustice.

Sen commence par souligner que c'est bien une théorie de la justice et de l'injustice qu'il développe, c'est-à-dire une approche qui fait appel au raisonnement pour traiter de sujets où les émotions, les instincts, voire la « déraison » peuvent facilement l'emporter. Si les émotions ont évidemment leur place dans la prise de conscience des injustices, il ne faut pas leur laisser le champ libre pour explorer un tel domaine, mais en tenir compte pour mieux réduire les sources de conflits. Le rôle de la raison est d'autant plus nécessaire que beaucoup de préjugés font appel en général à un raisonnement, si déficient et faible soit-il, « ce qui laisse de l'espoir, puisqu'un mauvais raisonnement se combat par un meilleur » [Sen, 2009, p. xviii].

Ce préalable méthodologique étant posé, la question est alors de savoir pourquoi une théorie de la justice devrait avoir pour objectif de lutter prioritairement contre l'injustice. À ce stade, au moins trois séries d'arguments peuvent être distinguées.

Tout d'abord, il n'y a pas de solution unique au problème de la société idéalement juste, ce qui rend *a contrario* plus accessible – et plus nécessaire – l'élimination des injustices les plus criantes. Des arguments raisonnables en faveur de conceptions divergentes de la justice peuvent en effet être avancés par des peuples aux expériences et aux traditions diverses, mais ils peuvent aussi être exprimés au sein d'une même société, voire provenir d'une seule et même personne. Et Sen [2009, p. x et 14] de citer Marx, dont la conception de la justice met en exergue la récompense du travail et des efforts, mais aussi la satisfaction des besoins (« De chacun selon son travail à chacun selon ses besoins »). Des conceptions concurrentes peuvent en effet résister à l'examen approfondi et impartial des raisonnements avancés, sans que la nécessité d'un tel examen ne soit remise en cause ; bien au contraire, il s'agit d'éviter à tout prix la position paresseuse de la « tolérance désengagée », qui supposerait, sans autre réflexion, que chacun puisse avoir un point de vue légitime, par exemple à l'intérieur de sa propre communauté.

L'absence de solution unique au problème de la société idéalement juste est d'autant plus problématique que va aussi dans cette direction la théorie des choix collectifs, telle qu'elle s'est développée au XX$^{e}$ siècle depuis les travaux d'Arrow, théorie à laquelle Sen a également beaucoup contribué. En substance, l'argumentation de ce dernier, développée dans tout le chapitre 4 de *The Idea of Justice*, pourrait se résumer en deux points : d'une part, l'impossibilité de définir dans l'absolu une procédure de choix collectif à la fois rationnelle et démocratique rend aléatoire l'accord sur le contenu à donner à une société idéalement juste ; d'autre part, la possible existence de résultats positifs fragmentés sur des classements partiels entre états sociaux milite en faveur d'une approche comparative plus modeste, où des situations sociales seulement plus justes que d'autres pourront le cas échéant émerger.

Seconde série d'arguments en faveur du comparatisme, l'identification d'injustices réparables peut mettre en cause les défaillances d'institutions en place. Il est donc tout à fait légitime que la plupart des théories de la justice s'intéressent prioritairement aux « arrangements » organisationnels à mettre en place (institutions, réglementations, règles de comportement) et rivalisent d'ingéniosité afin de les perfectionner. Toutefois, dans la pratique, les défaillances ou le non-respect de ces arrangements institutionnels ne constituent pas, loin de là, les seules sources des injustices effectivement observées. Dès lors, une attention soutenue doit être portée aux autres facteurs qui affectent la vie réelle des gens, ce qui suppose que la théorie des injustices réparables s'applique à un contexte plus large que les seuls arrangements institutionnels pour s'intéresser aux « accomplissements », c'est-à-dire à l'éventail des choix que les gens peuvent (ou ne peuvent pas) faire tout au long de leur vie.

À noter ici que la distinction que fait Sen entre arrangements et accomplissements (ou réalisations) ne renvoie pas à la distinction classique entre « déontologie » (choix des moyens légitimes pour agir) et « conséquentialisme » (sélection des actions à entreprendre en fonction de leurs effets) : pour Sen, il serait anormal d'écarter la perspective des accomplissements sous prétexte qu'elle serait étroitement conséquentialiste, alors qu'au contraire elle n'ignore pas les préoccupations déontologiques[10].

Dans le prolongement de la distinction précédente entre arrangements et accomplissements, se pose une dernière question : comment transformer la structure institutionnelle du monde actuel pour le rendre moins injuste, alors que, de nos jours, les questions de justice dépassent de plus en plus souvent le cadre des États, pour se situer au niveau international, voire mondial ? La réponse de Sen s'oppose ici au point de vue « hobbésien » en philosophie politique, tel que le défend aujourd'hui Nagel [2005], point

10. La démarche de Sen pourrait aussi être évaluée en termes de « justice de procédure » : cette démarche ne relève pas d'une conception « pure » de la justice procédurale (le résultat en est juste, quel qu'il soit, dès lors que la procédure sociale – en l'occurrence ici, les « arrangements institutionnels » – a été scrupuleusement respectée, mais plutôt d'une conception « parfaite » (la procédure sociale a permis d'atteindre un résultat juste, défini en fonction d'un critère indépendant de la procédure elle-même) ; sur cette distinction classique des théories de la justice, cf. Rawls [1971, § 14].

de vue selon lequel il existe une relation forte entre justice et souveraineté ; le traitement des questions de justice supposerait une instance de décision capable d'arbitrer les demandes de justice entre individus relevant de la même institution. Or, « si Hobbes a raison, en l'absence d'un gouvernement mondial l'idée de la justice au niveau mondial est une chimère », écrit Nagel [2005, p. 115], et seule la définition d'une « morale humanitaire minimale » (pour régir nos relations à autrui dans un monde ouvert) est pour l'instant envisageable.

Pour Sen, la stratégie ne peut donc passer par un changement radical des « arrangements institutionnels » au niveau international, nous rapprochant de l'idéal hobbésien, lequel reste hors de portée ; plus modestement, il s'agit de réformer les institutions permettant au moins l'élimination des sources les plus manifestes d'injustice, ce qui permettrait déjà, conformément à l'approche comparative, des progrès indéniables en termes d'accomplissements. Ce faisant, il s'agit d'aller bien au-delà des exigences d'une morale humanitaire minimale, dont ne pourraient se satisfaire « les gens qui, sur toute la planète, manifestent pour plus de justice au niveau mondial » [Sen, 2009, p. 26].

Au total, « le mirage de la justice sociale » selon Hayek et « l'identification des injustices réparables » par Sen sont bien les conclusions de leur cheminement respectif, lesquelles divergent fondamentalement sur le degré de maîtrise par l'homme de l'agencement de la vie en société :

- Hayek qualifiera de « bons ou mauvais », mais pas de « justes ou injustes », les multiples résultats du jeu social dont personne ne peut être tenu pour responsable, dès lors que les règles jurisprudentielles de « juste conduite » n'ont pas été bafouées. Comme ces règles sont surtout négatives – elles proscrivent plus qu'elles ne prescrivent –, le champ des échecs, faillites, et autres « mauvaises » interactions sociales, marchandes ou non marchandes, que l'on peut qualifier d'injustes, est singulièrement réduit dans un ordre social trop complexe pour être réellement « organisé ».

- Si la justice sociale correspond à la réalisation d'une société parfaitement juste, on peut considérer que Sen partage avec Hayek un profond scepticisme qui fait de l'avènement d'une telle société un « mirage ». En revanche, Sen, à l'inverse de Hayek, qualifiera d'injuste tout résultat du jeu social qui résulterait du non-respect des « arrangements » institutionnels mais aussi, plus généralement, tout « accomplissement » suffisamment mauvais en soi pour qu'on ne puisse le tolérer. En conséquence, dès lors qu'un tel diagnostic est rigoureusement fondé en raison, le domaine des injustices contre lesquelles il convient de lutter est fondamentalement sans limites.

En dépit de cette divergence profonde sur la nature de la notion d'injustice, s'esquisse *a contrario* un point d'accord inattendu, entre Hayek et Sen, sur la vaine recherche d'une société idéalement juste ; ce point d'accord explique notamment leur opposition commune à la démarche du contractualisme rawlsien et donc aussi, dans une moindre mesure, aux principes de justice qui en sont issus.

## 3. Une opposition commune au « contractualisme » rawlsien

Comme on le sait, l'ambition de Rawls dans *A Theory of Justice* est « de généraliser et de porter à un plus haut niveau d'abstraction la théorie du contrat social, telle qu'elle se trouve chez Locke, Rousseau et Kant » [Rawls 1987, p. 20]. Rawls cherche donc à perfectionner ce moment mythique, où les citoyens, qui vont « faire société », sont censés se réunir pour en définir les fondements institutionnels. Si Rousseau traitait surtout de philosophie politique en analysant les conditions d'émergence de la « volonté générale », Rawls, quant à lui, fait d'abord œuvre de philosophie morale en examinant les conditions d'émergence d'une société juste.

C'est pourquoi, à la fiction rousseauiste d'une assemblée générale des citoyens, Rawls ajoute une seconde fiction, celle du « voile d'ignorance » dans la « position originelle » : des individus rationnels et dotés d'un certain sens de la justice, en faisant mentalement abstraction de leurs qualités naturelles et de leur atouts sociaux, vont pouvoir se mettre d'accord à l'unanimité, sans qu'il soit nécessaire de voter sur deux principes strictement hiérarchisés, lesquels déterminent la répartition des « biens premiers sociaux »[11].

Face à une démarche aussi ambitieuse, les appréciations de Hayek et de Sen vont évoluer au cours du temps, mais vont finir par adopter un point de vue fondamentalement critique. Toutefois, et non sans paradoxe, la position la plus radicale n'est pas celle du théoricien du « mirage de la justice

11. Selon Rawls [1982, p. 162], les « biens premiers sociaux » que recherche tout individu relèvent de cinq catégories : droits et libertés fondamentales (a), liberté d'orientation vers diverses positions sociales (b), pouvoirs et prérogatives attachés aux responsabilités politiques et économiques (c), revenu et richesse (d), bases sociales du respect de soi-même (e). Le premier principe de justice (« égales libertés ») et le second principe dans son volet « juste égalité des chances » impliquent, par leur hiérarchie, une égalité parfaite d'accès d'abord aux biens (a), puis aux biens (b) ; le second volet du second principe (principe de différence) n'intervient que dans un troisième temps et ne tolère une inégalité d'accès aux autres biens premiers que pour maximiser le volume des biens (c), (d) et (e) détenus par les individus les plus défavorisés.

sociale », mais bien celle du concepteur des « injustices réparables » : alors que Hayek semble reprocher à Rawls le risque de dérive « constructiviste » de son projet, Sen construira toute sa démarche comparative en opposition complète avec ce qu'il appelle les approches « transcendantalistes » de la justice, qu'il considère comme complètement inutiles et dont la théorie de Rawls constitue l'archétype.

### 3.1. Le risque de dérive « constructiviste »

Comme cela a été analysé par ailleurs[12], le point de vue de Hayek sur l'œuvre de Rawls a sensiblement évolué sur trois décennies :

- Dans un premier temps, Hayek apprécie les travaux les plus anciens de Rawls, en particulier un texte de 1963, *Constitutional Liberty and the Concept of Justice* qu'il cite explicitement dans *Law, Legislation and Liberty*, plus précisément dans le chapitre 9 intitulé « Justice 'sociale' ou distributive », pour souligner que « c'est à peu près ce que [lui-même, Hayek] a voulu dire dans ce chapitre » [Hayek, 1982, p. 120].

- La publication de *A Theory of justice*, deux années à peine avant le premier tome de *Law, Legislation and Liberty*, est aussi mentionnée dans l'avant-propos du tome 2 « Le mirage de la justice sociale », mais Hayek ne le commente pas vraiment et conclut : « [C]e que je pourrais avoir à dire du livre de John Rawls [...] ne servirait pas à mon objectif immédiat, parce que les différences entre nous apparaissent plus verbales que substantielles. » [Hayek, 1982, p. XIII] En fait, Hayek semble surtout reprocher à Rawls l'usage de l'expression « justice sociale » qu'il rejette comme « source de confusion »[13] ; source de confusion à laquelle il impute le fait que l'ouvrage de Rawls paraisse « souvent – selon moi, à tort – avoir été interprété comme venant à l'appui des revendications socialistes » [Hayek, 1982, p. 210, note 44].

12. Cf. Gamel [2008, p. 87-90]. Lors d'un entretien avec J. Buchanan enregistré en 1978 [UCLA, 1983, p. 218-220], Hayek a lui-même confirmé l'évolution déjà très avancée de sa pensée à l'égard de l'œuvre de Rawls. Je remercie Régis Servant pour cette référence signalée lors du colloque *Philosophie économique* (Lille, juin 2012).

13. Toujours dans le chapitre 9, Hayek écrit en effet : « Il existe aussi, indiscutablement, un authentique problème de justice en liaison avec le plan délibéré des institutions politiques, problème auquel le Pr John Rawls a récemment consacré un livre important. Je regrette seulement, parce que c'est source de confusion, que dans ce contexte il emploie le terme de "justice sociale". » [Hayek, 1982, p. 120]

• Dans le dernier ouvrage de Hayek, *The Fatal Conceit*, paru une dizaine d'années plus tard, le doute n'est cette fois plus permis, lorsque, au détour d'une note de bas de page, il écrit de manière pour le moins peu nuancée : « Un monde rawlsien [Rawls, 1971] aurait fort bien pu ainsi ne jamais devenir civilisé : en ce que les différenciations dues à la chance y auraient été réprimées, la plupart des découvertes de possibilités nouvelles s'y seraient trouvées réduites à néant. » [Hayek, 1993, p. 103-104]

En d'autres termes, d'abord séduit dans les années 1960 par les premiers travaux de Rawls, Hayek n'éprouve manifestement pas le même intérêt pour *A Theory of Justice* dans les années 1970, avant de s'en démarquer dans la décennie 1980, selon les termes que l'on vient de rappeler. La question est alors de savoir précisément ce que Hayek a apprécié dans les premiers travaux de Rawls et pourquoi il s'en est ensuite éloigné.

En ce qui concerne le premier point, la réponse est assez simple, puisque Hayek la fournit lui-même : il s'agit de ce que l'on a pu appeler la dimension « procédurale » de la justice, qui constitue sans nul doute le dénominateur commun des penseurs libéraux en la matière. Même si Hayek n'emploie pas cette expression et préfère parler de « conception libérale classique de la justice », il l'illustre par le processus de concurrence, en affirmant que « ce qui peut être juste ou injuste c'est seulement la façon dont la concurrence est pratiquée, et non pas ses résultats ». Et Hayek d'ajouter que « cette façon de voir, héritée de John Locke, a été conservée même par John Rawls, au moins dans son ouvrage précédent [*Constitutional Liberty and the Concept of Justice*] ».

Dans *A Theory of Justice*, on retrouve bien cette notion de justice procédurale, mais appliquée à la notion de « juste égalité des chances » ; celle-ci est même qualifiée de « justice procédurale pure »[14]. Comme le premier principe de Rawls (« égales libertés ») est aussi d'essence procédurale, les deux premiers niveaux de la théorie rawlsienne de la justice (« égales libertés » et « juste égalité des chances »), au moins dans leurs grandes lignes, auraient peut-être pu convenir à Hayek si le troisième niveau de la hiérarchie rawlsienne (le « principe de différence ») n'avait pas manifestement introduit une certaine confusion : celui-ci implique en effet que les inégalités économiques et sociales devraient être « organisées » à l'avantage des plus défavorisés, en prenant en compte leurs besoins[15] ; cela introduit un critère de « résultat »

14. Au sens de la définition rappelée en note 10.

15. « Il y a de bonnes raisons de s'opposer à la détermination du revenu total sur la seule base de la concur-

du jeu social, défini en dehors de la procédure elle-même, et rend la théorie rawlsienne sur ce point beaucoup moins homogène[16].

Au-delà du seul principe de différence, qui peut déjà être suspect aux yeux du théoricien de l'ordre social spontané, c'est surtout la démarche contractualiste adoptée par Rawls dans *A theory of justice* que Hayek est sans doute tenté de rejeter, au nom de la dérive « constructiviste » qu'elle introduit dans la pensée de Rawls. Dès le premier chapitre (« Raison et évolution ») de *Law, Legislation and Liberty*, Hayek rappelle en effet sa définition du constructivisme, qu'il avait déjà exposée dans *The Constitution of Liberty* : il s'agit d'une conception toute-puissante de la rationalité qui permettrait à l'homme d'envisager de construire, de manière délibérée, toutes les institutions de la société dans laquelle il est amené à vivre, grâce à la connaissance de tous les faits particuliers nécessaires. Dans son esprit, le constructivisme est une erreur fondamentale de la pensée moderne depuis au moins trois cents ans, erreur qui conduit à regarder avec suspicion toutes les institutions héritées à travers les âges de l'ordre social spontané. Or une conception évolutionniste de la rationalité, pas moins exigeante sur le fond mais plus consciente de l'extraordinaire complexité des faits sociaux, éviterait les dérives de la présomption d'omniscience prêtée à l'homme.

À l'origine, selon Hayek, sont en cause la « méthode » de Descartes, qui conduit à rejeter tout ce qui ne peut être logiquement déduit de prémisses explicites, et l'ambition de Hobbes, qui tente d'appliquer cette méthode à l'organisation « rationnelle » de l'ordre social. Ultérieurement, les penseurs de la Révolution française, parmi lesquels Rousseau et son « contrat social », approfondissent la démarche constructiviste, d'une part en faisant douter de la qualité des institutions en place et, d'autre part, en soumettant les lois de la

rence, car elle ignore les besoins et l'exigence d'un niveau de vie correct. Du point de vue de l'étape de la législation, il est rationnel de se protéger soi-même ainsi que ses descendants de tels aléas du marché. De fait, c'est probablement ce qu'exige le principe de différence. » [Rawls, 1987, p. 317] De son côté, Hayek tolère cependant un revenu minimum garanti comme « protection contre le dénuement extrême », quitte à faire une exception au principe de liberté négative (absence de coercition) qu'il défend ; sur ce point, cf. Gamel [2008, p. 111-117].

16. Par rapport à ce concept-pivot de « justice procédurale pure », on peut ainsi soutenir [cf. Gamel, 1991] que la position de Hayek se trouve en deçà et celle de Rawls au-delà : chez Hayek, l'absence de maîtrise des processus sociaux rend difficile leur épuration complète et la justice procédurale a toute chance de rester « impure », même si les règles de juste conduite sont scrupuleusement respectées ; chez Rawls, le principe de différence qui ne tolère que les inégalités qui profitent à tous, et d'abord aux plus défavorisés, élimine des états de la répartition jugés non désirables, ce qui oriente la procédure sociale vers un certain résultat, défini de manière indépendante : la justice procédurale tend alors à devenir « parfaite » (cf. définition en note 10).

société à la volonté explicite des hommes[17]. Dans la mesure où, comme on l'a déjà noté, Rawls présente d'emblée *A Theory of Justice* comme sa contribution à la théorie du contrat social, on conçoit immédiatement combien la critique hayékienne de la rationalité constructiviste peut aussi le concerner.

Cette conjecture semble d'autant plus confirmée que Rawls a lui-même utilisé le terme de constructivisme, dans un sens évidemment différent de l'acception négative que Hayek lui a donnée, puisque ce terme concerne directement la notion de justice procédurale pure précédemment évoquée. « Kantian Constructivism in Moral Theory », tel est en effet le titre d'un article de 1980, où Rawls expose le lien qu'il fait entre constructivisme et justice procédurale pure.

En substance, le constructivisme dont il est question ici définit la méthode par laquelle les principes de justice rawlsiens sont déterminés, et qui consiste pour le théoricien à construire un processus de délibération où les individus sont censés être impliqués. On reconnaît donc ici la fiction de la position originelle, où les individus sous voile d'ignorance délibèrent en toute impartialité pour définir les principes de justice : de la seule qualité de la délibération dépend la qualité des résultats qui en sont issus. En d'autres termes, le constructivisme rawlsien consiste à appliquer la notion de justice procédurale pure, non aux principes de justice eux-mêmes, mais au méta-niveau de la délibération dont ils sont issus. Autant Hayek a pu être en phase, comme on l'a vu, avec la dimension procédurale des principes rawlsiens de justice, autant il ne peut accepter que la même notion légitime la construction par le philosophe omniscient d'un mécanisme artificiel de délibération dont ils sont censés être déduits.

En fin de compte, derrière le constructivisme revendiqué par Rawls et même si Hayek ne l'a pas expressément affirmé, c'est donc bien la théorie du contrat social – plus que la référence à Kant[18] – qu'il ne pourrait accepter. Du point de vue de Sen, cette démarche contractualiste est rejetée avec au moins autant de virulence, mais pour une autre raison bien plus prosaïque, l'ambition « transcendantale » qui caractérise cette démarche la rendant cette fois inutile.

17. « Cette façon intentionnaliste [...] de représenter l'histoire trouva son expression la plus complète dans la conception de la formation de la société par un contrat social, d'abord dans Hobbes puis dans Rousseau qui, à bien des égards, était un disciple direct de Descartes. » [Hayek, 1982, p. 12]

18. Pour Rawls [1980, p. 517] « l'adjectif "kantien" exprime une analogie et non une identité » de sa démarche avec celle de Kant : dans les deux cas il s'agit seulement d'établir en théorie le lien convenable entre une certaine conception de la personne, la procédure et les principes de justice.

### 3.2. L'inutilité du « transcendantalisme »

Selon un parallélisme *a priori* surprenant, la critique senienne de « l'institutionnalisme transcendantal » s'appuie sur une vision de la modernité, que la critique hayékienne du « rationalisme constructiviste » avait déjà en ligne de mire. C'est en effet le tournant des Lumières (XVIIIe et XIXe siècles) qui est à nouveau en cause, avec notamment des auteurs comme Rousseau et Kant. En revanche, tandis que Hayek citait d'abord Descartes comme précurseur involontaire du constructivisme, c'est directement dans la pensée de Hobbes que Sen trouve les racines du transcendantalisme. Celui-ci se caractérise par deux traits distincts : d'une part, l'attention portée à ce qui paraît être la perfection de l'idée de justice, d'autre part le souci prioritaire de rendre d'abord les institutions justes, sans se préoccuper directement des sociétés concrètes qui n'en seront que le sous-produit.

Ces deux traits de l'institutionnalisme transcendantal se retrouvent selon Sen dans la démarche contractualiste, qui n'est pas ici critiquée pour sa confiance excessive dans les capacités de la raison humaine à agencer la vie en société, mais parce que l'hypothétique « contrat social » qu'on est censé choisir traite, avant tout, des institutions idéales à mettre en place comme alternative au chaos qui, sans lui, risquerait de caractériser la société. Et Sen [2009, p. 6] de conclure : « Le résultat global fut le développement de théories de la justice centrées sur l'identification transcendantale des institutions idéales. » Et c'est par opposition à cet institutionnalisme transcendantal que Sen [2009, p. 15-18] propose son « cadre d'analyse comparatif » (*comparative framework*), tel que nous l'avons déjà présenté (cf. 2.2) : à la recherche d'un idéal absolu de justice est substituée la comparaison entre des degrés relatifs de justice ou d'injustice, tandis que la définition d'institutions justes doit être complétée par l'examen des comportements des individus, comportements qui ne sont plus l'objet de postulats spécifiques (sens de la justice, choix rationnel,...) censés faciliter le fonctionnement des institutions.

En raison de sa filiation revendiquée à l'égard de la philosophie du contrat social, Rawls se situe évidemment au sein du courant « transcendantaliste » et son œuvre tombe ainsi sous le coup de la critique qu'en fait Sen. Afin de mieux mesurer la profondeur du désaccord qui sépare désormais le philosophe et l'économiste, il faut préciser que le clivage transcendantalisme/comparatisme, avant d'être repris en 2009 dans *The Idea of Justice*, a fait l'objet d'un article spécifique publié dès 2006 sous le titre *What do we want from a theory of justice ?* Dans l'intervalle, la critique du transcendantalisme, à l'origine illustrée principalement par la théorie rawlsienne de la justice, s'est enrichie d'autres exemples, mais reste toujours aussi virulente.

Dans l'optique comparatiste défendue par Sen, toute démarche transcendantaliste est d'emblée considérée comme trop abstraite, voire inutile. Plus précisément, il s'agit pour lui de démontrer qu'une théorie transcendantale de la justice n'est ni suffisante ni nécessaire pour tenter une approche « comparative » ; manifestement l'enjeu est de taille, car l'une ou l'autre de ces propriétés (voire les deux) joue(nt) un rôle essentiel dans l'emprise du transcendantalisme sur tout le champ des théories de la justice[19] :

• L'approche transcendantaliste d'institutions parfaitement justes n'est pas suffisante, même si elle peut à première vue fournir un point de repère afin de mesurer la distance séparant la réalité de la perfection. En d'autres termes, il s'agirait de classer deux états sociaux réels en fonction de leur écart respectif par rapport à un état social de référence parfaitement juste. Le problème provient du fait qu'on peut mesurer cette distance selon plusieurs dimensions ; or le classement risque d'être différent selon la dimension retenue. Par exemple, dans la théorie rawlsienne de la justice, on pourrait mesurer cet écart en termes de libertés, ou en termes d'égalité des chances, ou encore selon la situation réservée aux plus défavorisés. Devant des écarts mesurés selon des dimensions aussi différentes, il faudrait alors procéder à des arbitrages pour évaluer tel écart par apport à tel autre. Outre que, dans le cas rawlsien, de tels arbitrages sont exclus en raison de la hiérarchie des principes de justice[20], le fait est qu'ils reposent sur des méthodes, certes très utiles, mais qui « dépassent le simple exercice de l'identification de la transcendance et constituent les ingrédients de base, conclut Sen [2006, p. 220], d'une approche de la justice qui est plus "comparative" que "transcendantale" ». Au total, pour reprendre une analogie utilisée par Sen lui-même, savoir qu'une personne voit dans *La Joconde* le meilleur ou le plus beau tableau du monde ne dit pas comment elle classe un Gauguin par rapport à un Van Gogh[21].

---

19. Sen [2006, p. 218-219] souligne cette emprise en remarquant que, « en fait, même en théorie du choix social où la démarche analytique est fermement fondée à la fois sur des interrelations et des comparaisons deux par deux, les recherches sur la justice ont été communément étirées de manière implacable des classements comparatifs de base vers l'identification de la justice transcendantale (souvent dans le moulage rawlsien) ».

20. Cette hiérarchie rawlsienne interdit notamment qu'une réduction de la sphère des libertés (premier principe de la justice) puisse être tolérée pour compenser l'amélioration du sort des plus défavorisés ou l'instauration d'une meilleure égalité des chances (second principe).

21. En fait nous avons légèrement modifié l'analogie de Sen [2006, p. 221], car celui-ci ferait une diffé-

• L'analogie précédente permet de comprendre pourquoi l'approche transcendantale n'est pas non plus nécessaire : « Lorsque nous défendons notre préférence pour un Picasso par rapport à un Dali, nous n'avons pas besoin de nous passionner pour désigner le meilleur tableau du monde. » [Sen, 2006, p. 222] Plus généralement l'évaluation relative de deux options ne nécessite pas le recours à une troisième option – « non retenue »[22]. Dans une acception plus faible du mot, on pourrait aussi concevoir qu'un choix transcendantal sur la société juste devrait nécessairement découler d'une démarche comparative systématique, paire après paire. « En fait, remarque Sen [2006, p. 223], c'est seulement avec un classement "bien ordonné" (par exemple, une relation d'ordre complète et transitive sur un ensemble fini) que nous pouvons être sûrs que la série des comparaisons paire par paire peut aussi identifier la "meilleure" option. » Or un tel classement complet est rarement possible, compte tenu des redoutables problèmes à résoudre dans la pratique : déficit rédhibitoire en matière d'information, ou, même si celle-ci est complète, classements impossibles à opérer lorsque les considérations à prendre en compte sont trop disparates. En réalité, une telle incomplétude est plus gênante dans l'approche « totalisante » qui caractérise les théories courantes de la justice, y compris celle de Rawls. L'incomplétude y apparaît comme une lacune, ou du moins comme un signe d'inachèvement, ce qui n'est pas le cas de l'approche comparative de la justice qui n'a pas besoin, elle, d'être totalisante ; et Sen [2006, p. 224] de citer l'exemple suivant : le principe d' « égales libertés » peut se révéler difficile à mettre en place si les libertés d'individus différents entrent en conflit ; pour autant ce ne serait pas un obstacle pour « convenir que la torture de prisonniers serait une violation injuste de la liberté, à corriger d'urgence ».

Au total, le contractualisme rawlsien est bien, en 2006, l'exemple de prédilection de Sen dans son argumentation critique contre le transcendantalisme. Pourtant, trois ans plus tard, celui-ci n'est pas loin de reconnaître dans *The Idea of Justice* que la théorie de Rawls n'est pas l'exemple le plus « pur » d'institutionnalisme transcendantal que l'on puisse trouver :

---

rence entre « le meilleur » et « le plus beau » tableau du monde : dans le premier cas, le choix transcendantal est gradué et résulte d'un classement des tableaux à comparer, mais la définition du meilleur tableau ne dit rien pour autant sur la manière dont deux autres tableaux, « moins bons », ont été classés ; dans le second cas, le choix transcendantal, non gradué, fait l'économie de tout classement pour se concentrer sur la sélection dans l'absolu du meilleur tableau.

22. Sen fait manifestement allusion à « l'indépendance à l'égard des options non retenues », un des axiomes d'Arrow, pour définir ce que serait une procédure de choix collectif à la fois rationnelle et démocratique.

• Sen [2009, p. 60-62] semble en effet donner crédit à la critique que fait Cohen [2008] du principe de différence : tolérer des inégalités, en raison des incitations économiques à préserver en faveur des plus productifs, serait certes faire preuve de réalisme pour améliorer le sort des plus démunis, mais de telles inégalités limiteraient d'autant la portée d'une théorie spécifiquement orientée vers la justice.

• Mais, loin de considérer que la remarque de Cohen pourrait *a contrario* affaiblir sa critique transcendantaliste de Rawls, Sen [2009, p. 61] semble la reprendre à son compte en qualifiant de « pots de vin » les incitations économiques qu'il juge incongrues dans le contexte où elles surgissent : « Sur la base du raisonnement rawlsien selon lequel chacun se comportera, dans le monde résultant du contrat, selon la conception de la justice issue de la position originelle, ne devrions-nous pas espérer que, dans ce monde fondé sur le devoir, chacun s'acquittera spontanément de ses obligations productives (dans le cadre de cette conception de la justice), sans aucun besoin d'incitation ? »

• Sur cette question des incitations où Rawls est manifestement moins « idéaliste » que Cohen, Sen finit par renvoyer les deux auteurs dos à dos, en les considérant tous les deux selon son approche comparative : selon cette approche, le monde juste de Cohen est peut-être supérieur à celui de Rawls, « mais le principal intérêt de la théorie de la justice comparative serait de comparer des possibilités réalisables moins haut placés – en termes de justice – que les univers de Cohen et de Rawls » [Sen, 2009, p. 62].

En conclusion, on retiendra que le « réalisme » du principe de différence constitue, dans toute la théorie rawlsienne, une pierre d'achoppement pour la critique transcendantaliste qu'en formule Sen. Il est piquant de rappeler que ce même principe de différence constituait aussi un premier élément de suspicion qui alimentait la critique constructiviste de Hayek. Toutefois, pour Sen comme pour Hayek, l'essentiel n'est pas là, mais dans leur rejet convergent de la démarche contractualiste rawlsienne, lequel trouve sa source, en amont, dans la démarche fondamentalement pragmatique que, chacun à sa manière, l'un et l'autre revendiquent.

## 4. Deux démarches fondamentalement pragmatiques

Après l'énoncé des conclusions opposées de Hayek et de Rawls sur la justice sociale, puis l'analyse de leur opposition commune au contractualisme de type rawlsien, nous voici parvenus à la troisième et dernière étape de notre « déconstruction » de la méthode de chaque auteur. Cette dernière étape doit permettre de mieux comprendre les résultats partiels auxquels nous sommes arrivés :

• L'anti-contractualisme foncier de Hayek et de Sen souligne *a contrario* le caractère fondamentalement pragmatique de leur démarche respective, « évolutionniste » pour le premier, « comparative » pour le second, l'aspect pragmatique signifiant dans les deux cas la recherche d'une action adaptée au réel.

• Mais, pour Hayek, il s'agit d'un pragmatisme fataliste qui contient en germe la sombre conclusion sur le « mirage de la justice sociale », tandis que, pour Sen, c'est un pragmatisme volontariste impliquant « l'identification des injustices réparables ».

### 4.1. L'évolutionnisme comme pragmatisme fataliste

Si la justice sociale est rarement considérée comme un mirage, autrement dit si l'on admet le plus souvent que la société puisse être « organisée » de manière juste, c'est que, dans chaque cas, il manque selon Hayek une réflexion approfondie sur la complexité des faits sociaux, complexité que la philosophie constructiviste du contrat social a, de son côté, largement contribué à sous-estimer.

Or cette complexité suppose de « garder constamment à l'esprit [...] le fait de l'ignorance nécessaire et irrémédiable où se trouve tout le monde, de la plupart des faits particuliers qui déterminent les actions de chacun des nombreux membres de la société humaine » [Hayek, 1981, p. 14]. La remarque précédente semble banale et évidente, mais elle est rarement mentionnée, voire vite oubliée, car le caractère « nécessaire » et« irrémédiable » de cette ignorance traduit un certain fatalisme que tout spécialiste de sciences sociales, dont l'activité est *a priori* orientée vers la réduction de cette ignorance, a le plus grand mal à accepter. Le fatalisme pouvant se définir comme l'attitude selon laquelle on ne pourrait rien faire pour s'opposer au réel, quels sont donc en substance les arguments avancés par Hayek pour soutenir un tel point de vue ?

L'ignorance de tous les faits particuliers qui font la vie en société est d'abord « irrémédiable », parce que les informations pertinentes sont dispersées entre tous les individus qui n'en connaissent chacun qu'une infime partie. Cette fragmentation de la connaissance pertinente est illustrée, dans le cas de l'économie, par le processus de « division du travail », où chacun agit en fonction de son expérience et de son environnement propres, tout en ignorant la plupart des faits sur lesquels repose le fonctionnement d'ensemble de la société. « Et pourtant, ajoute Hayek [1980, p. 16], c'est la mise en œuvre de beaucoup plus de connaissances que chacun n'en peut détenir – et par conséquent le fait que chacun se meut au sein d'une structure cohérente dont presque tous les déterminants sont inconnus de lui – qui constitue le trait distinctif de toutes les civilisations avancées ». Plusieurs commentaires peuvent être ici apportés :

- L'ignorance dont il est question ici est bien le fait de la dispersion interindividuelle de la connaissance pertinente qui reste de ce fait inaccessible, alors qu'en première approche on aurait pu penser que Hayek mettait en cause les capacités cognitives limitées de l'être humain. À cet égard, la puissance des outils informatiques modernes de type Internet, en rendant de nos jours accessible en temps réel une masse toujours plus considérable d'informations, contribue sans doute à réduire cette dispersion, sans toutefois la supprimer[23].

- La méconnaissance irrémédiable de tous les faits particuliers à l'échelle de la société est en outre à l'origine de la distinction hayékienne entre « ordre social » et « organisations », déjà évoquée (cf. 2.1). Entre le premier et les secondes, on conçoit désormais qu'il ne s'agit pas d'une simple différence de degré (de complexité), mais bien d'une différence de nature, « l'ordre social » que les individus ne peuvent parfaitement maîtriser incluant toutes les « organisations » qu'ils ont pu, à l'inverse, concevoir dans leurs moindres détails.

Cette humilité de Hayek devant la complexité insondable du réel explique déjà le pragmatisme de sa position, empreint d'un certain fatalisme. Toutefois ce pragmatisme ne doit pas être pour autant mal vécu, car pour Hayek il n'y a pas lieu de regretter, voire de combattre l'ignorance des faits sociaux pertinents ; il faut au contraire l'accepter et la considérer comme « nécessaire », pour mieux comprendre le degré réel d'emprise de l'homme sur la société.

23. Par ailleurs il reste difficile d'imaginer que le traitement pertinent de cette masse, même facilité par le recours à de puissants logiciels d'aide à la décision, puisse un jour s'exonérer des défaillances toujours possibles du cerveau humain. Au-delà de l'idée de Hayek sur la « fragmentation de la connaissance », c'est toute sa réflexion de fond sur « l'ordre sensoriel » qu'il faudrait ici mobiliser, pour la comparer notamment avec la pensée de Simon sur la « rationalité limitée » des individus, mais cela dépasse de beaucoup l'objet du présent article.

En effet, contrairement à ce que suppose la pensée constructiviste, l'homme n'est pas en surplomb par rapport à la société, ce qui le rendrait capable de façonner les institutions sociales vers un but précis. Bien au contraire, sa capacité de réflexion est façonnée par l'environnement naturel et social dans lequel il vit et auquel il doit s'adapter sans vraiment le comprendre.

Dès lors, le pragmatisme évolutionniste que défend Hayek consiste à reconnaître que la seule marge de manœuvre dont dispose vraiment l'homme en société est de repérer les pratiques et les règles de conduite qui, à l'expérience, ont montré qu'elles réussissaient aux groupes d'hommes qui les avaient appliquées. Ce processus de repérage long et erratique, dans lequel le juge de l'ordre judicaire joue un rôle clé (cf. 2.1), n'a ainsi pas d'autre finalité que de sélectionner les « règles de juste conduite » qui rendent la vie sociale possible. En tout cas, l'aveu de la méconnaissance de tous les faits sociaux pertinents, dont ce processus de repérage n'est que la conséquence, se veut l'antidote nécessaire à la présomption d'omniscience qui empêche, selon Hayek, la compréhension profonde de la question de la justice en société.

Si cette présomption d'omniscience est également rejetée par Sen et justifie aussi à ses yeux une attitude pragmatique à l'égard de la question de la justice, celui-ci s'oriente vers une forme de pragmatisme dont le volontarisme se situe aux antipodes du fatalisme hayékien.

### 4.2. Le comparatisme comme pragmatisme volontariste

Le caractère pragmatique de la démarche comparatiste est d'abord pour Sen une réaction aux excès de « l'institutionnalisme transcendantal » (cf. 2.2) : d'une part il n'existe pas de solution idéale à la question de la justice, d'autre part, les injustices ne mettent pas en cause, loin de là, les seuls « arrangements » institutionnels, mais surtout les « accomplissements » concrets, c'est-à-dire ce que les gens peuvent réellement faire de leur vie.

C'est ici qu'intervient un outil majeur pour l'étude de ces accomplissements, à travers ce qu'il est convenu d'appeler « l'approche par les capacités ». Cette approche est une bonne illustration de la démarche d'ensemble de Sen : avant même de situer aujourd'hui toute sa méthode comparative en opposition au contractualisme de Rawls (cf. 3.2), dès 1980 dans son célèbre article *Equality of what?* Sen a commencé par définir la notion de capacités en réaction au concept rawlsien, déjà évoqué, de « biens premiers sociaux ». En substance, même si, grâce à de justes institutions, les individus avaient accès aux mêmes biens premiers, Sen souligne que pour autant ils n'auraient pas tous les mêmes aptitudes à convertir les biens premiers qu'ils détiennent en modes de vie accessibles grâce à ces biens. L'objet de la justice sociale, souligne Sen, c'est bien l'usage fait des biens premiers, plus que les biens eux-mêmes (auxquels Rawls, lui, semble attaché de manière « fétichiste »).

Dans cette perspective affleure aussitôt un premier niveau de pragmatisme, orienté vers les « accomplissements » plus que vers les « arrangements », conformément à la démarche générale de Sen. L'essentiel est pourtant moins dans la cohérence d'ensemble que dans l'étude de la qualité de ces accomplissements, dont il convient de vérifier qu'ils ont bien été choisis par l'individu : « Le concept de capacité est ainsi étroitement lié avec tous les possibles, examinés en "profondeur", impliqués par la liberté, et n'est pas seulement centré sur ce qui se passe "en fin de compte". » [Sen, 2009, p. 232] En d'autres termes, il ne s'agit pas de s'intéresser uniquement à la vie que mène l'individu telle que l'on peut en pratique l'observer, mais bien de repérer, en amont de ce mode de vie particulier, l'éventail plus ou moins large des modes de vie[24] auxquels il a pu vraiment avoir accès.

C'est donc la définition même de la notion de capacité qui donne au pragmatisme de Sen son caractère volontariste, puisque l'injustice peut alors être définie comme un manque de « capacité », qu'il s'agit de supprimer ou de compenser, lorsque l'individu n'a pas vraiment eu le choix de son mode de vie. Le volontarisme pouvant se définir comme l'attitude visant à soumettre le réel à la volonté, la lutte contre l'injustice implique donc très souvent une intervention publique, sans que cette intervention ne nécessite pour autant un consensus préalable sur la nature d'un « arrangement juste » à mettre en place ; il s'agit seulement d'élargir la capacité des individus concernés par l'injustice et d'améliorer ainsi leur sort, ce qui est tout à fait conforme au caractère graduel du comparatisme senien.

Cependant, cette lutte contre l'injustice repose aussi sur une conception de la liberté de choisir réellement son mode de vie qui est bien plus ambitieuse que la liberté négative (comme absence de coercition) dont relève, par exemple, la conception hayékienne de la liberté : les règles de juste conduite ont aussi pour but de rendre possibles les objectifs des individus ; mais, si ceux-ci ne parviennent pas à les atteindre, il n'y a pas pour autant matière à injustice qu'il conviendrait de corriger. Tel n'est pas le cas chez Sen, où la notion de capacité va alors nécessiter, pour appliquer la démarche

24. La « capacité » (*capability*) peut donc se définir comme un éventail de modes de vie, eux-mêmes composés d'une combinaison de *functionings* élémentaires, lesquels correspondent soit à un état (par exemple, « être bien nourri »), soit à une action (par exemple, « participer à la vie sociale »).

comparatiste, un second niveau de pragmatisme qui n'est pas toujours bien discerné.

En effet, l'approche par les capacités ne s'intéresse pas seulement à ce qu'une personne parvient à réaliser et que l'on peut le plus souvent observer, mais aussi à ce qu'elle est vraiment en mesure de faire, qu'elle décide ou non de le faire, ce qui est beaucoup plus difficile à repérer : dans la plupart des cas, cela passe par un travail minutieux d'enquête. Or, après avoir ainsi défini la base informationnelle à constituer pour évaluer l'éventail des possibles et juger de la capacité des individus, Sen [2009, p. 232] reconnaît que « [son approche] ne suggère en elle-même aucune recette sur la manière d'utiliser cette information. En fait des usages différents peuvent apparaître en fonction des questions posées (par exemple selon les politiques qui concernent respectivement la pauvreté, le handicap ou la liberté culturelle) et, plus concrètement, en fonction des données disponibles et des informations à utiliser » :

• Dans l'application de l'approche par les capacités, le pragmatisme lié aux « questions posées » est aisément compatible avec la démarche comparative de Sen. Celle-ci cherche à améliorer, ici et maintenant, les opportunités ouvertes aux individus et se passe complètement d'un projet d'ensemble sur la bonne manière d'organiser la société ; dans cette perspective, il n'est même pas question que chaque politique spécifique vise uniquement l'égalité interindividuelle des capacités, sans tenir compte des autres effets de ces politiques. En d'autres termes, « la perspective des capacités souligne certes l'importance capitale de l'inégalité des capacités dans l'évaluation des disparités sociales, mais elle ne fournit par elle-même aucune recette spécifique pour l'action publique » [Sen, 2009, p. 232].

• En revanche les « données disponibles » constituent une autre source de pragmatisme « appliqué » qu'il est sans doute moins facile de justifier : pourquoi en effet lier la diversité des résultats de la démarche comparative au caractère purement contingent de la disponibilité des données ? La seule justification possible réside en fait dans le volontarisme de la démarche de Sen, dont l'approche vise à son tour un certain idéal à atteindre (reconstituer par enquête la capacité de l'individu au-delà du mode de vie directement observable) ; mais cet idéal se heurte à la difficulté, voire à l'impossibilité de collecter les informations qui seraient nécessaires. Ainsi, à ce stade ultime, le pragmatisme exacerbé (empirique ?) de la démarche comparative de Sen n'est-il sans doute que le revers de son caractère foncièrement volontariste.

Au total, de ce troisième point de comparaison entre Hayek et Sen, on retiendra que leur convergence vers un pragmatisme tout à fait assumé par l'un et l'autre ne suffit absolument pas à cerner le point d'ancrage de leur réflexion respective. Alors que, dans les débats courants, faire preuve de pragmatisme est souvent perçu comme une attitude raisonnable et recommandable face à la complexité du réel, en l'espèce cette attitude dissimule sans doute l'essentiel, à savoir les perspectives opposées – fataliste dans un cas, volontariste dans l'autre –, que deux pensées par ailleurs très pragmatiques peuvent adopter. Il est donc temps de tirer un premier bilan de la « proximité » méthodologique de l'évolutionnisme de Hayek et du comparatisme de Sen.

## 5. Conclusion : de la proximité des méthodes à l'opposition des résultats

Dans ce volet « méthodes » de la présente étude, nous nous sommes efforcé de remonter le cheminement divergent de Hayek et de Sen à l'égard de la question de la justice sociale, des conclusions bien connues de l'un et l'autre (« mirage de la justice sociale » et « identification des injustices réparables ») vers d'éventuels présupposés initiaux qui pourraient les expliquer.

Ce parcours à rebours a d'abord permis de souligner la proximité paradoxale des deux auteurs, lorsque l'un et l'autre se démarquent du contractualisme rawlsien, pour risque de dérive « constructiviste » (Hayek) ou par inutilité de l'ambition « transcendantale » (Sen). *A contrario* l'évolutionnisme hayékien et le comparatisme senien semblent encore plus proches lorsqu'ils développent, face à la complexité de la question de la justice, une argumentation puissante en faveur d'une démarche fondamentalement pragmatique[25].

Cependant, au stade intermédiaire de notre cheminement, on constate que ce pragmatisme ardemment défendu est exploité par l'un et l'autre

25. Le contractualisme rawlsien illustre à l'inverse une démarche fondamentalement non pragmatique, même si, par endroits, affleure un souci de réalisme. Par exemple, dans la « justice comme équité », la méthode de « l'équilibre réfléchi » oblige chacun à vérifier si *in fine* les principes issus de la délibération sous « voile d'ignorance » s'accordent ou non avec ses « convictions bien pesées » [Rawls, 1987, p. 46] ; mais il s'agit plus de « tester » en son for intérieur les principes de justice que de les adapter à une quelconque réalité. Par ailleurs, le « principe de différence » obéit par souci de réalisme à une logique purement fonctionnelle (tolérer les inégalités nécessaires aux incitations économiques à préserver) ; mais on a noté (cf. 3.2) qu'aux yeux de Sen cette entorse au transcendantalisme le plus pur reste tout à fait insuffisante pour modifier la nature de la théorie rawlsienne.

auteur dans deux perspectives complètement opposées mais indissociables de la variante de pragmatisme qu'ils ont retenue :

• d'une part, l'ordre social n'étant pas réductible à une organisation, l'évolutionnisme hayékien est empreint d'un fatalisme dont toutes les conséquences doivent être successivement endossées,

• d'autre part, lutter contre les injustices réparables étant plus aisé que réaliser un quelconque idéal de justice, le comparatisme senien est d'essence volontariste et rejette par principe toute forme de renoncement.

L'imbrication du pragmatisme de la démarche avec ces deux perspectives est telle qu'il paraît désormais difficile de les séparer de la variante propre à laquelle chacune est associée. Cette imbrication empêche en tout cas de considérer fatalisme et volontarisme comme de simples présupposés non justifiés par les deux auteurs, ce qui souligne selon nous la grande qualité du « débat » idéologique qu'ont mené à distance Hayek et Sen.

Ce faisant, la relative proximité des méthodes des deux auteurs s'efface devant les perspectives opposées qu'ils ont explorées et débouche sur des résultats complètement divergents. Pourtant, des matériaux communs (l'œuvre d'Adam Smith, le rôle du marché, le recours au droit), que Hayek et Sen ont utilisés de manière très singulière, en font des auteurs que l'on peut qualifier l'un et l'autre de libéraux.

À travers l'analyse de ces matériaux communs, c'est donc l'écartèlement, au sein de la pensée libérale, entre évolutionnisme et comparatisme, qui constituera la trame du second volet « résultats » de notre étude, objet de futures recherches. Par contraste avec les postures issues de ces deux démarches pragmatiques, la place du contractualisme rawlsien devra aussi y être réexaminée.

## Bibliographie[26] :

Cohen G.A. [2008], *Rescuing Justice and Equality*, Cambridge MA : Harvard University Press.

Gamel C. [1991], « L'apport de la philosophie sociale à l'économie du bien-être : une question de "procédure" ? », *Économies et Sociétés*, série Œconomia PE, n° 14, p. 57-85.

— [2000], « "Le mirage de la justice sociale" : faut-il craindre que Hayek n'ait raison ? », *Revue de philosophie économique*, n° 2, p. 87-110.

— [2007], « Que faire de "l'approche par les capacités" ? Pour une lecture "rawlsienne" de l'apport de Sen », postface du numéro spécial consacré à Sen, *Formation Emploi*, n° 98, p. 141-150.

— [2008], « Hayek et Rawls sur la justice sociale : les différences sont-elles "plus verbales que substantielles" ? », *Cahiers d'économie politique*, n° 54, p. 85-120.

Hayek F.A. [1973], *Law, Legislation and Liberty* vol. 1 *Rules and Order*, Londres : Routledge and Kegan, traduction française *Droit, législation et liberté*, tome 1 *Règles et ordres*, Paris : Puf, 1980 ; rééd. coll. « Quadrige », 1995.

— [1976], *Law, Legislation and Liberty* vol. 2 *The Mirage of Social Justice*, Londres : Rouledge and Kegan, traduction française *Droit, législation et liberté*, tome 2 *Le mirage de la justice sociale*, Paris : Puf, 1982 ; rééd. coll. « Quadrige », 1995.

— [1979], *Law, Legislation and Liberty* vol. 3 *Political Order of a Free People*, Londres : Rouledge and Kegan, traduction française *Droit, législation et liberté*, tome 3 *L'ordre politique d'un people libre*, Paris : P.U.F., 1983, rééd. coll. « Quadrige », 1995.

— [1988], *The Fatal Conceit – The Errors of Socialism*, Londres : Routledge and Kegan, traduction française *La présomption fatale – Les erreurs du socialisme*, Paris : Puf, 1993.

26. Dans le texte, les citations de Hayek et de Rawls sont empruntées à la traduction française de *Law, Legislation and Liberty* [1980, 1982, 1983] et de *A Theory of Justice* [1987] ; celles de Sen sont traduites de l'édition originale en anglais de *The Idea of Justice* [2009].

Nagel T. [2005], « The problem of global justice », *Philosophy and Public Affairs*, 33, p. 113-147.

Rawls J. [1963], « Constitutional liberty and the concept of justice » in C.J. Friedrich and J.W. Chapman (ed.) *Nomos VI: Justice*, New York : Atherton Press.

— [1971], *A Theory of Justice*, Cambridge MA : Harvard University Press, traduction française *Théorie de la justice*, Paris : Le Seuil, 1987.

— [1980], « Kantian constructivism in moral theory », *The Journal of Philosophy*, 77 (9), p. 515-572.

— [1982], « Social unity and primary goods », *in* A. Sen et B. Williams (ed.) *Utilitarianism and beyond*, Paris : Maison des Sciences de l'Homme et Cambridge : Cambridge University Press.

Sen A.K. [1980], « Equality of what? », *in* S. McMurrin (ed.) *Tanner Lectures on Human Values*, vol. 1, Cambridge : Cambridge University Press et Salt Lake City : University of Utah Press.

— [2006], « What do we want from a theory of justice? », *The Journal of Philosophy*, 103 (5), p. 215-238.

— [2009], *The Idea of Justice*, Cambridge MA : Harvard University Press ; traduction française *L'idée de justice*, Paris : Flammarion, 2010.

U.C.L.A. [1983], *Nobel Prize-winning Economist Oral History Transcript: Hayek F.A.*, Oral History Program, Los Angeles : University of California (texte disponible sur archive.org).

# INTENTIONAL APPLE-CHOICE BEHAVIORS: WHEN AMARTYA SEN MEETS JOHN SEARLE

*Dorian Jullien*[1]

This paper suggests that Amartya Sen's conception of rationality could benefit from insights borrowed to John Searle's philosophy of mind. More precisely I argue that the work of Searle on intentionality provides a relevant conceptual apparatus to strengthen Sen's conceptualization of context-dependent preferences in a way that suggests further analytical contributions to the latter's line of research. The arguments developed in the paper are relevant for three interrelated issues on economic rationality that are currently discussed in economic methodology: (1) methodological dualism and intentionalitic explanations in economics, (2) the relationships between economics and philosophy, and (3) the recent rise of behavioral economics within the mainstream of economic theory.

***Choix de pommes et comportements intentionnels : lorsque Amartya Sen rencontre John Dewey***

*L'article suggère que certaines dimensions de la conception de la rationalité économique développée par Amartya Sen peuvent se consolider au travers de la philosophie de l'esprit de John Searle. Plus précisément, la théorie searlienne de l'intentionnalité fournit un appareil conceptuel pertinent pour renforcer la conceptualisation senienne des préférences dépendantes du contexte. Les arguments développés ici concernent trois problèmes contemporains qui sont interconnectés autour de la rationalité économique et discutés en méthodologie de l'économie : (1) le dualisme méthodologique et les explications intentionnalistes en économie, (2) les relations entre économie et philosophie, et (3) l'émergence récente de l'économie comportementale dans le 'mainstream' de la théorie économique.*

**Keywords:** rationality, intentionality, preferences, context-dependency, Amartya Sen, John Searle.

**Mots clefs :** rationalité, intentionnalité, préférences, dépendance du contexte, Amartya Sen, John Searle.

**JEL classification:** B00, B40, B41, B49

1. GREDEG, Université de Nice Sophia-Antipolis, dorian.jullien@gredeg.cnrs.fr.
I thank Richard Arena, Rosa Volpe, Lauren Larrouy, Cyril Hédoin, John Davis, and especially Danielle Zwarthoed for their helpful comments. All potential blunders are of course under my own responsibility.

## Introduction

Amartya Sen has been an important actor of the last four decades in articulating the relationships between economics and philosophy in a constructive manner. One line of research in Sen's approach to economic rationality consists in conceptual and formal inquiry into the context-dependency of preference relations [Sen 2002a; 2002f]; and his work in ethics, moral and political philosophy has explicitly influenced his contributions on context-dependent preferences. In this paper, I suggest that the Senian line of research on the context-dependency of preference relations could benefit from insights borrowed to the philosophy of mind. I argue that John Searle's philosophy of mind (1983, 1992) provides a relevant conceptual apparatus to strengthen the foundations of Senian context-dependent preferences, and to suggest further analytical contributions in this line of research.

More precisely, I will emphasize how the conceptual apparatus developed by Searle in his account of intentionality highlights the ontological dimension of the Senian context-dependency of preferences. Intentionality is a central concept in the philosophy of mind, where it is usually defined as "mind's directedness at objects and states of affairs, the property of some mental states (thoughts, beliefs, desires) to be about something, their 'aboutness'" [Rakova, 2006: 90]. Sen's account of context-dependent preferences is made through the use of what he calls "external references to behaviors" (developed in the first section), which, roughly speaking, consists in taking into account behaviorally unobservable features of choices in the formalization of context-dependent preferences. The central argument of this paper is that, with respect to the work of Sen [2002a; 2002f], the Searlean conceptual apparatus for intentionality provides a neat way of conceptualizing the way preferences emerge and guide rational choices through the interactions between individuals' minds and choice contexts. The development of this argument has to be understood against the background of contemporary issues discussed in economic methodology on the conception of rationality in economics (especially in microeconomics), which I will briefly sketch in this introduction.

Sen's avoidance of the topic of intentionality in his account of context-dependent preferences is mainly due to the fact that the philosophy of mind is usually considered as a separate field of inquiry from ethics, moral and political philosophy. Less separated from ethics, moral and political philosophy is the philosophy of action where discussions around the concept of *intention* are sometimes related to the topic of intentionality in the philosophy of mind.

It is understandable that Sen avoided the highly controversial discussions of intention in the philosophy of action [Setyia, 2010] to concentrate on the broader issues discussed in his work in ethics, moral and political philosophy. Nevertheless, it has to be noted that the lack of discussion of intentionality in the work of Sen is representative of the state of affairs in economics, as has been pointed out by several contributions in economic methodology.[2] Some of these contributions have already discussed the potential relevance (and limits) of John Searle's philosophy of mind for economics or subfields and schools of thought in economics.[3] Other methodological contributions have already stressed the relevance of Searle's philosophy for the work of Sen.[4] Taken together, these contributions tackle three central and interconnected methodological issues concerning the conception of rationality in economics: (1) methodological dualism and intentionalistic explanations in the social sciences (i.e., how the methodology of social sciences ought to depart from the methodology of natural sciences due to the specificity of human actions), (2) the relationships between economics and philosophy, and (3) the recent rise of behavioral economics within the mainstream of economic theory. A very enlightening discussion of these points is made by Matthias Klaes [2008]. As he puts it:

> "Empirical studies may explain choice behavior in various proportions of individual and social framing effects. This by itself will do little however to advance a conceptual understanding of bounded rationality. A convincing theory of bounded rationality will have to confront the issue head on. Methodologically, this requires engagement with the thorny issue of human intentionality. … Yet, given that rational choice theory traditionally conceived does not necessarily purport to be a psychological theory, it seems more than apt to pursue the bounded rationality theme into philosophical debates on practical reasoning." [Klaes, 2008: 217, 219]

2. See Wade Hands [2001:66-69;142-143; and esp. 334-341] and John Davis [2003: 94-96] for insightful appraisals of these contributions, and of the problem of intentionality in economics, economic methodology and philosophy more generally.

3. See, among others (*i.e.*, excluding papers that focuses exclusively on the relevance of Searle's philosophy of society for economics), the 2002 special issue of the *Journal of Economic Methodology* on the philosophy of Searle [Boehm, 2002; Runde, 2002; Faulkner, 2002; Viskovatoff, 2002; Boettke and Subrick, 2002, Horwitz, 2002], some of the papers in the 2003 special issue of the *American Journal of Economics and Sociology* on the philosophy of Searle [Viskovatoff, 2003; Schmid, 2003] and the review of the issue [Faulkner, 2005], together with the (very insightful) paper by Mathias Klaes [2008].

4. Nuno Martins [2009]) develops Sen's implicit social ontology through Searle's philosophy of society, and Cyril Hédoin [2013] develops Sen's criticisms of the standard conception of rationality in economics through Searle's [2001] criticisms of the standard conception of rationality in philosophy and the social sciences.

This paper is structured in two sections, in which the arguments discussed are *indirectly* relevant to these methodological issues. A first section discusses the role of Sen's formalization of context-dependent preferences in his broader conception of rationality developed through cross-disciplinary discussions between economics and philosophy. There, I propose an 'apple-choice behaviors' thought experiment inspired by Sen to illustrate the conceptual apparatus of his formalization of context-dependent preferences, and I discuss the reasons and drawbacks of the lack of discussions with the philosophy of mind in his framework. A second section illustrates how Searle's conceptual apparatus for intentionality can strengthen the Senian account of context-dependent preferences; I do so by means of applying Searle's conceptual apparatus to some parts of the thought experiment of the first section. A conclusion summarizes the main points of the argument, and discusses more *directly* their relevance for the methodological issues (1), (2) and (3) discussed in this introduction.

## 1. Comprehensive descriptions and external references to behaviors in Sen's formalization of context-dependent preferences

### 1.1. Economics and Philosophy in the work of Sen on rationality

The criticisms Sen has addressed to the standard conception of rationality in economics target both the *a priori* impositions of *internal consistency of choice* conditions on choice-functions in revealed preference theories and the broadening of *self-interested motives* in preference-based utility functions. Sen has pointed out that both approaches are in fact intertwined around the notion of utility so that the interpretations of choice behaviors in economics amount "to get an empirical rabbit out of a definitional hat" [2002b: 27]. For Sen, the conception of rationality as internal consistency of choice makes no sense without any external reference to behavior because, without such external reference, it implicitly underlies that rational agents only act self-interestedly, which is a psychological motive that the consistency of choice approach sought to eradicate (see esp. Sen [1973; 1987; 2002b]). In normative economics, where rationality is understood in terms of choices that are equated with welfare maximization, the intertwinement of consistency of choice with self-interest poses rather dangerous problems: not only it biases *observations* of actual behaviors as all being guided solely by the pursuit of individual welfare maximization, but it also biases normative policy *recommendations* by interpreting welfare criteria such as Pareto optimality as being attainable only through self-interested behavior (see esp. Sen [1987]).

The burden of responsibility for this state of affairs is, Sen argues, carried by both (1) the lack of analytical clarity on the relationships between the concept of preference and the concepts of choice, utility maximization, motive and welfare, and (2) the relationships between what he calls the "direct" and the "indirect" purposes of rational choice theory (RCT) in economics [Sen, 1987: 11–12]. On Sen's account, the current state of affairs is that the direct purpose of RCT is used for characterizing *the substance of rationality* (i.e., the constraints for a choice to be rational, such as consistency conditions or self-interest maximization): it should help us to "think and act wisely and judiciously, rather than stupidly or impulsively" [Sen, 2002b: 42]. The indirect purpose of RCT is to *describe and predict actual behavior*, by first characterizing the substance of rationality (i.e., the direct purpose), "and *then* assuming that actual behavior will coincide with rational behavior" [Sen, 2007: 20–21]. He observes that, in economics, "[t]he two uses – directly normative and indirectly predictive – are closely linked. Indeed, the latter is basically parasitic on the former, but not vice versa." [Sen, 2002b: 43]

Sen departs from this view by turning it upside down so to speak: he develops the normative direct purpose of RCT from its positive indirect purpose. In other words, he theorizes the substance of rationality with insights obtained from actual behaviors. He does so through interdisciplinary exchanges with ethics, moral and political philosophy, to provide insights on the plurality of motives underlying individual choices and on alternative welfare criteria (see esp. Runciman and Sen [1965]; Sen [1974; 1987]).[5] This research strategy led Sen to criticize the traditional positive/normative dichotomy in economics. He argues that an explicit account of the value judgments that are at play in actual individual decision making could not only improve normative economics regarding welfare criteria, but also improve the substance of rationality in positive economics. His position in economics has been conjointly developed with respect to the broader philosophical problem of the fact/value dichotomy by himself and other philosophers (see Putnam [2002], Sen [2005], and the volume edited by Putnam and Walsh [2012]). Roughly speaking, Sen takes the following methodological stance in ethics, political and moral philosophy: he retains the need of

5. Though the theorizing from actual behavior to the substance of rationality is also, to some extent, the research strategy in standard decision theory (on this, see Guala [2000], Starmer [2005], Jallais and Pradier [2005], Mongin [2009]), the interdisciplinary exchanges with ethics, moral and political philosophy are proper to Sen and his followers.

public reasoning (or public deliberation) emphasized by Rawls and other transcendental approaches to justice, but rejects their methodological use of a priori concepts such as the veil of ignorance, for a more comparative and empirically grounded approach to justice [Sen, 1980; 2006; 2009].[6] Of importance here is the intrinsically social dimension it gives to his approach: ethical and moral norms of behavior are to be found 'out there' so to speak, by scrutinizing the "*triple* entanglement: of fact, convention and value" [Sen, 2005: 112] in society to provide relevant information for understanding these norms, and, by implication, human rationality.[7]

## 1.2. Context-dependency of preferences in the work of Sen

Sen's work in ethics, moral and political philosophy provides him the material for formal and axiomatic contributions to the direct purpose of RCT in economics to fight against "[t]he authoritarianism of some context-independent axioms" [Sen, 2002b: 6] of preferences underlying both the rationalization of choice functions and the enlightening of self-interest in the maximization of utility function. One line of conceptual contribution developed by Sen consists in analytical inquiries into the nature of *external references* to behaviors that can rationalize choice behaviors which contradict either the most basic internal consistency of choice conditions or the broadest 'enlightenment' of self-interest maximization.[8]

I would like to emphasize a key methodological element in this line of contributions, namely: the "*'comprehensive' description* of choice processes and outcomes" [Sen, 2002f: 159; my emphasis] from which Sen derives formal and conceptual contributions to RCT. These contributions start from the premise that *preferences* underlying choices "over *comprehensive* outcomes (including the choice process) have to be distinguished from the conditional preferences over *culmination* outcomes *given* the acts of choice" [Sen,

6. However, see Ragip Ege, Herrade Igersheim and Charlotte Le Chapelin [2012] for a thorough assessment of Sen's position between transcendental and comparative theories of Justice.

7. Developing the direct purpose of RCT from its indirect purpose also characterizes the postwar developments of economics-oriented decision theory (see Guala [2000], Starmer [2005], Jallais and Pradier [2005], Mongin [2009]), but the development of the direct purpose from its indirect purpose through cross-disciplinary discussions with ethics, moral and political philosophy is proper to Sen's research strategy in economics.

8. See Sen [2002a; 2002b; 2002c; 2002e; 2002f], and the references therein for the characterizations of these context-independent axioms, basic internal consistency conditions and broadenings of self-interested motives. Sen does not deny the existence of rationally self-interested behaviors in some economic contexts (on this, see Sen [1984]).

2002f: 159], where culmination outcomes basically refer to the standard consequentialist view of the relationships between preferences, choices and outcomes (i.e., either chosen outcomes are identified with preferences or preferred outcomes are identified with choices). Comprehensive outcomes and comprehensive choice processes are descriptions of choice behaviors violating the prima facie reasonableness of either the weakest internal consistency of choice conditions or the broadest 'enlightened' self-interest maximization. It is from these descriptions that external references to behaviors that rationalize choice behaviors are extracted and formalized.

To illustrate the comprehensive description of choice processes and outcomes, let's start by considering the following thought experiment (that is inspired by comprehensive descriptions given by Sen [2002a; 2002f] and extended in order to illustrate more of his conceptual apparatus at once in the analysis that follows):

> Imagine a fictional character named Mike, who is at a dinner guest party where there is a plate that, once, was full of apples. At one point, Mike feels like eating an apple. When Mike reaches for the plate there is only one remaining apple so that he has the choice between 'taking the last' apple and 'taking nothing'. Mike knows for a fact that (*a*) if there had been two apples he would have picked one, as he in fact did the day before at the same kind of dinner guest party facing the exact same choice situation but with one extra apple in the plate, or that (*b*) if someone else, say, the host, handled him the last apple, he would have accepted the offer, as it also indeed happened the day before, after Mike ate his first apple. But because (*c*) there is just one apple left and that nobody handles it to him, he *prefers* to take nothing. Just as he reached this decision, the drunkest guest of the party sees that Mike is fixing the last apple, understands what is going on in Mike's head, approaches Mike and (*d*) jokingly yells across the room "to hell with good manners" while handling the last apple to Mike: ashamed, Mike declines the offer and responds by pretending that he was absolutely not thinking about that.

In this story, Mike faces four choice situations (*a*) two apples in a plate, (*b*) the last apple handled by the host, (*c*) the last apple in a plate, and (*d*) the last apple handled by the yelling drunkest guest. If we give up on the comprehensive description, the culmination outcomes collapse into the two choice menus: {'apple'; 'apple'; 'nothing'} for situation *a*, and {'apple'; 'nothing'} for situations *b*, *c* and *d*. According to internal consistency of choice approaches to revealed preference, Mike's choice behavior is consistent (hence Mike is rational) between situations *a* and *b*, and between situations *c* and *d*, but Mike's choice behavior is generally inconsistent (hence Mike is irrational) across the four situations: his revealed preferences violate every weak internal consistency of choice condition referenced by Sen [2002a; 2002f]. But all the same, given the comprehensive description Mike cannot be deemed irrational since there are reasons to explain his choice behavior in every situations. The variety and multiplicity of such reasons can be very wide. Sen [2002a; 2002f] considers non-exhaustive lists of non-mutually exclusive reasons, which can be separated into two broad groups. On the one hand, there can be reasons that imply an external reference to behaviors related to the identity of the chooser [Sen, 2002f: 161–162):

(1) "*Reputation and indirect effects*": *e.g.*, Mike wants to have an 'apple lover' reputation in situation *a*, a 'good guest' reputation in situation *b*, to avoid an 'apple grabber' reputation in situation *c*, to avoid being associated with the drunkest guest and/or the reputation of being a person that cares too much about other people judgments in situation *d*.
(2) "*Social commitment and moral imperatives*": *e.g.*, Mike could have an implicit or explicit self-imposed ethics of never taking *himself* the last apple whatsoever in situation *c*.
(3) "*Direct welfare effects*": *e.g.*, Mike might genuinely enjoy the eating of an apple in situations *a* and *b*, and by sympathy, also genuinely enjoy that someone else will benefit from the last apple in situations *a* and *c*.
(4) "*Conventional rule following*": *e.g.*, Mike is following rules of 'proper dinner guest party behavior' in situation *a*, *b*, *c* and *d*.

On the other hand, there can be reasons that imply an external reference to behaviors related to the nature of the choice menus [Sen, 2002a: 130–131]:

(5) "*Positional choice*": e.g., the culmination outcome 'apple' is comprehensively not the same when there is another 'apple' and 'nothing' in the choice menu, i.e., it is 'another apple' in situation *a*, as when there is just 'nothing' in the choice menu, i.e., it is 'the last apple' in situations *b*, *c*, and *d*.
(6) "*Epistemic value of the menu*": where one extra option in a choice menu brings information about the situation, including extra information about the other options of the menu. This type of reason does not fit our story very well; Sen usually illustrate these by the example of a person who "given the choice between having tea at a distant acquaintance's home (*x*), and not going there (*y*) […] chooses to have tea (*x*), [but] nevertheless choose to go away (*y*), if offered – by

that acquaintance – a choice over having tea ($x$) going away ($y$), and having some cocaine ($z$). The menu offered may provide information about the situation" [Sen, 2002a: 130–131].
(7) "*Freedom to reject*": when a choice is made not for the sake of the chosen culmination outcome, but rather for the sake of comprehensively rejecting the other outcomes of the choice menu. This type of reason also does not fit out story very well; Sen [ibid.] illustrates this as follow: "The point of fasting in the form of not eating ($y$), given the possibility of eating well ($z$), may become less clear when the only alternative is to be partly famished anyway ($x$)."

According to Sen [2002f: 162–163], in economics, rationalization of choice behaviors by (1) are typical of the formalization of self-interest maximization, which can also rationalize by (3) when interdependent preferences are taken into account in utility functions; while existing formalization in evolutionary game theory can rationalize by (4). But none of these approaches can rationalize by (2) or by mixtures of all of these reasons while keeping analytical tractability. It is also important to notice that rationalizations by (5), (6) and (7) of a choice function cannot be made through a redefinition of consistency conditions that would index outcomes on their respective choice sets because that would render these conditions "vacuous" since

> "[consistency conditions] have cutting power only when "the same" alternative can be picked from *different* sets – precisely what is ruled out by this recharacterization." [Sen 2002f: 170]

In order to get some form of parsimonious analytical tractability concerning these different types of external references to behaviors Sen has proposed the formalization of "parametric dependence" of preferences on the chooser (e.g., Mike, the host or the drunkest guest), on the menu (e.g., one or two apples), and on their interactions [2002f: 167–168[9]] by indexing *preference relations* (not the options in the menus) on two parameters (identity of the chooser, and choice sets). He has also discussed broader cases of "background dependency" of preferences where preference relations are indexed on a set which may or may not intercept with the set of choice menus [Sen, 2002d (1992)]. This latter type of formalization has been,

9. See also, in the same paper, the related theorems he derived from this formalization on the relationships between menu independence of preference and menu independence of choice function (the former entails the latter but not vice-versa, Theorem 3.1), the possibility of maximization but not optimization with menu dependent preferences (Theorem 5.6), and his axiomatization of self-imposed constraints (of the form of reason (2) above, Theorem 6.1).

however, much less investigated by Sen as compared to the two (chooser and menu dependencies) former ones.

### 1.3. Economics and Philosophy in the work of Sen on context-dependent preferences

It is important to stress that, for Sen, the parametric dependence of preferences on external reference to behaviors are guided by the epistemological goal of broadening the mathematical discipline of maximization for economics, where it "has often paralleled the modeling of maximization in physics and related discipline," [Sen, 2002f: 159] in which:

> "[S]ince no volitional choice is involved (we presume) ... maximization typically occurs without a deliberate "maximizer." ... But maximizing *behavior* differs from nonvolitional *maximization* because of the fundamental relevance of the choice act, which has to be placed in a central position in analyzing maximizing behavior." [Ibid.]

Furthermore, Sen's formal apparatus for comprehensive maximization in economics (partly) illustrated here is codependent both with his work in normative economics where he draws policy recommendations from this apparatus and with his work in ethics, moral and political philosophy, where the substance of *reasons* and their consistency for choices is much more discussed than it is in his work in economics. Sen labels his broad conception of rationality "reasoned scrutiny" [2002b; 2009] which imposes only non-formal constraints on choices to be considered as rational. These constraints are, roughly speaking, that the reasons (including among others (1)-(7) above) individuals hold for their choices (a) have to survive thorough *reflexive* scrutiny from the individuals themselves [Sen, 2002b], and (b) are able to enter reasoned public scrutiny, not necessarily for being universally adopted, but at least for being reasonably discussed [Sen, 2009].

The Senian literature on external reference brings undeniable contributions to our analytical and epistemological understanding of rational choices and the related practical implications. When, four decades ago, Sen started to urge economists to broaden the scope of information relevant to the theorizing of individual rationality beyond choices, he claimed that the behaviorist stance of RCT has "on one hand, ... overstate[d] the difficulties of introspection ... and on the other, ... underestimate[d] the problems of studying preferences." [Sen, 1973: 258] The developing literature on the axiomatics of external reference to behaviors is a manifestation that Sen's concerns on the study of preferences have been taken seriously (see the referenced literature in Bossert and Suzumura [2011], and in Bhattacharyya et. al. [2011]). Sen's use of introspection in his thought experiments has been an important methodological aspect of his critical work on rationality to attack economists' dogmatism on the avoidance of "the peep into the head of the consumer." [Sen, 1973: 243]

The next section tries to make further developments to Sen's peep into individuals' heads, by illustrating how an interdisciplinary discussion between the Senian literature on external references to behavior and John Searle's philosophy of mind, especially his account of intentionality, provides an *ontological* understanding of what is going on in individuals' heads that corresponds to these external references to behaviors, which, in turn, suggests further insights for *analytical* and *epistemological* contributions to this literature.

## 2. The Intentionality of Sen's external references developed from John Searle's philosophy of mind

### 2.1. Epistemology and ontology, subjectivity and objectivity

A crucial point in Searle's philosophy of mind is his articulation of the relationships between epistemology, ontology, objectivity and subjectivity. He often stresses that usually, in analytic philosophy, the notions of "objectivity" and "subjectivity" are solely used in their epistemological senses:

> "We often speak of judgments as being "subjective" when we mean that their truth or falsity is not a simple matter of fact, but depends on certain attitudes, feelings, and points of view of the makers and the hearers of the judgment. An example of such a judgment might be "Van Gogh is a better artist than Matisse". In this sense of "subjectivity", we contrast such subjective judgments with completely objective judgments, such as "Matisse lived in Nice during the year 1917." For such objective judgments, we can ascertain what sorts of facts in the world make them true or false independent of anybody's attitudes or feelings about them." [Searle, 1992: 94]

This traditional sense of the distinction between objectivity and subjectivity is purely epistemological, and "the third-person character of the epistemology should not blind us to the fact that the actual ontology of mental states is a first-person ontology" [Searle, 1992: 16]. To be clear, on

Searle's account, the (traditional) epistemological sense of the (traditional) distinction between objectivity and subjectivity concerns the *status of claims* about features of the world: if they have truth conditions which are *only* matters of *objective* judgments in that they refer to facts of the world, they are epistemologically objective claims, if their truth conditions *also* refers to "attitudes, feelings and points of view of the makers and the hearer of the judgment" they are epistemologically subjective claims.

For Searle, besides the epistemological sense of the distinction (which he accepts), it is important to be clear on the *ontological sense* of the distinction between objectivity and subjectivity, which lies on the *mode of existence* of features of the world. *Ontologically* ***objective*** features of the world have an existence that is *independent* of human beings' thoughts and actions: trees, mountains, oceans, planets, apples and humans physical bodies;

> "[a]ll of these are *observer independent* in the sense that their existence does not depend on human attitudes." [Searle, 2004: 4; my emphasis.]

*Ontologically* ***subjective*** features of the world have an existence that is *dependent* on human beings' thoughts and actions: (un)conscious / mental / intentional states, words, dinner guest parties, unicorns,

> "[m]oney, property, government, football games, and cocktail parties are what they are, in large part, because that's what we think they are. All of these are *observer relative* or *observer dependent.*" [Ibid., my emphasis.]

The key point here is that ontologically subjective features of the world can be studied from an epistemologically objective point of view. In other words, it is an epistemologically objective *fact* that there are such things as intentional states, words, dinner guest parties, and individuals engaging in introspective deliberations to undertake rational actions.

A first step in the clarification of the ontological structure of Sen's conceptual apparatus is that chooser-dependency of preferences will usually make external references to features of the world that are ontologically subjective, from which further ontologically subjective reasons can be derived, e.g., the host's identity at a dinner guest party is defined by a set of observer-dependent social and institutional rules, from which Mike can derive his reasons for his choices. Menu-dependency of preferences will, for their parts, usually make external references to features of the world that are ontologically objective from which ontologically subjective reasons can be derived, e.g., it is an observer-independent fact that there is one apple in a plate, from which Mike can derive an ontologically subjective reason for not taking the last apple from the plate.

I said 'usually' in the previous paragraph because there can be cases of chooser-dependency of preferences that make external references to ontologically objective features related to the physical position of the chooser (Mike can see a worm in one apple from one perspective and not from another one, and subsequently derive different reasons for not picking or picking the apple). Similarly, there can be cases of menu-dependency of preferences that makes external references to ontologically subjective features of the world related to the social constitution of the menus (if Mike has to fill out a form for choosing or not choosing an apple, the way the form is presented and written is an ontologically subjective feature of the world). However, these cases are epistemologically ruled out in the Senian literature on external references to behaviors (where the physical position of the chooser and the social constitution of the menus are not considered as relevant choice information) and in economics (where the identity of the chooser *along with* his physical position and the relative contents of intercepting menus *along with* their social constitutions are not considered as relevant choice information).

The interplay between objectivity and subjectivity is also an important point for Sen in his philosophical writings on "positional objectivity" – from which the parametric dependence of preferences is inspired – where he claims that:

> "[E]xcluding special mental tendencies ...would go against the general approach of seeing objectivity in positional terms ..., it might well be useful to see a phenomenon that has clearly subjective features as being also positionally objective ...since this would then help us to focus on causal links that have important explanatory roles." [Sen, 2002g: 475]

Although he also claims that

> "subjectivity and positional objectivity do, in general, remain different; the possibility of overlap does not undermine this basic distinction." [Ibid.]

Hence, both the Senian literature on external reference to behaviors and Searle's philosophy of mind aim at giving epistemologically objective accounts of ontologically subjective features of the world. I claim that the "causal links that have important explanatory roles" that Sen is speculating about can be developed through Searle's account of intentionality, in a way that clarifies the overlapping between objectivity and subjectivity in the Senian accounts of context-dependent preferences, and in the way that suggests what epistemologically objective constraints could be put on rationality to complement Sen's requirements of reasoned self-scrutiny.[10]

## 2.2.The intentionality of apple-choice behaviors

Searle's account of intentionality sticks with the traditional distinction between: on the one hand, cognitive intentional states, such as beliefs, that are the basis of theoretical reason (or 'pure reason' in Kantian terms) dealing with the question 'How do we know? (and what can we know?)'; and on the other hand, volitional intentional states, such as desires and preferences, that are at the basis of practical reason which deals with the question 'How do we act?'. Searle's account of intentionality provides a conceptual apparatus which explains the nature of different intentional states and the relationships among them. It is perhaps more convenient for the reader to have the following table from start, which contains a (non-exhaustive) taxonomy of intentional states and some important Searlean concepts that will be presented and illustrated.

10. It has to be noted that in the few instances where Sen talks about intentionality, he argues against the relevance of this notion, as for example, when he discusses the rationalizing power of the epistemic value of menus: "[I]t can certainly be argued that in the "intentional" (as opposed to "extensional") sense the alternative *x* is no longer the same. But an "intentional" definition of alternatives would be, in general, quite hopeless in invoking inter-menu consistency, especially when [...] the intentional characterization changes precisely with the alternatives available for choice (i.e., with the menus offered)." [Sen, 2002a: 131] But it seems that, here, Sen is confusing the mental sense of "intentional" as used in the philosophy of mind with the linguistic and logical senses of "intensional" as used in the philosophy of language and in logic (see Moscati [2012] for an epistemological discussion of the role of extensionality in mathematical economics). As Searle puts it: "You will not understand the current philosophical literature on intentionality unless you see the difference between intentionality-with-a-t and intensionality-with-an-s. These are often confused, even by professional philosophers. Intentionality-with-a-t ...is that property of the mind by which it is directed at or about or of objects and states of affairs in the world independent of itself. Intensionality-with-an-s is opposed to extensionality. It is a property of certain sentences, statements, and other linguistic entities by which they fail to meet certain tests for extensionality. The connection between the two is that many sentences about intentional-with-a-t states are intensional-with-an-s sentences." [2004: 172-174]

| | COGNITION | | | VOLITION | | |
|---|---|---|---|---|---|---|
| | Perception | Memory | Belief | Intention in Action | Prior Intention | Desire |
| Causal Self-Reference | YES | YES | NO | YES | YES | NO |
| Direction of Fit | ↓ | ↓ | ↓ | ↑ | ↑ | ↑ |
| Direction of Causation | ↑ | ↑ | None | ↓ | ↓ | None |

Source: Searle [2004: 120]

Let's first notice that standard approaches in the philosophy of action, as well as the implicit account of intentionality in RCT and economics (along with the Senian literature on external references) take beliefs (probabilistic or perfect knowledge of outcomes) and desires (given or construed preferences relations on outcomes) to be the basic explanatory mental states for rational actions and decisions: usually, beliefs and desires combine to form an intention for an action. However, in Searle's account:

> "Beliefs and desires are not the primary forms, rather they are etiolated forms of more primordial experiences in perceiving and doing. Intention, for example, is not a fancy form of desire; it would be more accurate to think of desire as a faded form of intention, intention with the Intentional causation bleached out." [Searle, 1983: 36]

In other words, the major departure from Searle lies on the fact he turns the traditional explanatory scheme upside down so to speak, by considering, more basic, biological, intentional states such as perception and intention as playing a key role in the explanation of beliefs, desires and actions. Therefore, in what follows I will emphasize the contrasts between the Searlean explanatory roles of beliefs / desires and perceptions / intentions since, one could argue, it is there that lies the major implications for the use of RCT in economics including the Senian literature on external references to behaviors.

The starting point of the Searlean conceptual apparatus for Intentionality is the conceptualization of *intentional states* as being composed of two parts: on the one hand, their *psychological mode* (e.g., perception, belief, intention, desires etc.), and, on the other hand, their *intentional contents* (e.g., apples in a plate, taking an apple, eating an apple, etc.). The distinction is important because it is possible to be in the same psychological mode but with different intentional contents, and hence be in different intentional states (e.g., perceiving or believing or desiring *that* there are apples in a plate).

Then, the directedness of intentional states, on Searle's account, hinges on the two ways they can relate to the world, or, in his terms, intentional states' *directions of fit*. On the one hand, intentional states such as believing and perceiving have an intentional content in the mind of the individual that is supposed to fit how the world is (e.g., there are apples in a plate): they have a *mind-to-world* direction of fit that Searle symbolizes with a downward arrow ↓. On the other hand, intentional states such as intending and desiring have to make the world change so that the world fits the intentional content that the individual has in mind (*e.g.* taking an apple): they have a *world-to-mind* direction of fit that Searle symbolizes with an upward arrow ↑.[11] Then, Searle conceptualizes the conditions which make the direction of fit of an intentional state actually fit (or fail to fit) either the world or the mind in terms of *conditions of satisfactions*, which are determined by the intentional contents.

We can illustrate the conceptual apparatus exposed so far by making explicit the belief and desire implicit in the examples discussed in the previous section using Searle's formalization of intentional states *S*(*p*), where *S* stands for different psychological modes, and *p* stands for their respective *propositional contents* which represent the intentional contents and their conditions of satisfactions.[12] When Mike is believing (*S*) that 'there is one apple in the plate' (*p*), what makes the belief true (in his mind) is represented by the condition of satisfaction of this belief, namely that 'there is one apple in the plate' (in the world): his belief has a mind-to-world ↓ direction of fit, it can be satisfied only if it fits the world (i.e., what is in the ontologically objective plate), and his belief remains false if it does not (ontologically subjectively) change to fit the world. But when Mike is desiring (*S*) that 'there are two apples in a plate' (*p*), what makes the desire fulfilled (in the world) is represented by the condition of satisfaction of this desire, namely that 'there are two apples in the plate' (in his mind): his desire has a world-

11. Two non-central points are worthy to mention regarding the concept of direction of fit. Firstly, there are intentional states that have a null or a presupposed direction of fit, e.g., "if I am sorry that I stepped on your foot, or I am glad that the sun is shining, I take it for granted that I stepped on your foot and that the sun is shining … . [These intentional states] "presuppose" a fitting relation rather than assert it or try to bring it about" [Searle, 2004: 118]. Secondly, "[s]ince fitting is a symmetrical relationship it might seem puzzling that there can be different *directions* of fit. If *a* fits *b*, *b* fits a. Perhaps it will alleviate this worry to consider an uncontroversial nonlinguistic case: If Cinderella goes into a shoe store to buy a new pair of shoes, she takes her foot size as given and seeks shoes to fit (shoe-to-foot direction of fit). But when the prince seeks the owner of the shoe, he takes the shoe as given and seeks a foot to fit the shoe (foot-to-shoe direction of fit)." [Searle, 1983: 8, fn.2]

12. It is important to be clear that, though this analysis of Intentionality is partly made by the use of propositional content: "Language is derived from Intentionality and not conversely."[(Searle, 1983: 5]

to-mind direction of fit ↑, it can be satisfied only if the world fits the desire (i.e., what is ontologically subjectively in his mind), and his desire remains unfulfilled if the world does not (ontologically objectively) change to fit his desire. Under this account, beliefs and desires have conditions of satisfactions *represented* by their intentional contents.

Here,

> "the notion of representation ...is just a shorthand for a constellation of independently motivated notions such as conditions of satisfaction, Intentional content, direction of fit, etc. ... [s]tates such as belief or desire need not be conscious states [... since] a person can have a belief [e.g., that the earth is round] or a desire [e.g., to finish his ph.D dissertation] when he is not thinking about it and he can be truly said to have such states even when asleep." [Searle, 1983: 45; examples added.]

Moreover,

> "since all representation – whether done by the mind, language, pictures or anything else – is *always* under certain aspects and not others, the conditions of satisfaction are represented under certain aspects" [Searle, 1983: 13].

This means that Mike's beliefs and desires have certain aspectual shapes that are not entirely captured by their propositional contents. Parts of these aspectual shapes could be made explicit by adding such precisions as 'real apples as fruits and not as the decorative ones made out of plastic, etc.,' but it is impossible to give an exhaustive explicit account of their aspectual shapes in their propositional contents. Furthermore, beliefs and desires can be about ontologically subjective objects that do not have any ontologically objective existence, e.g. Mike can believe that 'rules of proper dinner guest party behavior preclude smashing apples onto a wall,' as well as he can believe that 'unicorns do not exist' and he can desire to 'follow rules of proper dinner guest party behavior' as well as he can desire that 'unicorns exist.' Hence, as shown by their far reaching aspectual shapes and referring capacities, there are few ontological constraints on the intentional contents of beliefs and desires.

According to Searle, more basic, biological, intentional states such as perceiving and intending have further constraints on their Intentionality due to their ontological specificity of being "Intentional *and causal* transaction[s] between mind and the world" [Searle, 1983: 49; my emphasis]. The causal feature of the transactions is that the direction of fit of these intentional states are caused (not just represented) by their intentional contents.

Searle translates this ontological feature *logically* by making parts of these intentional states figure themselves into their own conditions of satisfaction: in Searle's terms, basic, biological, intentional states are *causally self-referential*, they have a *direction of causation* from their conditions of satisfaction that *cause* their direction of fit to be in the opposite direction. We can illustrate this by making explicit the perception and intention implicit in our apple example. When Mike is perceiving (*S*) 'one apple in a plate *there*' (*p*), the conditions of satisfaction for his perception to be veridical (in his mind) are that: the fact that *there* (in the world) is one apple in a plate (and not something else) is causing his perceiving (in his mind) one apple in a plate *there*; his perception has a mind-to-world direction of fit ↓ (the ontologically subjective perception of the apple has to fit the ontologically objective apple in the world) which is caused by the world-to-mind direction of causation ↑ (the ontologically objective apple in the world has to cause the ontologically subjective perception of the apple) of the conditions of satisfaction (the ontologically objective existence of the apple); if something else is causing his perception of the apple, then the perception is not veridical (the conditions of satisfaction are not satisfied) whether or not there is one apple in a plate. When Mike is intending (*S*) '*the action* to pick one apple' (*p*), the conditions of satisfaction for his intention to be carried out (in the world) are that: the fact that *the action* (in his mind) to pick one apple (and not something else) is causing his intending (in the world) *the action* to pick one apple; his intention has a world-to-mind ↑ direction of fit (the way he ontologically objectively intends to change the world has to fit the ontologically subjective action he has in mind) that is caused by the mind-to-world direction of causation ↓ (the action he ontologically subjectively has in mind cause the way he intends to ontologically objectively change the world) of the condition of satisfaction (the ontologically subjective action to pick one apple); if something else is causing his intention to pick one apple, the intention is not properly carried out (the conditions of satisfaction are not satisfied) whether or not he actually undertakes the action to pick one apple.

Hence, on Searle's account, the causal self-referentiality of perceptions and intentions puts ontological constraints on their intentional contents that do not exist for beliefs and desires. To put it crudely, perception and intention are about the things they are about *because* the things they are about have, respectively, ontologically objective (apple in the world) and subjective (action in the mind) existences of which the individual is *directly* aware: there cannot be satisfied unconscious perceptions and satisfied unconscious intentions as there can be satisfied unconscious beliefs and satisfied unconscious desires on Searle's account of intentionality. To put it less crudely, the aspectual shapes of "perception[s] [are] fixed by the sheer physical features of the situation" [Searle, 1983: 50], while the aspectual shapes of intentions are fixed by the sheer mental features of the situation.

Given that, as mentioned earlier, intentions are usually taken to be combinations of desires/preferences and beliefs/perfect-or-probabilistic-knowledge-of-outcomes in economics (implicitly), in decision theory and other theories of rational actions (explicitly), I will concentrate on the justifications of their specific ontological status in Searle's account, while dropping here his parallel justifications for perceptions which are less relevant for the object of this paper.

Searle stresses that intentions have two specificities compared to beliefs and desires: (1) they are the only volitional states that are causally self-referential: "[W]hereas there are lots of states of affairs which are not believed to obtain or desired to obtain, there are no actions without intentions;" [Searle, 1983: 82] and (2) "even though an event represented in the content of my intention occurs, it isn't necessarily the satisfaction of my intention ..., it has to come about 'in the right way', and this again has no analogue for beliefs and desires" [ibid]. In the recent history of analytic philosophy of mind and analytic philosophy of action there are plenty of puzzles to the thesis that intentions are the *causes* of intentional actions, or that intentional actions can have causal explanations, which pose a great conceptual challenge for giving an account of intentions that "come about 'in the right way'". I cannot illustrate all types of such puzzles here, but the important thing to notice is that Searle claims to resolve them all by making a distinction (ontologically and logically justified) between what he calls *prior intentions* and *intentions in action*. Let's first illustrate one type of these puzzles called 'deviant' or 'wayward' causal chains, and then turn to Searle's distinction between prior intentions and intentions in action.

Basically deviant causal chains are counter examples to the thesis that intention causes actions sharing a basic logical structure: an individual has an intention to perform an action, his intention causes him to perform the action, but all the same he did not act intentionally. Consider the following 'apple-version' of a *simple* deviant causal chain (a variation on the first deviant causal chain example from Chisholm [1966]. Imagine that Mike intends to eat an apple, his intention to eat an apple is so overwhelming that he does not even pay attention to where he walks so that he stumbles and falls, head first, mouth opened, on an apple that he happens to eat. It is indeed very hard to consider that here Mike has eaten the apple intentionally. While such counterexample appears to be rather overdone at the surface, it is important to keep in mind that deviant causal chains examples are constructed for the purpose of bringing insights on, or checking specific definitions of, fundamental concepts such as intentions, actions and causations [Stout, 2010].

With that in mind, let's now turn to Searle's distinction between prior intention and intention in action: prior intentions have their whole actions represented and caused by their conditions of satisfaction in their intentional content, while intentions in action do not have this form of representational intentionality in their conditions of satisfaction, they have a *presentational* intentionality so that it is just the bodily movement and the related phenomenological experience of the action (not the whole action) that is presented and caused by their intentional contents.[13] For instance imagine that Mike, is wondering around at a dinner guest party looking for an apple to eat (prior intention), when he finds the plate of apples he picks one and eats it (intention in action); Mike is here performing an *intentional* action *because* he was looking forward to do what he did (conditions of satisfaction of the prior intention) and *because* he experienced the bodily movements of the eating of an apple (conditions of satisfaction of the intention in action). The presentational intentionality of intentions in actions does not preclude them to have direction of fit, intentional content, conditions of satisfaction and direction of causation. To illustrate, contrast the previous account of Mike's intention (which was indeed an account of his prior intention) to eat an apple given p. 18 with the following account of Mike's intention in action to eat an apple. When Mike is currently intending ($S$ = intention in action) '*his picking and his eating of* an apple' ($p$), the conditions of satisfaction for his intention in action to be carried out (in the world) are that: the experience of (in his mind) the picking and the eating of the apple (and not something else) is causing his bodily movements (in the world) to pick and eat one apple; his intention in action has a world-to-mind ↑ direction of fit (the way he is ontologically objectively changing the world has to fit the ontologically subjective experience in his mind) that is caused by the mind-to-world direction of causation ↓ (the ontologically subjective experience he has in mind is causing his bodily movement to ontologically objectively change

13. On Searle's account, the concept of presentation is just a subclass of representation and not vice versa [Searle, 1983: 46].

the world[14]) of the conditions of satisfaction (the ontologically subjective picking and eating of the apple).

The distinction between prior intention and intention in action is important because (1) there are no prior intention without an intention in action represented in their intentional contents, (2) there are plenty of intentional actions without prior intentions but (3) there are no intentional actions without intentions in action; hence intentions in actions are necessary for intentional actions in a way prior intentions are not. Moreover, the presentational form of intentionality puts constraints on the aspectual shapes of the intentional contents of intentions in action (where the experience of acting has to cause the action) that are not required by the representational forms of intentionality of prior intentions (where the representation of the action has to cause the action). However, in cases where there is a prior intention, its aspectual shape translate into the intentional content of the corresponding intention in action "by transitivity of intentional causation" [Searle, 1983: 94]; hence, in such cases, the bodily movement presented in the intention in action has to correspond to the representation of the bodily movement in the prior intention for the action to be considered as intentional on Searle's account.

We can now re-assess the deviant causal chain example by pointing out that Mike's bodily movement, in his intention in action, of eating an apple on the ground after he felt does not correspond to the representation of the bodily movement of eating an apple he had in his prior intention. Even if it would have been the case that, say, for certain religious reasons, Mike did have a prior intention representing his bodily movement of eating the apple by falling head first, mouth opened, on the apple, all the same he would not have acted intentionally since his prior intention does not represent the bodily movement of eating an apple as *stumbling and falling*; until these conditions of satisfaction are not represented in the intentional content of his prior intention, we cannot say that he acted intentionally, on Searle's account, he just tried to do so but did not succeed. In short, it is the representation or (its causally intentional transitivity to) the experienced presentation of the bodily movement of acting that has to cause the action for the intention to come about "in the right way," and hence for the action to be considered as an intentional action on Searle's account.

14. This point is maybe best understood as being what free will is about for Searle (a point that he has further developed in Searle [2001; 2007]).

We have seen so far that the distinction between, on the one hand, elaborate intentional states such as beliefs and desires, and, on the other hand, more basic intentional states such as perception and intention, lies in (1) the causal self-referentiality of the latter by virtue of which they have a direction of causation that the former do not have and (2) in the presentational form of intentionality of perception and intention in action.

The crucial point to understand the relationships between elaborate and basic mental states in Searle's account is that beliefs and desires emerge because the mind (not the brain) is a *Network* of intentional states,[15] where the conditions of satisfaction of intentional states can be mutually influenced or determined by one another. In other words, the Network connects intentional states altogether. But the Network it is part of a broader *Background*: a set of non-intentional and presentational capacities, which are "feature[s] of our *representations* of reality, and not … feature[s] of the *reality* represented" [Searle, 1992: 191–192]. There are two interconnected dimensions of the Background: a "deep" (neuro-physiological or psychological) Background that permits to account for biological/brute facts about human beings, such as eating, seeing, intending etc., and a "local" (cultural or sociological) Background that permits to account for social/institutional facts such as dinner guest parties, understanding a movie, paying for a beer and other kinds of social know-how. It is from the Background that *particular* intentional states (of the Network) can have *particular* conditions of satisfactions with *particular* aspectual shapes. For instance, Mike only perceives an apple in a plate from a certain perspective and lighting conditions because he has a nervous system including, among other things, a brain, two eyes etc. (from a physiological background); and when at a dinner guest party, he believes that there is an apple in a plate, it is because (besides his perception) he knows that apples are fruits of certain shape, form, size, and more likely not to be plastic fake ones at dinner guest parties where guests are supposed to eat, etc. (from a sociological background).

This account of Intentionality in terms of Network and Background brings an explanatory component concerning the emergence of intentional states, including elaborate ones such as beliefs and desires, which bears on the problem of the formation of preferences in economics. Let's take an example to show how Searle's conceptual apparatus for intentionality could explicit some types of relationships between Sen's chooser and menu dependencies of preference with respect to the problem of the formation of

15. Including mental states, such as emotions, which do not have any direction of fit.

preferences. Imagine that, when given a choice between a big apple and a small apple in two different situations, say, (1) at a dinner guest party, and (2) at a convivial dinner with close friends, Mike makes different choices: he chooses the smaller at the dinner guest party and the bigger at the convivial dinner with close friends.

In Searlean terms, the presentation of the two apples (in the world) is the condition of satisfaction which (by virtue of the deep, chooser-dependent, background) causes ↑ Mikes' perception ↓ of them, which provides the conditions of satisfaction (by virtue of both the social know-how contained in the local, chooser and menu dependent, Background and the Network) for the beliefs that ↓ 'there are two apples in a plate' and that 'it is appropriate to take one apple'; when this is part of Mike's Network, it can cause ↓ the conditions of satisfactions (by virtue of both the social know-how contained in the local, chooser and menu dependent, Background and the Network) for prior intentions ↑ that differ *in terms of their aspectual shapes* regarding the way by which it is appropriate to take one or the other apple. And if the intentional causal transitivity between the prior intentions and the intentions in action "bleached out" [Searle, 1983; 36], quoted at the beginning of this subsection), then the intentional content of the prior intention provides the conditions of satisfaction (by virtue of the Network) for desires ↑ "as a faded form of intention" [ibid.] that differs in terms of their aspectual shapes regarding the appropriateness of the apples in the two choice situations.

In Senian terms, this is a case where there is, at first sight, no parametric dependence of preferences on the chooser or on the menu since in both situations the choosers and the menus are identical. However, the Searlean account reveals a *slight* "chooser-dependency" in that it is not the identity of the chooser but rather his social identity which is comprehensible only by an external reference to the choice situation. This is not a real problem in Sen's framework since he has a thorough account of social identity (see Sen [2001a; 2001b; 2002c], and also Davis [2008]). Indeed the difference, in the first section, between the handling of the apple by the host and by the yelling drunkest guest, was already an account of chooser-dependency relying on social identity. Furthermore, the Searlean account also reveals a *slight* "menu-dependency" because, although both menus are identical from an ontologically objective point of view ({big apple, small apple}), they are different from an ontologically subjective point of view whereby the comprehensive difference in the aspectual shapes of appropriateness of both outcomes reversed itself in the two choice situations by virtue of the relationships between the ontologically subjective social identity of the chooser and the ontologically objective difference in the sizes of the apples.

What the Searlean account suggests here is that, beyond mere terminological identity, Sen's formalizations of "background dependency" of preferences by indexing preference relations on a set which may or may not intercept with the set of choice menus [Sen, 2002d], could become a key analytical bridge for the relationships between menu dependencies and chooser dependencies of preferences [Sen, 2002f], if the background set came to be filled by, and/or structured around, the Searlean conceptual apparatus for intentionality (with its clear cut logical relations entailed by ontological features of the underlying phenomena), illustrated in this subsection. In this way, the rationality of preference relations could be *constrained* by the (epistemologically objective) features of individuals' (ontologically subjective) intentionality underlying their (ontologically objective) choice behaviors, rather than by the theorists' (epistemologically subjective) analytical conveniences related to such or such conceptions of rationality.

## Conclusion

I have tried to make the case that John Searle's philosophy of mind can ground the intentional-hence-ontological foundations of the Senian account of context-dependent preferences in a way that suggests further analytical contributions. In the first section, I tried (1) to illustrate the Senian account of context-dependent preferences by means of an apple-choice thought experiment, and (2) to show how this account had to be understood against the backdrop of his broader conception of rationality as reasoned self-scrutiny that he has built from his interdisciplinary rethinking of the relationships between and within economics and philosophy, on the one hand, and positive and normative economics, on the other hand. In the second section, I tried to illustrate how the Searlean conceptual apparatus for intentionality (1) worked in practice on very simple minded examples derived from the apple-choice thought experiment of the first section and (2) would suggest further analytical contributions to the Senian way of formalizing context-dependent preferences by filling a background set on which preference relations would be indexed [Sen, 2002d] to account for the relationship between the indexations of (the same) preference relations on the identity of the chooser and on the choice sets [Sen, 2002f]. I agree that the economic meaning of these types of apple-choice behaviors are rather limited to say the least, and would like to emphasize, once again, that it is how the Searlean *conceptual apparatus* for intentionality *works* and how it can complement the Senian accounts of context-dependent preferences that I have sought to illustrate in this paper.[16]

Although the emphasis has been put on how the fundamental concepts of Searle's account of intentionality and intentional states (psychological mode, intentional content, direction of fit, condition of satisfaction, direction of causation, and causal self-referentiality) worked, it has to be stressed that other concepts such as aspectual shapes, on the one hand, and social and institutional facts and rules, on the other hand, are also thoroughly investigated in the work of Searle. The former is part of his account of consciousness [Searle, 1992; 1997] which (1) is currently becoming relevant in (at least some parts of) the interdisciplinary relationships between philosophy (of mind) and neurobiology [Vicari, 2009], and (2) grounds his account of intentionality. The latter is part of his accounts of speech acts [Searle, 1969; 1976; 1979] and social ontology [Searle, 1995; 2010], which are grounded in his account of intentionality. Hence, filling the Senian background set by the Searlean conceptual apparatus suggested here would not rest on the vagueness that the analyses offered in the second section may have conveyed with respect to concepts that were not at the center of the arguments, but nonetheless played an important role in the intentionalistic explanations of apple-choice behaviors.

I would like to conclude with some brief remarks concerning the arguments of the first and second sections with respect to the methodological issues discussed in introduction. In line with the motivations of the Senian conceptualization of context-dependent preferences presented in the first section, Klaes argues that "[w]hile ad-hoc rationalization of observed behavior abound, they stretch the traditional rational actor paradigm to its explanatory limits." [2008: 217] To go beyond these limits, Klaes claims that:

> "The rational actor paradigm at the core of modern economics is not usually discussed in the context of human intentionality. If it is ever put

16. I should perhaps stress that I did not seek to provide a genealogical account of the concepts used by Searle (i.e., from which philosophers and from which field of philosophy they come from) however interesting that might be. Similarly, I did not seek to investigate whether such and such dimensions of Searle's epistemological positions in such and such field of philosophy is methodologically sound for economics (most of the referenced literature in the introduction already discuss this issue). Furthermore I also did not seek to make a grand unifying bridge between economics and philosophy by discussing the broad Senian and Searlean projects (though I will briefly comment on this issue below). And also did not seek to contextualize the Searlean account of intentionality against its opponents, although, of course, he has his critics.

> into a broader perspective at all, then this is done as part of the recent literature on economic psychology that emerged from the bounded rationality literature. Yet, given that rational choice theory traditionally conceived does not necessarily purport to be a psychological theory, it seems more than apt to pursue the bounded rationality theme into philosophical *debates* on practical reasoning." [Ibid., p. 219; my emphasis.]

The issues raised by Sen concerning RCT are starting to be discussed in relations with the issues raised by behavioral economics concerning RCT (e.g., Dietrich and List [2013], Bossert and Suzumura [2010]; see also Kahneman [1994]), but no references to the underlying issue of intentionality is made in these developments. I think that the Senian literature on external references to behaviors can be seen as a step toward a serious methodological dualism in economics because of two interrelated characteristics of this approach emphasized in the first section, namely: (1) its formal and axiomatic contributions along with Sen's epistemological position on adapting the mathematical discipline of maximization for economics to account for the specificity of volitional behaviors, and (2) its embededdness within the broader rethinking of the positive/normative relationships in economics and the fact/value/convention trichotomy inspired by Sen [Putnam and Walsh, 2012]. As I see it, the philosophy of Searle completes this step towards a serious methodological dualism in economics by contributing to the Senian interdisciplinary perspective on the relationships between economics and philosophy. Searle is a particularly interesting candidate for furthering the range of philosophy in the interdisciplinarity with economics because he has always been keen on justifying the coherence (and relationships) of his positions in the fields where he has contributed (mainly in the philosophy of mind, language, action and society), and has tried to give an account of the coherence (and relationships) of the dominant traditions he has attacked in these fields. For instance, Searle's accounts of consciousness and intentionality have been critically engaged into philosophical debates on both (a) the mind [Searle, 1983; 1992; 1997; 2002] and (b) practical reasoning [Searle, 1983; 2001]. Hence, Searle provides something perhaps more important than the type of further analytical contributions suggested in the second section: in addition to the philosophical *debates* on practical reasoning made relevant for economics by Sen [Peter and Schmid, 2007], the work of Searle, when discussed along with the one of Sen, provides *bridges towards and between philosophical debates that might be relevant for the issues around rationality in economics*, as it is in fact the point of Klaes [2008]. Among these debates, the so called 'analytic/continental divide' (e.g., Engel [2002], Soulez [2000] and the references therein) has not yet been seriously addressed in the literature in economic methodology on rationality. The analytic/continental divide is especially relevant for the methodological issues on rationality in economics because (1) Searle defends the "analytical" camp without been dogmatic about it, hence his work has been able to initiate discussions with the "continental" camp (e.g., Searle [2008], Braddon-Mitchell [2001], Schnädelbach [2001], Sebbah [2000]) and (2) the critical role of introspection in Sen's framework pointed out at the end of the first section clearly is a key point of contention in the methodological issues on rationality in economics, as well as it is an important point of contention in the analytic/continental divide in philosophy.

## References

Bhattacharyya A., Pattanaik P.K., Xu Y. [2011]. Choice, Internal Consistency and Rationality. *Economics and Philosophy* 27(2): 123–49.

Bossert W. & Suzumura K. [2010]. *Consistency, Choice, and Rationality.* Cambridge MA: Harvard University Press.

— & — [2011]. Rationality, external norms, and the epistemic value of menus. *Social Choice and Welfare* 37(4): 729–41.

Boehm S. [2002]. The ramifications of John Searle's social philosophy in economics. *Journal of Economic Methodology* 9(1): 1–10.

Boettke P. & Subrick R. [2002]. From the philosophy of mind to the philosophy of market. *Journal of Economic Methodology* 9(1): 53–64.

Braddon-Mitchell D. [2001]. Intentionality and Rationality: an Analytic Perspective. In J. Smelser, & P.B. Baltes (eds) *International Encyclopedia of the Social & Behavioral Sciences*, Oxford: Elsevier: 7685–91.

Chisholm R.M. [1966]. Freedom and action. In K. Lehrer (ed.) *Freedom and Determinism.* New York: Random House: 11–44.

Davis J. B. [2003]. *The theory of the individual in economics: identity and value.* New York: Routledge.

— [2007]. Identity and Commitment: Sen's fourth aspect of the self. In F. Peter & H.B. Schmid (eds.) *Rationality and Commitment.* Oxford University Press.

Dietrich F. & List C. [2013]. Mentalism versus behaviourism in economics: a philosophy-of-science perspective. *Working Paper IHPST*, DRI-2013-03.

Ege R., Igersheim H. & Le Chapelain C. [2012]. Transcendental versus comparative? Sen's dichotomy through Condorcet and Rawls. *Working paper.*

Engel P. [2002]. Petits déjeuners continentaux et goûters analytiques. *Revue TLE* 20, *Nouveaux passages transatlantiques*, Presses universitaires Vincennes: 115–38.

Faulkner P. [2002]. The human agent in behavioural finance: a Searlean perspective. *Journal of Economic Methodology* 9(1): 31–52.

— [2005]. Review of *John Searle's Ideas about Social Reality: Extensions, Criticisms and Reconstructions* by David Koepsell and Laurence S. Moss. *Economica*. New Series, 72 (288): 732–3.

Guala F. [2000]. The logic of normative falsification: rationality and experiments in decision theory. *Journal of Economic Methodology* 7(1): 59–93.

Hands W. D. [2001]. *Reflections Without Rules*. Cambridge: Cambridge University Press.

Hédoin C. [2012]. Collective Intentionality in Economics: Making Searle Relevant for Game Theory. *Joint Conference AHE, IIPPE, FAPE Political Economy and the outlook for capitalism,* July 5-7, Paris.

— [2013]. Sen on Rationality, Commitment and Preferences. *Working Paper.*

Horwitz S. [2002]. Comment on Boettke and Subrick and Faulkner. *Journal of Economic Methodology* 9(1): 81–6.

Jallais S. & Pradier P.-C. [2005]. The Allais paradox and its immediate consequences for expected utility theory. In P. Fontaine & R.J. Leonard (eds.) *The Experiment in the History of Economics*. New York: Routledge.

Kahneman D. [1994]. New Challenges to the Rationality Assumption. *Journal of Institutional and Theoretical Economics* 150(1): 18–36.

Klaes M. [2008]. Rationality and its Bounds: Re-Framing Social Framing. in M.C. Galavotti, R. Scazzieri, P. Suppes (eds) *Reasoning, Rationality and Probability*. Stanford, CSLI Publications.

Martins N. [2009]. Rules, Social Ontology and Collective Identity. *Journal of the Theory of Social Behavior* 39(3): 323–44.

Mongin P. [2009]. Duhemian Themes in Expected Utility Theory. In A. Brenner & J. Gayon (eds.) *French Studies in the Philosophy of Science*. Dordrecht: Springer Netherlands: 303–57.

Moscati I. [2012]. Intension, extension, and the model of belief and knowledge in economics. *Erasmus Journal for Philosophy and Economics* 5(2): 1–26

Peter F. & Schmid H. B. [2007]. *Rationality and commitment*. Oxford University Press.

Putnam H. [2002]. *The Collapse of the Fact/Value Dichotomy and Other Essays*. Harvard University Press.

— & Walsh V. (eds.) [2012]. *The End of Value-Free Economics*. Abingdon, Oxford: Routledge.

Rakova M. [2006]. *Philosophy of Mind A–Z*. Edinburgh: Edinburgh University Press.

Runciman W. G. & Sen A. K. [1965]. Games, justice and the general will. *Mind* 74(296): 554–62.

Runde J. (2002). Filling in the background. *Journal of Economic Methodology* 9(1): 11–30

Sebbah J.-F. (2000). Sont-ils irrationnels ? À propos des rapports entre « philosophie analytique », « phénoménologie » et « pensée française ». *Rue Descartes* 29: 19–44

Searle J. R. [1969]. *Speech Acts. An Essay in the Philosophy of Language* (31st ed.). Oxford University Press.

— [1976]. A classification of illocutionary acts. *Language in Society* 5(1): 1–23.

— [1979]. *Expression and Meaning: Studies in the Theory of Speech Acts*. Cambridge: Cambridge University Press

— [1983]. *Intentionality: An Essay in the Philosophy of Mind*. Cambridge: Cambridge University Press.

— [1992]. *The Rediscovery of the Mind*. Cambridge, MA: MIT Press.

— [1995]. *The Construction of Social Reality*. New York: Free Press.

— [1997]. *The Mystery of the Mind*. Cambridge, MA: MIT Press.

— [2001]. *Rationality in Action*. Cambridge, MA: MIT Press.

— [2004]. *Mind: A Brief Introduction*. Oxford University Press.

— [2007]. *Freedom and Neurobiology. Reflections on Free Will, Language, and Political Power. Neurobiology*. New York: Columbia University Press.

— [2008]. Guest forewords. In G. Vicari (ed.) *Beyond Conceptual Dualism. Ontology of Consciousness, mental causation and holism in John Searle's Philosophy of Mind*. Amsterdam, New York: Rodopi, *Value Inquiry Book Series*: xiii–xv.

— [2010]. *Making the Social World. The Structure of Human Civilization.* Oxford University Press.

Sen A. K. [1973]. Behaviour and the concept of preference. *Economica* 40(159): 241–59.

— [1977]. Rational fools: a critique of the behavioral foundations of economic theory. *Philosophy & Public Affairs* 6(4): 317–44.

— [1980]. Equality of What? In S. McMurrin (ed.) *Tanner Lecture on Human Values* Vol.1. Cambridge: Cambridge University Press: 195–220.

— [1982]. Choice, Orderings and Morality. *Choice, Welfare and Measurement.* Oxford: Blackwell: 74–83.

— [1984]. The profit motive. *Resources, Values and Developments.* Harvard University Press.

— [1987]. *On Ethics & Economics.* Blackwell.

— [2001a]. Other People. *Proceedings of the British Academy* Volume 111.

— [2001b]. The individual and the world. In J. Wilson (ed.) *Equality and the modern economy.* London: The Smith Institute, 7th seminar.

— [2002a]. Internal Consistency of Choice. In A. Sen *Rationality and Freedom.* Harvard University Press: 121–57.

— [2002b]. Introduction: Rationality and Freedom. In A. Sen *Rationality and Freedom.* Harvard University Press: 3–64.

— [2002c]. Goals, commitment and identity. In A. Sen *Rationality and Freedom.* Harvard University Press: 206–24.

— [2002d]. Non-binary choice and preference. In A. Sen *Rationality and Freedom.* Harvard University Press: 245–54.

— [2002e]. Rationality and uncertainty. In A. Sen *Rationality and Freedom.* Harvard University Press: 225–44.

— [2002f]. Maximization and the act of choice. In A. Sen *Rationality and Freedom.* Harvard University Press: 158–205.

— [2002g]. Positional objectivity. In A. Sen *Rationality and Freedom.* Harvard University Press: 463–83.

— [2005]. Walsh on Sen after Putnam. *Review of Political Economy* 17(1): 107–13.

— [2006]. What do we want from a theory of justice? *The Journal of Philosophy* 103(5): 215–38.

— [2007]. Why exactly is commitment important for rationality. In F. Peter & H.B. Schmid (eds.) *Rationality and Commitment.* Oxford University Press: 17–27.

— [2009]. *The Idea of Justice.* London, New York: Penguin Press.

Setiya K. [2010]. Intention. In E.N. Zalta (ed.) *Stanford Encyclopedia of Philosophy.* http://plato.stanford.edu/entries/intention/

Schmid H. B. [2003]. Rationality-in-relations. *American Journal of Economics and Sociology* 62(1): 67–101.

Schnädelbach H. [2001]. Intentionality and rationality: a continental-European perspective. In J. Smelser & P.B. Baltes *International Encyclopedia of the Social & Behavioral Sciences*: 7681–5.

Soulez A. [2000]. Sens et phénomène, philosophie analytique et phénoménologie. *Rue Descartes* 29: 7–17.

Starmer C. [2005]. Normative notions in descriptive dialogues. *Journal of Economic Mehtodology* 12(2): 227–89.

Stout R. [2010]. Deviant causal chains. In T. O'Connor & C. Sandis (eds) *A Companion to the Philosophy of Action.* Oxford, New York: Wiley-Blackwell: 159–166.

Vicari G. [2008]. *Beyond Conceptual Dualism. Ontology of Consciousness, Mental Causation, and Holism in John R. Searle's Philosophy of Mind.* Amsterdam, New York: Rodopi, *Value Inquiry Book Series.*

Viskovatoff A. [2002]. Searle's background: comments on Runde and Faulkner. *Journal of Economic Methodology* 9(1): 65–80.

— [2003]. Searle, rationality, and social reality. *American Journal of Economics and Sociology* 62(1): 7–44.

# LA CONTRIBUTION DE LA PHILOSOPHIE SOCIALE DE JOHN DEWEY À UNE PHILOSOPHIE CRITIQUE DE L'ÉCONOMIE

*Laure Bazzoli et Véronique Dutraive*[1]

Ce texte explore les liens entre la philosophie et l'économie dans la pensée du philosophe pragmatiste John Dewey et souligne les apports de la philosophie sociale par laquelle Dewey construit ces liens. Nous montrons que sa philosophie sociale, qu'il considérait comme une contribution à la résolution des problèmes qui se posent dans la vie sociale, porte une critique profonde des institutions et de la science économique de son temps. Dewey défend une reconstruction de la philosophie sociale articulant économie, politique et éthique, qui montre en quoi la vie économique doit contribuer au développement d'une société démocratique. C'est de ce point de vue que ce philosophe critique dans un même mouvement l'individualisme comme théorie sociale et l'individualisme comme principe organisateur de la vie économique. Il lui substitue une philosophie de l'expérience et une éthique démocratique du contrôle social de l'économie.

***John Dewey's social philosophy: a contribution to critical philosophy of the economics***

*This paper examines the links between philosophy and economics in John Dewey's thought and underlines the contribution of the social philosophy by which the pragmatist philosopher constructs those links. We show that his social philosophy, that he considered as contributing to the resolution of social issues, is the ground for a fundamental critique of the institutions and of the economic science of his times. Dewey advocates a reconstruction of social philosophy which connects economics, politics and ethics and which demonstrates how the economic process should contribute to the development of a democratic society. It is from this perspective that the philosopher simultaneously criticises individualism as a social theory and as an organising principle of economic life, substituting in its place a philosophy of experience and an ethics of democracy based on the social control of economic forces.*

**Mots clefs :** J. Dewey, philosophie sociale, philosophie économique, éthique démocratique, contrôle social, individualisme.

**Keywords:** J. Dewey, social philosophy, economic philosophy, ethics of democracy, social control, individualism.

**JEL classification:** A13, A12, B00, B41

---

1. Université Lyon 2 et Triangle, UMR 5206, courriel :
laure.bazzoli@univ-lyon2.fr et veronique.dutraive@univ-lyon2.fr
Nous remercions les rapporteurs pour leurs remarques stimulantes.

## Introduction

Une des questions posées par une réflexion sur la philosophie économique est celle de l'apport d'un point de vue philosophique sur l'économie, comme discipline scientifique et comme domaine de la réalité sociale. Dans cette perspective, nous nous intéresserons ici à la pensée de John Dewey qui fut, au tournant du XXe siècle, un des auteurs phares de la philosophie pragmatiste américaine et une référence majeure de l'économie institutionnaliste qui se développe alors aux États-Unis.

Bien que cela soit peu connu, Dewey est en effet un philosophe qui s'est intéressé tout au long de son œuvre à la fois à la vie économique (*economy*) et à la théorie économique (*economics*) [Thompson, 2005]. Plus encore, dans son programme de reconstruction de la philosophie qui le conduit à développer une philosophie sociale – c'est-à-dire une conception des phénomènes sociaux –, Dewey défend deux idées clés sur les liens qu'il envisage entre philosophie et économie. La première, c'est qu'une philosophie « qui ne considère pas l'activité économique et ses conséquences humaines est une gymnastique intellectuelle échappatoire » [1949 LW1, p. 359]. La seconde, c'est qu'une théorie économique qui ne prend pas en compte « le rôle joué par les besoins, les finalités et le processus continu d'évaluation [...] dans la genèse et la gestion des affaires humaines » [*ibid.*] n'est « qu'un luxe inutile » [1920 MW12, p. 190][2]. Pour Dewey, la philosophie doit être engagée dans le monde de l'expérience humaine dans laquelle l'économie a une place significative et croissante, et la théorie économique ne peut s'affranchir d'une interrogation sur les finalités si elle vise une « compréhension vitale » des problèmes de son temps. C'est à l'aune de ce point de vue que la philosophie de Dewey peut constituer une philosophie critique de l'économie.

Notre texte vise à mettre en évidence les liens entre la philosophie et l'économie chez Dewey et l'apport de sa philosophie sociale à une appréhension critique de l'économie et de sa science. Dans une première partie, nous présenterons les enjeux de la philosophie sociale de Dewey dans le cadre de sa reconstruction philosophique et soulignerons l'importance méconnue qu'il accorde à l'étude de la vie économique articulée à la politique et à l'éthique. Dewey développe une conception positive de l'économie et l'insère dans une éthique normative et critique défendant que la vie

2. Nous adoptons ici le référencement habituel des travaux de Dewey publiés dans les *Collective Works* dont nous avons utilisé l'édition électronique (EW : Early Works, MW : Middle Works, LW : Later Works, avec indication du volume de publication), en y adjoignant la date originale de publication de l'écrit considéré. Les traductions sont les nôtres sauf pour Dewey [1927 ; 1938 ; 2011].

économique doit être évaluée au regard de sa contribution au développement d'une société démocratique permettant la réalisation des individus. Dans une seconde partie, nous approfondirons la dimension critique de la philosophie sociale de Dewey. Nous montrerons que la critique qu'il fait des philosophies sociales individualistes condamne l'économie de son temps comme discipline apte à comprendre les comportements humains et la dimension économique des phénomènes sociaux. Notamment, les principes dualistes de la théorie économique académique qui considèrent fallacieusement l'action individuelle comme moyen du bien-être social ne peuvent permettre aux yeux de Dewey d'appréhender les pathologies d'un système économique dont l'organisation ne réalise pas la finalité éthique qui est la sienne. Ainsi, la philosophie de Dewey critique dans un même mouvement l'individualisme comme théorie sociale et l'individualisme comme principe organisateur de la vie économique justifié par la théorie économique, afin de faire de la philosophie sociale une contribution à la résolution des problèmes posés par la vie économique[3]. À travers ces deux parties, nous souhaitons ainsi mettre en perspective les différentes dimensions de la contribution de Dewey à une philosophie de l'économie qui assume sa visée critique.

## 1. L'économie et la reconstruction philosophique : enjeux de la philosophie sociale de Dewey

Dans sa volonté de « reconstruire la philosophie » à partir d'une philosophie de l'expérience, John Dewey s'est particulièrement intéressé aux faits sociaux et moraux qui sont au cœur de l'expérience humaine dont doit traiter la philosophie. La contribution spécifique de Dewey au pragmatisme réside dans le développement d'une philosophie sociale associée à une éthique, dont on peut considérer qu'elle constitue l'aboutissement de sa reconstruction

3. Concernant les sources de ce travail, il faut préciser que Dewey n'a pas publié d'écrit spécifiquement consacré à l'économie, sauf peut-être Dewey [1939a], ce thème étant présent en revanche dans la plus grande part de ses écrits, et notamment dans ses écrits sur l'éthique et la philosophie sociale, comme le souligne Thompson [2005]. Il développe sa conception positive de l'*economy* et de l'*economics* notamment dans Dewey [1896 ; 1898 ; 1924] que nous utiliserons dans la première partie. L'éditeur des *Lectures* de 1896 et 1898 souligne à juste titre qu'elles constituent un développement unifié de la philosophie sociale et morale de Dewey que l'on ne retrouve dans aucune de ses œuvres publiées et qu'elles font le lien entre les *Early Works* et les *Later Works* [Koch, 1976]. C'est dans ces derniers que Dewey développe au cours des années 1920-30 sa réflexion critique sur l'*economy* et l'*economics* notamment dans Dewey [1924 ; 1927 ; 1930 ; 1935 ; 1939a] que nous utiliserons dans la seconde partie. Ces travaux développent l'orientation normative propre à la philosophie de Dewey – que Kurtz [1984] qualifie de « philosophical thought with normative interests and practical content » – qu'il consacre à une nouvelle appréhension de l'individualisme pour rendre possible une « démocratie créatrice » [Dewey, 1939b].

philosophique et l'enjeu majeur de celle-ci[4]. Dewey défend en effet au début du xx^e siècle que « la limite actuelle de la reconstruction intellectuelle réside dans le fait qu'elle n'a pas encore été appliquée dans les disciplines sociales et morales » [1920 MW12, p. 173]. Or, cette reconstruction implique selon lui une tout autre conception des phénomènes sociaux et moraux que celle sous-tendue par la philosophie classique qui fonde les théories sociales de son époque : elle implique d'articuler l'économie, la politique et l'éthique pour appréhender le processus social. C'est dans cette perspective que Dewey donne un statut substantiel et original à l'analyse de la vie économique. L'objectif de cette première partie est ainsi de mettre en lumière les fondements de la contribution de ce philosophe à une philosophie critique de l'économie.

### 1.1. Reconstruction en philosophie et philosophie sociale

Dewey n'a jamais considéré la philosophie sociale comme un sous-domaine de la philosophie mais comme une partie essentielle de toute philosophie qui se donne pour objet l'expérience humaine. Dewey est de ce fait le philosophe pragmatiste qui est allé le plus loin dans l'articulation, selon ses termes, des questions d'ordre théorique (théorie de la connaissance, logique de l'enquête) et des questions d'ordre vital et moral (philosophie sociale, éthique). Le programme de philosophie sociale qu'il a ainsi voulu développer en fait une figure majeure aux États-Unis pour les sciences sociales de son époque en offrant une conception englobante du social qu'il articule à une réflexion éthique sur la démocratie.

#### *Reconstruction et philosophie de l'expérience*

Combinant les influences de Hegel, Darwin et Peirce, le pragmatisme de Dewey remet en cause la philosophie classique (métaphysique et dualiste) pour une approche naturaliste qui pose une continuité entre nature et culture. Sa philosophie a fondamentalement pour objet l'expérience ordinaire, c'est-à-dire *l'activité humaine et ses conséquences,* l'interaction et l'adaptation entre l'organisme et son environnement. L'expérience, nous dit-il, « c'est chaque façon actuelle et chaque façon possible selon lesquelles l'homme – faisant lui-

4. Comme en témoigne le plan de *Reconstruction in Philosophy* [1920], dont les deux derniers chapitres sont intitulés « *Reconstruction in Moral Conceptions* » et « *Reconstruction as Affecting Social Philosophy* », et mettent en œuvre dans ces domaines les principes fondamentaux de sa reconstruction que sont (dans l'ordre des chapitres) : les facteurs historiques et scientifiques dans le problème philosophique ; une conception nouvelle de l'expérience et de la raison ; une conception nouvelle de l'idéal et du réel ; une reconstruction de la logique.

même partie de la nature – réalise des échanges avec toutes les autres parties et phases de la nature », « c'est l'ensemble de tout ce qui est distinctivement humain » [1949 LW1, p. 331] et « ce qui est en procès » [*ibid.*, p. 361]. Pour Dewey, les questions dont doit traiter la philosophie pour être « une philosophie de son époque » – selon l'expression de Ross [1982] – sont les problèmes émergeant dans la « phase humaine [de l'expérience] dans ses relations à la phase naturelle dans une période culturelle spécifique » [*ibid.*, p. 331] : la philosophie doit traiter des problèmes qui se posent dans l'expérience humaine – dans la vie courante de la communauté humaine – et ceux-ci évoluent en fonction des changements dans la vie humaine [Dewey, 1948 MW12].

L'armature de la philosophie de Dewey est une théorie de l'enquête qu'il développe sur la base de la conception peircienne de la connaissance et qui propose un modèle général de l'intelligence humaine défendant une continuité entre enquête ordinaire et enquête philosophique et scientifique. Pour Dewey, l'enquête est la mise en œuvre de la pensée et de l'intelligence humaines mobilisées dans le cours de l'expérience et avec les matériaux de l'expérience pour résoudre les situations problématiques de l'existence[5]. La connaissance ordinaire comme la connaissance philosophique et scientifique sont envisagées comme une expérience seconde de nature réflexive et ayant pour enjeu la connaissance de l'expérience première en vue de l'amélioration de sa qualité [Thompson, 2005]. Ce qui distingue l'enquête scientifique de l'enquête ordinaire, c'est la mise en œuvre contrôlée de la méthode de l'intelligence que représente ce que Dewey appelle la méthode expérimentale. Par ce terme, Dewey ne renvoie pas à des techniques spécifiques mais à la rupture épistémologique opérée par la science moderne et l'évolutionnisme qui ont dépassé les « habitudes dogmatiques » issues de la pensée classique par « l'habitude de pensée de laboratoire » [Dewey, 1949]. Pour Dewey, cette rupture consiste à remplacer l'immuabilité par le processus et les relativités spatio-temporelles, le passé par le futur, les précédents par les conséquences, l'isolation par la continuité et les connexions [*ibid.*]. Ce qui est fondamental pour lui dans la méthode expérimentale est de situer la signification d'une idée dans ses conséquences (*pragmatic rule*) : dans cette perspective, les théories sont des hypothèses pour diriger l'observation et l'expérimentation est la mise à l'épreuve active et réflexive de nos connaissances provisoires de la réalité à tester dans l'expérience ordinaire, sans jamais viser une solution définitive, une « fin finale ».

---

5. L'expérience humaine est ainsi fondamentalement un continuum d'apprentissage, et la connaissance, une adaptation active de l'organisme humain à son environnement.

Or, c'est bien cette rupture que Dewey veut mettre au cœur de la philosophie en général et de la philosophie sociale en particulier. Tout l'enjeu de son œuvre est de montrer qu'à la différence des sciences de la nature, la philosophie et les sciences sociales ont maintenu les anciennes habitudes de pensée qui ont conduit à faire prédominer dans ces domaines les approches métaphysiques et dualistes qui séparent l'humain et l'esprit de la nature et de la matière (et ce faisant la théorie de la pratique, le *knowing* et le *doing*). Mettre en œuvre l'habitude de pensée expérimentale dans ces domaines ne signifie en aucun cas pour Dewey nier la différence entre les sciences de la nature et les sciences du social qui a fondamentalement trait pour lui au rôle des buts, des idéaux et des valeurs dans l'expérience humaine[6]. Cela signifie que « la nature humaine est une partie de la nature, bien qu'une partie distinctive, et doit être étudiée dans le même esprit et la même logique de l'enquête, bien qu'avec des techniques différentes, que lorsque nous étudions les choses inanimées et le comportement animal » [Hook, 1983, p. ix]. On peut considérer que le développement de la logique de l'enquête dans l'étude du monde social constitue l'objectif majeur de la reconstruction philosophique défendue par Dewey : l'enjeu est de dépasser le hiatus qui sépare l'esprit de la recherche scientifique de l'étude des pratiques sociales et morales [Bernstein, 1991] pour faire de la philosophie à la fois un outil pour « penser clairement » et un « outil de changement ». La philosophie n'est pas pour Dewey une contemplation du réel et du bien, c'est « une partie vitale et fonctionnelle de l'homme qui lutte pour se comprendre lui-même ainsi que ses conditions en vue d'améliorer son sort » [Ross, 1982, p. xii]. Autrement dit, la philosophie doit pouvoir traiter des problèmes de l'homme et de la société et la reconstruction en philosophie n'est aboutie que si elle permet d'utiliser la méthode de l'intelligence pour traiter des affaires humaines et des situations morales (c'est-à-dire de jugement et de choix) qu'elles posent constamment, afin de fournir la « capacité d'une action intelligente pour modifier la situation » [Dewey, 1924 MW15].

### *Le programme de Dewey : philosophie sociale et éthique démocratique*

Dewey est un des auteurs fondateurs de la philosophie sociale [Dufour, 2011 ; Renault, 2011]. Pour cet auteur, la philosophie sociale n'est pas tant une partie de la philosophie qui s'occuperait du social, mais, comme le dit

6. « La différence entre les faits qui sont ce qu'ils sont indépendamment de l'effort et du désir humains, et les faits qui, dans une certaine mesure, sont ce qu'ils sont à cause de l'intérêt et la visée humains, et qui se modifient avec les modifications de ces derniers, ne peut être écartée par aucune méthodologie. [...] Ignorer cette différence fait de la science sociale une pseudo-science. » [Dewey 1927 (2003), p. 57]

Dufour, une « philosophie toute entière », c'est-à-dire une manière d'aborder le domaine des phénomènes sociaux qui l'inscrit en continuité avec les phénomènes naturels et est conçue comme une méthode de connaissance et de résolution des problèmes. La philosophie sociale de Dewey construit un lien intime avec les sciences sociales en développant une conception positive de l'étude des phénomènes sociaux[7]. Mais, si elle englobe l'enquête sociale, elle va aussi au-delà en donnant à l'approche philosophique une dimension spécifique, celle de la critique et de l'évaluation normative [Dewey, 1924][8]. C'est de ce point de vue que la philosophie sociale de Dewey s'incarne dans sa philosophie de la démocratie.

Dans sa dimension positive (« penser clairement »), la philosophie sociale de Dewey vise à construire une alternative aux théories sociales de son temps[9]. L'absence de reconstruction dans le domaine de la connaissance sociale se traduit pour Dewey dans le fait que les théories existantes, qu'elles soient individualistes ou collectivistes, ont fondamentalement la même limite : ces théories ne sont qu'une « discussion de concepts et de leurs relations logiques » isolant « leur objet de ses connexions » [(1927) 2003, p. 193, 189], qui produit des « dualismes infranchissables » (individu/société, nature/culture…) et des « universaux rigides » (*l'*individu, *la* société, *l'*État…) [Dewey, 1920 MW12]. Dewey veut faire de l'enquête sociale une science fondée sur une anthropologie concevant la « nature humaine » comme évolutive en fonction du contexte naturel et culturel, et dont l'objet est l'étude des processus économiques et des arrangements sociaux (coutumes, institutions, politiques) qui dépendent de l'association humaine

---

7. Dans un ouvrage récent consacré aux relations entre philosophie et sciences sociales, B. Karsenti [2013] souligne que la constitution des sciences sociales au XIXe siècle a induit deux mouvements : d'un côté, une tendance de la philosophie à se replier sur elle-même, et de l'autre une tendance des différentes sciences sociales à se séparer sans penser leur unité. Selon Karsenti, on doit en Europe à de grands auteurs comme Max Weber ou Émile Durkheim une réaction contre ces tendances par le développement d'une pensée de l'unité de ces sciences et d'une réflexion sur leurs fondements. On peut considérer qu'aux États-Unis c'est la pensée de Dewey qui a joué ce rôle. La philosophie sociale de Dewey y a constitué à la fois un catalyseur et un moteur de transformations dans les sciences sociales, en développant une conception générale de la société qui établit une méthode de connaissance des différentes dimensions du social. Ce rôle de Dewey aux États-Unis est particulièrement clair dans les relations entre sa pensée et l'approche économique institutionnaliste qui se constitue alors. L'influence de Veblen sur sa philosophie est avérée (voir par exemple Tilman [1998]) et, en retour, l'institutionnalisme américain s'est affirmé comme une conséquence du pragmatisme en sciences sociales, comme l'ont particulièrement mis en avant Commons et Ayres.

8. La philosophie est envisagée par Dewey comme la critique des critiques, l'évaluation des évaluations [Ross, 1982]. Ainsi, la philosophie sociale de Dewey intègre les sciences sociales, mais défend la spécificité du point de vue philosophique.

9. Dewey désigne par « théories sociales » toutes les théories, qu'elles soient économiques, politiques ou éthiques, qui développent et se basent sur une conception de la société.

et l'interaction mutuelle entre ceux-ci et les idéaux, les valeurs et jugements moraux [Dewey, 1924 MW15]. Pour Dewey, l'éthique, les valeurs, ne sont pas un facteur extérieur au processus social : les idéaux moraux (les jugements et les choix) sont produits par un état social donné (ce sont des réponses à des conflits et problèmes spécifiques) et agissent en retour sur cet état, ils sont donc des *faits* socio-culturels qui ont des conséquences pratiques [Dewey, 1915-16 ; 1948 MW12 ; Edel, Flower, 1985][10]. L'enjeu de l'enquête sociale est pour Dewey de comprendre les conditions présentes, à un moment du temps, des valeurs humaines : il s'agit d'étudier comment les processus économiques, qui constituent les bases matérielles de l'existence humaine et de l'expérience sociale et dont l'importance s'est accrue au cours des siècles, et les structures sociales, par lesquelles s'expriment les associations humaines et qui les régulent, influencent les valeurs et la vie morale et affectent le bien-être social. Ainsi, l'enquête sociale, si elle veut comprendre et répondre à une situation problématique, doit articuler l'économique, le politique et l'éthique dont l'interrelation est constitutive de la réalité sociale. Ce sera précisément l'objectif positif de la philosophie sociale de Dewey (cf. *infra* 1.2.), qui considère que ce n'est que sur la base de cette articulation fondamentale des différentes dimensions du social que chaque science sociale peut ensuite développer « des enquêtes spécifiques sur la multitude des structures et interactions spécifiques » [1920 MW12, p. 193]. On comprend alors combien Dewey pouvait considérer crucial l'examen critique de toute théorie sociale donnant suprématie à un facteur pris isolément et abstraitement.

Dans sa dimension normative (« outil de changement »), la philosophie sociale développe sa spécificité qui consiste en l'« évaluation des phénomènes sociaux » [Dewey, 1924 MW15] nécessaire à la modification des situations problématiques mises en évidence par l'enquête sociale[11]. Pour Dewey, le point clé est que les critères de cette évaluation sont dérivés de l'étude des phénomènes sociaux et non d'une nature ultime des choses ou de la conscience individuelle [*ibid.*]. La reconstruction philosophique recherchée par Dewey concerne dans un même mouvement les conceptions sociales et les conceptions morales dans l'objectif d'articuler la science à l'éthique, la

10. Plus encore pour Dewey [1948], les faits les plus profondément et proprement humains sont des faits moraux.

11. Le « but de la philosophie sociale est éthique » [Dewey, 1924 MW15] car la fonction distinctive de la philosophie pour Dewey est « la considération normative des valeurs humaines, la quête d'une vie bonne dans une bonne société » [Hook, 1983, p. ix]. Le point de vue défendu par Dewey, c'est ainsi que « l'enquête philosophique peut être un outil pour traiter des problèmes inévitables d'une société dynamique » [Koch, 1989].

théorie sociale à la théorie morale. Dewey développe une éthique normative qui remet en cause la posture dominante qui, si elle a « remplacé la coutume par la raison » [1920 MW12], a continué à identifier des valeurs ou finalités ainsi que des lois immanentes, suprêmes, définitives (statiques) et universelles. Dewey envisage au contraire l'éthique normative ou théorie morale comme une méthode de diagnostic et de changement des valeurs et des institutions. L'enquête morale devient ainsi une part de l'enquête scientifique, d'une part parce que les deux types d'enquête traitent de la même situation problématique, et d'autre part parce que l'expérimentalisme doit être à l'œuvre dans les deux types d'enquête : la méthode pour évaluer les valeurs est pour Dewey de même nature que celle qui préside à l'analyse des faits dont les valeurs font partie, la méthode de l'intelligence qui part de l'expérience première et y revient comme test. La reconstruction philosophique de Dewey met ainsi au premier plan « les exigences de la pratique » en morale : à une théorie morale qui définit des règles ou des finalités fixes et *a priori*, Dewey substitue une théorie morale qui vise à identifier les problèmes spécifiques qui se posent à un moment du temps dans un contexte historique pour former « des plans et des méthodes pour les résoudre » [Dewey, 1920 MW12]. Et pour Dewey, ce qui distingue au fond l'enquête sociale c'est la nature de l'expérimentation : « [C]haque mesure politique mise en œuvre est logiquement et devrait être réellement de la nature d'une expérimentation » [1938 (1993), p. 502] ; ainsi, contre la dichotomie positif/normatif, l'évaluation éthique et les politiques qui en découlent sont pour Dewey le champ expérimental spécifique des sciences sociales.

Dans cette perspective, la philosophie sociale de Dewey aboutit à une éthique normative qui défend à l'encontre de toute morale universelle que la participation des membres de la société à la définition des règles et des valeurs ainsi que la communication (la transmission des connaissances sociales par le débat et l'éducation) sont les « seules façons d'universaliser la morale » [1920 MW12, p. 200], c'est-à-dire de la partager. C'est pourquoi dans le champ des problèmes sociaux la « méthode de l'intelligence » consiste à mettre en pratique les changements institutionnels nécessaires pour étendre les intérêts partagés [Hook, 1983]. C'est ainsi que la philosophie de Dewey conduit à poser la création de nouvelles formes de vie démocratique comme *working solution* et à rechercher la façon dont celle-ci peut être rendue effective dans les processus politiques et économiques existants [Koch, 1998]. Pour Dewey, « si [la démocratie] a une signification morale », c'est la reconnaissance que « le test suprême de toute institution politique et de tout arrangement économique réside dans leur contribution à l'épanouissement de tous les membres de la société » [1920 MW12, p. 187], ce que figure pour lui un

« nouvel individualisme » pour et par une « démocratie créatrice » [Dewey, 1939b]. Or, cet objectif humaniste ne peut selon Dewey être atteint sans une reconstruction de l'enquête sociale : « La *cons*truction d'une science humaine morale est un préalable nécessaire pour une *re*construction de l'état actuel de la vie humaine [...] vers les conditions d'une vie plus satisfaisante que jamais pour l'homme » [1948 MW12, p. 274]. Ainsi, le programme de philosophie sociale de Dewey articule enquête positive et enquête normative pour contribuer à la reconstruction de la société. C'est dans ce cadre que Dewey a développé sa conception de l'économie.

## 1.2. L'articulation de l'économique, du politique et de l'éthique : une conception originale de la vie économique

La philosophie sociale de Dewey contient une conception de l'*economics* comme part de l'enquête sociale qui intime à la philosophie et aux sciences sociales de s'intéresser aux questions éthiques et politiques que l'*economy* pose.

### *L'enquête sociale : analyse évolutionniste de l'articulation entre économie, politique et éthique*

Considérant que l'enquête sociale doit être suscitée par les problèmes pratiques (« troubles et conflits sociaux », « tensions et besoins ») pour développer une théorie comme moyen de résolution des problèmes existentiels, Dewey situe le principal obstacle à la reconstruction intellectuelle dans la « division existante des phénomènes sociaux en plusieurs domaines compartimentés et supposés indépendants » [1938 (1993), p. 501], en particulier les sphères académiques de l'économie, de la politique et de l'éthique. C'est pourquoi l'articulation de ces domaines constitue sa contribution positive à l'analyse des faits sociaux[12].

La séparation des disciplines (qui s'est développée au fur et à mesure de la complexification de la société souligne Dewey) pose problème car elle a induit que « notre vie sociale, c'est-à-dire nos activités, relations et interactions avec les autres, semble divisée contre elle-même » [Koch, 1998, p. 104]. En effet, cette séparation s'est révélée une mise en opposition : la théorie économique a envisagé l'activité sociale et l'individu comme gouvernés par l'intérêt

12. Dewey a particulièrement développé cette contribution dans ses *Lectures on Political Ethics* [1896, 1898] et il en réaffirme l'importance dans sa *Logique. Théorie de l'enquête* [1938].

individuel, la théorie politique les a conçus comme gouvernés par la recherche du pouvoir, tandis que la théorie éthique a dénoncé l'intérêt et le pouvoir pour prescrire la moralité [*ibid.*]. D'où les « dualismes infranchissables » que l'on retrouve dans chaque discipline : l'individu ainsi divisé existe comme entité fixe en dehors du processus social ; le processus social ainsi divisé révèle une analyse où « le pouvoir politique est séparé de l'expression de la moralité [...], l'intérêt économique est séparé à la fois du pouvoir politique et de la moralité » [*ibid.*], et la moralité séparée des conditions économiques et politiques. Contre cet état des disciplines académiques, Dewey défend que l'enquête sociale doit considérer l'individu comme une « unité génétique » de ces trois dimensions[13] et celles-ci comme des phases interagissantes du processus social global.

Pour Dewey, c'est la rupture opérée par l'évolutionnisme, selon laquelle la seule chose « universelle » est le processus, qui permet de dépasser le « monisme » (isolation) et « l'absolutisme » (opposition) des théories sociales (dès lors « pré-scientifiques » pour lui), pour appréhender le « processus social global ». Cette rupture est d'abord ontologique : l'évolutionnisme implique d'appréhender le monde social en continuité avec le monde naturel, donc comme un processus évolutif produit d'une relation organique, c'est-à-dire réciproque, entre l'individu et la société qui sont, pour Dewey, « corrélatifs des organes et organismes » du monde biologique [1896, p. 146]. L'individu et la société ne sont pas des entités fixes, ontologiquement soit confondues soit séparées, mais « un continuum » caractérisé par une interaction continuelle. Si bien que si la conscience est toujours référée à « l'organe individuel », « le contenu de la conscience [...] exprime l'organisme comme un tout » [*ibid.*, p. 145]. C'est la dépendance corrélative de l'individu à l'égard de la société et de la société à l'égard de l'individu qui est pour Dewey au cœur de cette relation organique et qui lui donne son caractère dynamique. Ce que l'ontologie évolutionniste permet alors de dissoudre pour Dewey, c'est le dualisme méthodologique des parties et du tout : c'est le tout qui « donne sens à l'activité dans toutes ses dimensions » et les parties qui permettent « le maintien, par une reconstruction permanente, de l'activité du tout » [*ibid.*, p. 142]. Dans cette perspective, « la société [...] affecte tous les faits [économiques, politiques, éthiques] ; elle n'est pas quelque chose en plus d'eux » [*ibid.*, p. 125]. Ainsi, la conséquence méthodologique de l'évolutionnisme est qu'« une science sociale compréhensive doit à la fois

13. Comme le souligne Thompson [2005], Dewey identifie une source majeure de la séparation de l'économie, du politique et de l'éthique dans la « réduction de la nature humaine » qui atteint pour lui son extrême dans la théorie économique (voir partie 2).

considérer comment les faits sont différenciés et comment les corréler » [*ibid.*, p. 124]. De ce point de vue, la différenciation de l'économique, du politique et de l'éthique, s'oppose à leur séparation et isolation, car il s'agit d'envisager « tous les processus et activités de la société [...] sur la base du rôle qu'ils jouent » dans le processus social global [*ibid.*, p. 146]. Il faut ainsi appréhender les distinctions comme des parties en relation dans le processus social global [Koch, 1998].

Pour Dewey, la méthode évolutionniste est fondamentalement une méthode historique car l'objet de toute connaissance scientifique est le processus par lequel les phénomènes se réalisent dans « l'existence expérimentée ». Dewey souligne l'importance toute particulière de l'histoire dans l'étude du monde social en tant qu'elle permet de « coupler le génétique et l'expérimental » [Edel, Flower, 1985]. D'une part, le processus social est intrinsèquement historique : « [T]out phénomène social [...] est lui-même un processus séquentiel de changement, ainsi un fait isolé de l'histoire dont il est un constituant dynamique perd les qualités qui l'identifient comme fait social. » [1938 (1993), p. 494] L'articulation des phases économiques, politiques et éthiques du processus social doit ainsi être appréhendée comme une séquence historique. D'autre part, l'étude de cette séquence historique est pour Dewey le substitut, pour les sciences de la société, de « l'isolation artificielle et la recombinaison artificielle » en laboratoire opérées dans les sciences de la nature [Thompson, 2005] : l'étude du déroulement des phénomènes est le moyen d'étudier les conséquences des processus sociaux et des idées mises en œuvre à leur propos [Edel, Flower, 1985]. Au total, pour Dewey, la pratique de la science a montré que « l'abstraction et l'isolation » (« discrimination analytique ») n'ont de sens que si sont opérés des « liens et recombinaisons » [Thompson, 2005], et c'est pour lui l'enjeu de la dissolution de la séparation des disciplines sociales : l'enquête sociale doit examiner le rôle positif des dimensions économique, politique et éthique des faits sociaux et leur articulation analytique et historique [Samuels, 1989]. C'est dans ce cadre évolutionniste que la philosophie de Dewey développe une conception originale de la vie économique.

### *Une conception originale de la vie économique*

Pour Dewey [1924 MW15, p. 247-248], « la vie ou l'expérience sociale comme toute forme de vie implique des Processus, des Structures [...], et des Fonctions ». Dans le monde naturel, les processus renvoient à « la manifestation de l'énergie dans le changement » et sont « le facteur (relativement) dynamique » ; les structures renvoient à l'« arrangement des énergies dans une forme stable et persistante », elles sont le « facteur (relativement) statique » ; et les fonctions renvoient aux « conséquences qui donnent sens aux processus et aux structures », elles sont les « finalités maintenues et favorisées ». Dans la vie sociale, ces trois dimensions sont justement celles de l'économie, de la politique et de l'éthique : « [L]es processus peuvent être identifiés aux activités économico-industrielles qui affectent la distribution du pouvoir et la distribution des possibilités, des capacités et des satisfactions ; les structures apparaissent sous la forme des organisations institutionnelles qui s'expriment sous des formes légales et politiques » ; tandis que les fonctions « sont la phase morale, les biens [*goods*], valeurs et intérêts ». Pour Dewey, les faits sociaux sont indissociablement « éthiques, économiques ou politiques selon le point de vue » [1896, p. 149] : « La phase économique est une question de mécanisme ou de machinerie par laquelle les individus se stimulent et se contrôlent réciproquement les uns les autres » ; la phase éthique « traite des finalités ou idéaux impliqués dans ces activités réciproques » ; et si « nous nous interrogeons sur la structure de l'organisme par laquelle cette relation réciproque [...] est exercée et les valeurs conscientes, médiatisées, nous avons la question politique ». Ainsi, « l'éthique est une question de finalités, l'économie de moyens, la politique d'ajustement entre les deux » [*ibid.*, p. 148] et ces trois questions sont corrélées. Dans ce cadre général, Dewey développe une interprétation de la « phase économique de l'organisme social » que l'on peut considérer avec Koch comme unique [1998, p. 113], de même que son analyse des phases politique et éthique auxquelles il l'articule[14].

Dewey envisage les processus économiques comme une « continuation des processus biologiques sur le plan distinctivement humain » [1924 MW15, p. 248], ce sont donc des « processus de maintien de la vie » qui manifestent des différences significatives [*ibid.*, p. 250-251], la continuité monde naturel/monde social ne signifiant pas identité des processus. Dewey souligne notamment deux dimensions propres à la vie économique. La première est que la demande ou besoin, pour des choses qui deviennent *objets* de pensée, désir et but, est une « demande pour une possession et un contrôle persistants, et non seulement pour une utilisation temporaire », tandis que « l'opération de satisfaction des besoins implique l'intervention [...] d'outils et d'appareils d'une variété et complexité croissantes » qui « suscitent

14. C'est dans ses *Lectures on Political Ethics* [1896, 1898] que Dewey développe sa conception des trois phases du processus social et de leur corrélation. Dans [1896], il synthétise ainsi cette corrélation : d'un côté, nous avons la liberté (éthique), la demande (économie), les droits (politique), de l'autre la responsabilité (éthique), l'offre (économie), les devoirs (politique), l'organisme social devant maintenir un équilibre entre ces pôles.

l'attention, l'intérêt et l'effort pour eux-mêmes ». Ce faisant, le processus économique induit la transformation de l'activité humaine en occupation et la différenciation des occupations[15], avec développement des technologies et des processus d'échange, suscitant un accroissement des standards de vie (« la vie n'est plus seulement subsistance »). La seconde dimension propre à la vie économique que souligne Dewey est que le processus économique implique « des modifications de l'environnement [...] relativement permanentes. [...] Ces environnements culturels ou « artificiellement » modifiés persistent de génération en génération, et transforment radicalement les modes dans lesquels le processus de vie se manifeste lui-même » [*ibid.*, p. 250]. Ces « environnements artificiellement modifiés » sont pour Dewey « les structures politiques et légales » qui régulent et orientent le fonctionnement des processus économiques [*ibid.*, p. 251]. Dans la mesure où le développement des processus économiques accroît la différenciation et l'échange, c'est-à-dire produit une séparation croissante entre production et consommation, « la sécurisation et le maintien de l'intégration sont devenus un sujet de délibération et d'effort » et constituent « un problème dont l'ampleur et l'acuité s'accroissent au fur et à mesure que les opérations économiques deviennent de plus en plus indirectes [*mediated*] » et complexes [*ibid.*].

Pour Dewey, les processus économiques sont fondamentalement des processus qui conditionnent et transforment les formes sociales et les *social goods*, les conduites et les idéaux. Mais ils ne le font qu'à travers les structures sociales dans lesquelles ils s'expriment : la compréhension des processus économiques ne peut se faire sans prendre en compte la dimension structurelle, c'est-à-dire la phase politique par laquelle « l'aspect économique de la société [...] la distribution et l'arrangement de la force » [Dewey, 1896, p. 158] est régulé. Selon la formule de Dewey, ce sont les institutions politiques qui managent l'économie car c'est par un système organisé de droits et devoirs que les membres de l'organisme social se stimulent et se contrôlent réciproquement [*ibid.*, p. 161]. Ainsi, l'étude de la phase politique, c'est l'étude de l'organisme social du point de vue des structures par lesquelles il se réalise, c'est-à-dire pour Dewey, des institutions qui « sont des habitudes sociales », la souveraineté étant « l'habitude de ces habitudes », le « processus de régulation de la force qui est une part intrinsèque de toute association volontaire » [*ibid.*, p. 150-151][16]. Or, les processus économiques

15. Pour Dewey, les occupations sont « une continuité de préoccupation – d'intérêt et d'attention – liée à certains types d'objets » [*ibid.*].

16. Un point clé de la conception de Dewey ici est que la souveraineté se manifeste elle-même dans une variété d'institutions, il n'y a pas de souveraineté unique [Koch, 1989 ; 1998]. Les questions principales

et les structures politiques constituent à la fois les conditions présentes des fonctions (valeurs) et les « moyens d'influencer l'état concret des fonctions » [1924 MW15, p. 248]. Notamment, la régulation politique de l'économie exprime toujours des valeurs : « [La dimension] politique peut être conçue comme la structure sociale considérée comme instrument pour maintenir des finalités jugées valables. [La dimension] légale est l'institution en tant qu'elle est formulée. [La dimension] morale est la finalité pour laquelle le légal est réalisé » [Dewey, 1896, p. 158]. Ainsi, pour Dewey, la phase éthique articule le légal et le moral[17] dans la réalisation du processus d'ajustement institutionnel qui est toujours relatif à une situation (un état des processus et des structures) et met en action les finalités qu'une société se donne à un moment du temps.

Or, pour Dewey le problème fondamental de la vie sociale comme articulation des processus économiques, des structures politiques et des finalités éthiques, est celui de la relation entre les valeurs économiques et les valeurs humaines [1924 MW15, p. 263]. Les conditions de la vie économique sont cruciales parce que la vie économique « sert des besoins humains » [1949 LW1, p. 358]. Pour Dewey [1920 MW12, p. 175-178], la richesse et la sécurité économique sont des biens naturels (*natural goods*), au même titre que la santé, la connaissance/l'apprentissage, l'esthétique/l'art, l'amitié, et les biens naturels doivent être considérés comme des biens moraux (*moral goods*). Si l'économie est de l'ordre du matériel, si elle est un moyen de la réalisation de la vie sociale, elle aussi de l'ordre de l'idéal dès lors que l'on reconnaît que « le problème ultime de la production est la production […] des êtres humains libres s'associant avec les autres sur un pied d'égalité » [1939a LW13, p. 320]. Ainsi, les finalités économiques ne sont pas uniquement instrumentales mais « doivent être reconnues comme intrinsèques » : la vie économique « doit être jugée sur la façon dont elle sert » les besoins humains [1949 LW1, p. 358], c'est-à-dire sur la façon dont le moyen matériel contribue à l'« enrichissement du contenu significatif de la vie ». « C'est seulement alors que ces moyens pourront être une part intégrale de la finalité » [1939a LW13, p. 320] conçue comme « le processus actif et continuel de transformation de la situation existante » pour développer une société démocratique permettant la réalisation des individus.

---

que Dewey pose pour l'étude de la dimension politique sont celles qu'il approfondira dans sa conception de l'État démocratique : l'absence de ligne *a priori* de distinction entre action publique et action privée ; les fonctions de l'État comme société organisée politiquement ; le rôle du *law-making* dans la régulation des processus sociaux.

17. Pour Dewey [1896, p. 156], la phase morale de l'éthique est celle par laquelle l'idéal émerge des conflits et la phase légale est celle par laquelle des moyens sont établis pour réaliser l'idéal.

C'est à l'aune de sa méthode d'analyse du social et de sa conception des finalités éthiques que Dewey porte une critique de fond sur l'économie de son temps.

## 2. Philosophie sociale et critique de l'économie

Pour Dewey l'économie académique constitue une part importante de la philosophie sociale individualiste à laquelle il s'oppose. Cette discipline s'inscrit pour lui dans l'individualisme inspiré par les théories hédoniste, utilitariste et du droit naturel qui ont précipité dans l'économie classique et marginaliste. L'« idéal de l'individualisme » conçu pour émanciper la société des carcans féodaux et incarné par l'idée que la propriété et la rémunération sont intrinsèquement individuelles[18] a été sans aucun doute associé à un formidable mouvement de progrès technique et de transformation sociale, mais il s'avère pour Dewey, en réalité, impropre à comprendre la nature de la vie économique moderne et ses principes sont pour lui inadaptés pour fonder l'organisation sociale de son époque. Dans cette partie, nous allons voir que la reconstruction intellectuelle opérée par Dewey offre le cadre d'une critique originale des principes sur lesquels l'économie s'est établie comme discipline (*economics*) et qui sont pour lui des obstacles pour appréhender les processus économiques (*economy*) et traiter les problèmes sociaux quand l'économie est conçue comme une sphère isolée du politique et de l'éthique.

### 2.1. Philosophie sociale et critique de l' « économie scientifique »

L'économie comme discipline scientifique ancrée dans l'individualisme profondément dualiste dont Dewey dénonce les erreurs est établie sur des conceptions selon lui erronées, fixes et *a priori* des comportements humains sur lesquels elle fonde ses théories. Elle n'est, pour Dewey, en réalité pas scientifique selon les canons des sciences expérimentales, en « planant au-dessus des faits » [1949 LW1, p. 357-358], en assimilant les processus économiques à des lois naturelles.

18. Pour Dewey, l'individualisme économique a cherché « à se défaire des restrictions légales aux désirs humains et à leurs efforts pour les satisfaire. Il pensait que cette émancipation pourrait transformer l'énergie latente en action, assignerait automatiquement aux individus les emplois pour lesquels ils sont adaptés, permettrait la réalisation de cette activité grâce au stimulus des avantages obtenus, et pourrait sécuriser la rémunération des capacités et de l'activité attachée à une position. En même temps l'énergie et l'épargne individuelles pourraient servir les besoins des autres et pourraient promouvoir le bien-être général en réalisant une harmonie générale des intérêts » [1930 LW5, p. 79].

## *Critique de l'homme économique et de la rationalité : un individu amoral et asocial*

Dewey situe fondamentalement l'incapacité de la théorie économique à prendre en compte l'articulation de l'économique, du politique et de l'éthique, nécessaire selon lui pour appréhender la vie sociale, dans la dichotomie des moyens et des fins qu'elle opère et qui a pour corrélat une conception étroite des comportements humains.

Se revendiquant « science de l'efficacité », l'économie prétend être une science qui cherche à définir les règles du meilleur usage possible des moyens pour atteindre des fins données, fixes et exclues de l'analyse. Pour Dewey, « deux prémisses théoriques principales de [la théorie économique] sont : premièrement, que les besoins et les valeurs qui leur sont associées sont homogènes et forment des séries continues, dont les éléments sont comparables sur la seule base d'une différence d'intensité ou de degré. Deuxièmement, que les valeurs d'échange sont un mécanisme efficace de comparaison et de mesure des différentes valeurs d'usage et leur assigne ainsi leur place le long d'une série unilatérale. De ces deux propositions, il s'ensuit que *les besoins sont prédéfinis, préalables à l'intelligence réflexive, cette dernière, constituant l'instrument de leur comparaison et de leur exécution, n'entre cependant pas dans leur formation* » [1924 MW15, p. 263, nous soulignons]. Ce que Dewey reproche à cette approche économique est la dichotomie moyens-fins qu'elle suppose. Dewey récuse l'idée que les fins puisent être appréhendées comme des « standards fixes extérieurs à l'expérience » [Koch, 1998, p. 116]. Si on se place justement du point de vue de l'expérience, les fins humaines ne sont pas des « fins en soi » mais des « fins en vue » inséparables ontologiquement des moyens réels existants. Les fins étant, dans les processus d'action concrets, tout autant adaptées aux moyens disponibles dans le cadre d'un contexte particulier, que l'inverse – les moyens aux fins [Dewey, 2011]. Dans cette perspective, les fins sont alors elles-mêmes évaluées. « Ceci distingue Dewey des économistes qui ont traditionnellement cru que les fins, les préférences ou les désirs des individus ne sont pas sujets à l'évaluation : elles sont simplement ce qu'elles sont. Mais, comme le défend Dewey, les moyens et les fins ne sont pas séparables, aucune fin n'est exempte de critique comme les économistes l'ont prétendu. » [Thompson, 2005, p. 92] La théorie deweyienne de la *valuation* défend justement l'idée que les valeurs ne sont pas quelque chose d'abstrait et d'extérieur mais sont des faits : les fins poursuivies par les individus, ce qui a de la valeur pour eux (*valuing*), se traduisent par des comportements observables. On peut alors porter des jugements de valeur (*évaluation*) sur ces faits : les valeurs poursuivies ont des conséquences, présentent des qualités que l'on peut apprécier et évaluer. Pour Dewey, les finalités poursuivies dans les activités économiques ont alors des effets qui peuvent être évalués.

Les fins, les désirs, les intérêts ne sont pas déjà-là (*ready made*) mais se forment au cours des activités ordinaires [Dewey, 2011]. On peut alors considérer que si les économistes se focalisent sur la valeur (*valuing*) en la fondant soit de manière objective (pour les classiques) et externe soit de manière subjective (marginalistes) et interne, ils excluent *la valuation*, ce moment d'interrogation sur les finalités, ce moment réflexif occasionné par des situations problématiques dans le cours même de l'expérience, qui renvoie chez Dewey à la méthode de l'enquête appliquée dans le cours de la vie ordinaire. On peut alors mettre en avant ce qui distingue la conception de « l'intelligence » dans cette approche de la valeur qui est celle de Dewey, de la rationalité humaine telle que véhiculée par la science économique. La conception pragmatiste de la rationalité (de la pensée, de l'intelligence) est fondée sur l'action et ses relations avec les instincts et les habitudes [Thompson, 2005, p. 21]. Si Dewey considère qu'on ne doit en aucun cas oublier que l'homme est en continuité avec la nature, il s'oppose à l'idée d'une nature humaine « fixe » et à l'idée que l'on puisse considérer que les institutions politiques et économiques seraient imputables à cette « nature humaine » comme le pensent les économistes. Les « conduites » sont pour lui le résultat de l'interaction d'un ensemble de facteurs : l'environnement (la culture), des instincts, des habitudes et l'éducation [*ibid.*, p. 60], les instincts étant sous l'influence des institutions sociales [*ibid.*, p. 113] alors que les modes de vie sont conditionnés par des « organes politiques et légaux qui en viennent à déterminer les processus vitaux les plus directement biologiques » [1924 MW15, p. 251].

Dewey envisage deux niveaux de rationalité qui permettent de combiner la socialisation du sujet et son caractère actif, alors que l'individu des économistes est à la fois asocial et passif. D'un côté les habitudes constituent le mécanisme le plus influent dans *l'expérience primaire* [Thompson, 2005, p. 21]. Selon Dewey, « une habitude est une fin mécanisée » [Dewey, 1896, p. 150] et « la loi procure la direction fonctionnelle des habitudes » [*ibid.*, p. 115], ce qui signifie que, dans le cours de la vie ordinaire, les finalités ne font pas l'objet d'une délibération et que ce qui fonde les habitudes sont les pratiques ordinaires et les coutumes sociales, quand l'*homo œconomicus* délibère à chaque instant pour son propre compte et indépendamment de son environnement social. Comme le dit Dewey lui-même, « les idées, les pensées relatives aux finalités, ne sont pas générées spontanément. *Il n'existe pas d'immaculée conception de significations ou des buts. La raison pure de toute influence d'habitudes préalables est une fiction* »[19]. L'intelligence est alors une rupture dans les habitudes occasionnées par les situations problématiques. C'est la phase *d'expérience secondaire* ou de réflexion critique sur les valeurs et les finalités poursuivies jusque-là et dont les résultats formeront de nouvelles habitudes incorporées à l'expérience ordinaire. L'intelligence et la rationalité ne sont pas ici réductibles à des procédés d'adaptation à des données qui s'imposent mais sont des forces « de transformation » de la réalité et l'on voit ainsi combien « la continuité entre les actes de simple survie et la pensée [morale] est centrale pour le pragmatisme de Dewey, cette continuité montrant la connexion entre la nature et la raison » [Thompson, 2005, p. 65]. La phase d'expérience secondaire est pour lui « morale et éthique » dans la mesure où « les activités sont traduites en valeurs conscientes » [Dewey, 1896, p. 148] et reflètent les efforts pour contrôler et transformer l'expérience. Cette dimension active de l'esprit, tourné vers le contrôle de son environnement, n'est pas prise en compte dans la conception des économistes. L'homme économique est « un individu nu » pourvu de droits naturels mais dénué de droits politiques, doté de désirs, finalités et normes de satisfaction innés sans aucune influence sociale et dénué d'éthique [Dewey, 1927 (2010), p. 175]. Cette vision économique du comportement humain entérine la séparation de l'économique, du politique et de l'éthique sans opérer la recombinaison propre à rendre compte de l'organisme social et de son évolution.

### *Critique de la méthode : vérités éternelles et science déshumanisée*

En amont, c'est pour Dewey la méthode même de la science économique qui la rend impropre à contribuer à l'enquête sociale par une appréhension défectueuse de la logique scientifique et de son articulation à l'éthique.

Dewey considère que l'économie académique – « l'économie du laissez-faire » – a établi son statut de science « en vertu premièrement de certaines vérités premières ultimes, et deuxièmement en vertu de la possibilité d'une déduction rigoureuse des phénomènes économiques réels à partir de ces vérités. De ces prémisses, en découlait, en troisième lieu, que les vérités premières fournissaient des normes pratiques dans le domaine des phénomènes économiques ou que les mesures réelles étaient justes ou fausses, et les phénomènes économiques réels normaux ou anormaux dans la mesure où ils correspondaient aux déductions à partir du système de

19. *Human Nature and Conduct* [1922 MW14, p. 25], cité par Thompson [2005], nous soulignons.

conceptions formant les prémisses » [Dewey 1938 (1993), p. 608]. Cette discipline a ainsi établi des principes (soit *a priori* soit par induction selon les variantes rationalistes ou positivistes) non des hypothèses « à employer dans l'observation et la classification des phénomènes » [*ibid.*, p. 609], principes considérés comme des vérités éternelles et transformés en normes et non sujets à la « mise à l'épreuve » de l'expérience ordinaire qui est le critère de la méthode de l'enquête. Dewey considère que les économistes prétendent découvrir des lois naturelles du fonctionnement des sociétés, cette découverte étant considérée comme une contribution positive à la connaissance des faits sociaux. Mais ces lois censées être découvertes en dehors de tout jugement de valeur [1924 MW15, p. 234] sont en réalité des « faits immanents » « associés à des groupes sociaux et des périodes historiques » [*ibid.*, p. 235]. Ce qui est présenté comme des lois naturelles sont en réalité des phénomènes historiquement situés et résultant de l'action de groupes sociaux défendant leurs intérêts. Émanation des jugements de valeur de certains groupes sociaux, les théories économiques prétendues positives sont en réalité normatives : « [L]a théorie naturelle nominalement non éthique opère en apportant une justification éthique de certaines tendances et certaines politiques. » [*Ibid.*, p. 258] Si pour les économistes « les lois de la nature implantées dans la nature humaine orchestrent la production et les échanges de biens et services » [1927 (2010), p. 192], selon Dewey « les seules lois [naturelles] des phénomènes sociaux sont physiques mais non sociales » [1924 MW15, p. 235] et les lois économiques sont des lois « artificielles » « faites de main d'homme » [1927 (2010), p. 177] qui révèlent une éthique non assumée en tant que telle.

Pour Dewey, l'économie préconise « ce qui doit être » à partir de préconceptions non élaborées de manière scientifique, tout en prétendant étudier « ce qui est » alors qu'elle devrait en suivant une véritable démarche expérimentale étudier « ce qui pourrait être ». Or, prétendre étudier « ce qui est » comme processus spontané interdit en réalité toute idée de contrôle social (fondé sur le pouvoir et l'éthique). En effet, les lois économiques étant considérées comme naturelles et censées gouverner les phénomènes, « toute tentative pour régler [ces] phénomènes économiques par le contrôle des conditions sociales dans lesquelles se présentent la production et la distribution des biens et des services [est], partant, considérée comme une violation des lois de la nature, une interférence avec l'ordre normal, de sorte que les conséquences qui en [découlent sont] destinées à être aussi désastreuses que les conséquences d'une tentative faite pour suspendre ou empêcher l'œuvre d'une loi physique comme la loi de la gravitation par exemple » [Dewey 1938 (1993), p. 609]. C'est ainsi que la théorie économique constitue pour

Dewey [1935] l'aboutissement de la pensée individualiste en subordonnant le politique et l'éthique à l'économique.

L'économie justifie sa théorie des « lois économiques » en se réclamant de la démarche scientifique des sciences de la nature. Mais si Dewey préconise lui aussi l'adoption de la démarche scientifique pour fonder les théories sociales cela ne signifie en aucun cas qu'elles doivent être calquées sur les sciences naturelles dont elles se distinguent justement par la place qu'y tiennent l'histoire et l'éthique. « Les économistes scientifiques sont inspirés par une conception déshumanisée de la nature de la science, qui est largement prédominante. La grande majorité de ceux qui attribuent maintenant le retard scientifique des questions sociales à l'absence de méthodes d'étude appropriées défendent l'adoption des techniques d'enquêtes qui ont fait leur preuve dans les sciences physiques comme remède pour contrevenir à cet état de fait. Ils ne se rendent pas compte du fait que de ces techniques ont correctement fonctionné parce qu'elles ont été conçues pour des opérations expérimentales sur des objets pour lesquelles les considérations humaines sont explicitement exclues » [1949 LW1, p. 359]. Ces considérations humaines sont justement les valeurs et l'éthique dont il faut restituer le rôle dans les théories sociales et l'économie qui, en les niant, ont aussi nié l'historicité des phénomènes sociaux. Dès lors, la démarche expérimentale consiste à concevoir les concepts comme des outils d'enquête mis à l'épreuve de leur application dans l'expérience humaine par les mesures d'action qu'ils permettent de formuler comme hypothèses de travail [Dewey, 1927]. C'est alors bien l'histoire qui est le véritable laboratoire des théories lorsqu'elles sont mises en œuvre dans les institutions sociales.

La critique que Dewey adresse à l'économie comme philosophie sociale individualiste, à sa vision de l'homme et de la science, n'implique pourtant pas qu'il considère l'individu comme négligeable dans l'explication des phénomènes, soumis aux forces sociales comme dans les approches collectivistes. Plus encore, selon sa conception de l'éthique, les phénomènes sociaux doivent être justement évalués dans leurs conséquences sur les individus. C'est de ce point de vue que Dewey formule son diagnostic critique de la vie économique de son temps.

## 2.2. Philosophie sociale et critique de la vie économique

L'œuvre de Dewey s'inscrit parfaitement dans une des perspectives qui est donnée aujourd'hui à la philosophie sociale dont le centre d'intérêt porte sur les pathologies sociales [Renault, 2011] provenant des « désajustements aigus » entre les individus et les conditions sociales dans lesquelles ils vivent [Dewey, 1930 LW5, p. 68]. Pour Dewey, les idées et les principes économiques fondés sur le « vieil individualisme » entrent en contradiction avec les caractéristiques majeures de la vie sociale et ne peuvent ainsi en comprendre les dysfonctionnements ni leur apporter de réponses pertinentes.

### *La société moderne : fait d'association et pouvoir économique*

Dewey définit l'individualisme comme un mouvement intellectuel apparu pour justifier la rupture avec les pouvoirs religieux, économiques et politiques des institutions féodales, caractérisées par des « associations » restrictives et des gouvernements coercitifs, en faveur d'une évolution vers plus de démocratie. Pour ce faire, cette doctrine a doté « les personnes singulières, isolées de toute association, de droits naturels et innés » c'est-à-dire de droits non politiques inhérents à l'individu [*ibid.*, p. 173-175]. Les faits d'association ont alors été exclus ou rangés sous ce droit, considérés comme résultant d'un choix volontaire et garantissant des fins privées [*ibid.*, p. 175]. Or, pour Dewey, la vie moderne est justement marquée par « le fait d'association » et le pouvoir des associations sur la vie sociale. L'émancipation par les forces politiques des anciennes coutumes et institutions n'a jamais conduit à la réalisation d'une société d'individus mais à « des modes de vie collectifs aussi étendus et aussi persistants que ceux [qui ont été] supplantés ; ils le furent aussi même davantage du fait de leur grand déploiement et leur force » [Dewey, 1927 (2010), p. 194]. La société industrielle se caractérise par des modes d'interdépendance plus complexes et moins directs que les anciennes formes de vie collective mais cependant non moins prégnantes sur l'existence des individus. C'est notamment le cas dans la vie économique où l'action associée est la règle et la croissance de la taille des *corporations* dans l'industrie, les transports, la distribution et la finance, une caractéristique déterminante. « L'influence que les corporations économiques exercent en déterminant les activités économiques et industrielles du temps présent est à la fois la cause et un symbole de la tendance à l'association dans tous les domaines de la vie sociale. Les associations, qu'elles soient formellement ou informellement organisées, définissent étroitement les choix et les actions des individus » [1930 LW5, p. 58]. La scène sociale est donc marquée par l'action collective et l'on comprend dès lors assez mal comment la prospérité pourrait être attribuée aux initiatives personnelles. Ironiquement, Dewey considère que le capitalisme moderne peut être qualifié de « socialisme capitaliste » par le poids que les monopoles économiques y jouent au nom de l'initiative et de la liberté individuelles [*ibid.*, p. 90]. Ce poids des corporations industrielles et financières leur confère un pouvoir fondé sur le droit de propriété, qui est un droit politique sous couvert de droit naturel. Aussi la société moderne est caractérisée par l'influence déterminante des groupes économiques sur le fonctionnement des institutions politiques. « Les formes de l'action en association caractéristiques de l'ordre économique présent sont si massives et si étendues qu'elles déterminent les membres les plus significatifs du public et la résidence du pouvoir. Inévitablement, elles cherchent à saisir les mécanismes du gouvernement ; elles sont les facteurs décisifs pour la législation et pour l'administration [...] parce qu'elles sont les forces sociales les plus puissantes et les plus organisées. En un mot, les nouvelles formes d'action combinées dues au régime économique moderne contrôlent la politique autant que les intérêts dynastiques contrôlaient celle d'il y a deux siècles. Elles affectent la pensée et les désirs plus que les intérêts qui, en théorie, ont formé l'État. » [1927 (2010), p. 196-197] Cette influence des activités économiques sur l'ensemble de la culture et des valeurs de la société fait que l'existence contemporaine est devenue « au sens anthropologique [...] une culture de l'argent. Ses cultes et ses rites dominent » [1930 LW5, p. 45]. Mais là où la science économique voit des lois naturelles du fonctionnement social, Dewey considère qu'il s'agit bien d'une phase historique et que cette prédominance est la cause de pathologies sociales.

### *Pathologie de la vie sociale : des individus « submergés » et désaffiliés*

Dewey relève un paradoxe fondamental dans la vie sociale qu'il étudie, c'est qu'on attribue tant d'efficacité au système économique et aux valeurs individualistes qui en justifient l'organisation alors que tant d'individus sont « submergés » par les forces sociales abstraites de la « Grande Société »[20] dont ils perdent le contrôle et qui excluent certains d'entre eux de l'activité économique elle-même. La concentration des forces économiques n'autorise justement pas l'expression des initiatives et des choix individuels si bien que les actions sont le plus souvent des réponses à « des forces extérieures » « de sorte que l'individualité est supprimée ». Dewey souligne combien dans la civilisation matérielle et ses valeurs économiques, porteuses des intérêts de groupes sociaux particuliers, les individus ont tendance à s'intégrer plutôt par le conformisme que par l'expression libre de leur individualité[21]. Si beaucoup

20. Dewey emprunte la notion de « Grande Société » à Graham Wallas dont les travaux ont été diffusés aux États-Unis par Walter Lippmann notamment, l'enjeu pour l'ensemble de ces auteurs étant de considérer les effets de l'élargissement et de la complexification de la société sur le fonctionnement de la démocratie (voir Dewey [1927]).

21. Par exemple les artistes, explique Dewey, se mettent soit au service d'organisations économiques

d'individus « sont perdus », c'est que dans la « Grande société », les modes traditionnels d'intégration, les liens sociaux et les croyances par lesquels les individus étaient soutenus (la religion, la famille et les communautés rurales) ont été déstabilisés et affaiblis. Loin d'être désormais identifiés par leur personnalité propre comme pourrait le laisser penser la philosophie individualiste, ils le sont surtout par leur statut économique. Dewey voit dans la désaffiliation le symptôme d'une société non organique non seulement dommageable pour les individus auxquels l'état de l'organisation sociale ne permet pas de réaliser leur potentialité, mais aussi pour la société elle-même qui se prive ainsi de leur contribution et de leur vitalité. Alors même que le travail est devenu la modalité principale d'intégration sociale, le chômage est ainsi un facteur typique de la rupture de la continuité entre l'homme et la société. Si la théorie individualiste attribue souvent le chômage à une responsabilité individuelle, en réalité pour Dewey cette responsabilité incombe à l'organisation sociale du système économique qui n'apporte pas la sécurité pour tous les individus, notamment à l'égard d'un emploi salarié soumis à la fluctuation de cycles endogènes de la conjoncture.

> « Il semble difficile d'émettre une plus sévère critique à l'égard de tout ce qui se qualifie soi-même de *civilisation*, le fait qu'elle ne soit pas en mesure d'utiliser l'énergie physique, intellectuelle et morale de ses membres qui sont désireux et préoccupés de rendre n'importe quelle sorte de service, de produire des marchandises nécessaires ou utiles ; qui n'a pas été en mesure de donner systématiquement la chance à ses membres de faire quelque chose. Le fléau et le caractère inutile de ce fléau qu'est le chômage [...] représentent dans tout ce qui se prétend être une civilisation le point le plus évident et définitif de faiblesse. » [1939a LW13, p. 309-310]

De manière générale, le fait que le travail salarié soit devenu le facteur essentiel d'intégration sociale (à la différence de l'activité qui joue ce rôle dans les sociétés traditionnelles) pose un certain nombre de problèmes. Contrairement à ce que nous dit la théorie individualiste, l'investissement dans le travail n'est pas toujours récompensé, de même qu'il ne contribue pas toujours à l'intérêt général. D'une part, « la réalisation que la poursuite d'un travail honnête et industrieux ne garantira pas un niveau de vie stable diminue le respect pour le travail et conduit le plus grand nombre vers des modes d'enrichissement avantageux [...] : en témoignent les orgies des

---

lucratives soit persistent à exprimer leur individualité mais sont alors considérés comme « des bohèmes excentriques ». « Le statut des artistes dans toutes les formes de la vie sociale nous donne la mesure de l'état d'une culture. La position "inorganique" des artistes dans la vie américaine aujourd'hui est la preuve évidente de ce qu'il arrive à l'individu isolé qui vit dans une société de plus en plus intégrée (*corporate*). » [1930 LW5, p. 60]

marchés financiers à une époque récente » [1930 LW5, p. 68]. D'autre part, de nombreux travailleurs ont des conditions de travail qui ne permettent aucun investissement émotionnel ou intellectuel dans les tâches qu'ils effectuent, ce qui fait que « gagner sa vie » n'est pas en accord avec « une existence qui vaut la peine d'être vécue » [1920 MW12, p. 201][22]. Dewey considère que pour remédier à la pathologie sociale [1939a LW13, p. 31], le contrôle social des oligarchies économiques est nécessaire pour réaliser « la sécurisation » des intérêts de ceux qui ne sont pas pris en compte dans les institutions existantes, et plus généralement pour faire de la vie économique un moyen de la finalité éthique démocratique.

### *Un contrôle des forces économiques par la « méthode pragmatiste »*

Pour Dewey, les réussites matérielles de notre civilisation sont moins redevables aux efforts individuels motivés par la recherche de profits monétaires que par des investissements accumulés et collectifs dans les domaines des activités scientifiques et techniques. Mais le « socialisme » en cours dans l'organisation économique, c'est-à-dire le contrôle des corporations en vue d'intérêts privés, souvent « parasites » des véritables forces progressives de la science et la technique, devrait être orienté par le contrôle social de l'industrie en vue de l'intérêt général en intégrant en particulier la participation des salariés et l'objectif de la stabilisation de l'emploi. « Il semble – dit Dewey – assez optimiste d'anticiper un temps où les représentants des travailleurs pourraient rencontrer à égalité, non dans le but d'obtenir des mesures pour diminuer leur efforts, des augmentations de salaires et au moyen de la grève, mais en tant que facteur intégral de maintien d'une organisation planifiée des bases de l'économie nationale » [1939a LW13 p. 97]. Le vœu de Dewey est de voir se mettre en place les principes « pragmatistes » d'une politique vue « comme moyen » et non « comme fin » dans l'intérêt social, une politique « socialiste » en un certain sens :

> « [L]e déterminisme économique est maintenant un fait, non une théorie. Mais il existe une différence et un choix entre un déterminisme aveugle chaotique et non contrôlé provenant des pratiques des « affaires » à la recherche du profit et la détermination d'un développement socialement [...] ordonné. C'est la différence entre un socialisme capitaliste et un socialisme public. » [*Ibid.*, p. 98]

---

22. Ainsi, « l'idée des philosophes d'une séparation complète du corps et de l'esprit est réalisée pour des milliers de travailleurs de l'industrie dont il résulte des corps déprimés et des esprits vides » [1930 LW5, p. 104]. Comme l'a souligné Williams [1970], le thème de l'aliénation du travail est très important dans la critique de la vie économique moderne développée par Dewey.

Pour Dewey, les structures politiques de son temps dont les finalités sont « la liberté et le développement de l'individualité » en « excluant l'usage du contrôle social comme moyen » [1935 LW11, p. 63] sont une impasse de la démocratie. En effet, « il est absurde de conduire une politique pour la démocratie politique qui laisserait inchangées les autocraties économiques et industrielles » [1939a LW13, p. 314]. Exprimé dans un langage plus philosophique, il s'agit de restituer la continuité ontologique entre les individus et la société de sorte que « le bien de l'individu » et « le bien de la société » ne soient plus disjoints [Dewey, 1896, p. 118], que les individus aient, à travers leur participation à la définition des finalités des organisations dans lesquelles leurs activités sont engagées, la possibilité de réaliser leur personnalité : c'est cela le *nouvel individualisme* et la démocratie créatrice à promouvoir[23].

Pour cela, Dewey considère que l'esprit du vieil individualisme qui « voyait dans l'action économique séparée [...] des individus un moyen du bien-être social comme finalité » doit être renversé pour « considérer une société socialisée comme le moyen du développement d'une individualité libre comme finalité » [1935 LW11, p. 63]. C'est le sens du socialisme de Dewey qui n'est pas un socialisme collectiviste mais un « socialisme libéral » : le contrôle de l'économie qu'il préconise ne correspond pas à une société centralement planifiée (*planned society*) fondée sur des finalités fixes et idéales « imposées de l'extérieur et nécessitant l'usage d'une force physique et psychologique pour assurer la conformité à ses principes », incompatible avec l'éthique démocratique [1939a LW13, p. 321]. Ce qu'il préconise est « un processus permanent de planification » (*planning society*) à travers des dispositifs de « négociation coopérative » entre les groupes sociaux (ses « publics »). C'est « la méthode pragmatiste » expérimentale appliquée à la politique conçue comme « un programme intelligent – qui n'est pas trop rigide – qui n'est pas un programme au sens *d'objectifs définitivement élaborés à l'avance* mais qui représente une vision du futur des choses qui requièrent le plus immédiatement de l'action, en faisant confiance à l'expérience qui révélera au cours de l'action les nouveaux besoins et les nouvelles étapes à entreprendre » [1939a LW13, p. 314]. Et c'est pour lui en substituant cet expérimentalisme pragmatiste au règne du scientisme rationaliste que les sciences sociales pourront justement devenir des outils d'une action politique responsable de ses conséquences pour un contrôle social démocratique de la vie économique [Dewey, 1918 MW11].

23. Pour un approfondissement sur sa conception de la démocratie et ses liens avec la vision d'un capitalisme raisonnable de l'économiste institutionnaliste J.R. Commons, voir Bazzoli et Dutraive [2013].

## Conclusion

Si on reprend la définition du champ de la philosophie de l'économie que l'on trouve dans la *Stanford Encyclopedia of Philosophy* qui utilise la terminologie plus habituelle des économistes – la philosophie de l'économie comprend une philosophie de la science, une théorie de l'action et une éthique –, on peut considérer que la philosophie sociale de Dewey apporte une contribution sur ces trois domaines qui pour lui sont liés : ontologie des phénomènes économiques et méthode de connaissance, conception du comportement et de la rationalité humaine, théorie éthique qui porte sur l'évaluation des résultats, des institutions et des processus économiques[24]. Cette philosophie économique de Dewey est critique : c'est la fonction fondamentale qu'il assignait à la philosophie qu'il incluait dans l'enquête. Elle constitue une critique cohérente de la discipline académique et de la vie économique.

Ce que reproche Dewey à la théorie économique, c'est ce qu'il reproche à toutes les théories sociales : le dualisme entre individu et société et l'erreur historique qui consiste à « prendre le résultat du processus comme fixe et l'utiliser pour expliquer le processus ». Cette critique est le socle de sa contribution positive à la théorie sociale qui consiste en l'articulation des phases économiques, politiques et éthiques du processus social[25]. Mais Dewey trouve particulièrement importante la critique de l'économie académique qu'il considère comme l'expression ultime du « vieil individualisme » et de l'esprit non expérimental qui sont pour lui les obstacles majeurs à l'avènement d'une société plus humaine et plus démocratique[26]. En se pensant supérieure et indépendante de la politique et de l'éthique, en donnant la suprématie au facteur économique pris isolément et d'un point de vue uniquement instrumental et matériel, l'économie académique ne remplissait pas pour Dewey sa fonction consistant à fournir des « éclairages sur la vie économique » [Thompson, 2005] pour l'enquête sociale. Plus encore, la théorie économique est coupable pour Dewey de supposer une

---

24. http://plato.stanford.edu/entries/economics/. Dans les termes de la philosophie de Dewey, ces trois domaines sont : *theory of inquiry / psychological ethics and human conduct / social and political ethics.*

25. Dewey [1924 MW15, p. 248] résume ainsi les « erreurs fondamentales des théories sociales » que sa reconstruction philosophique et sa méthode d'analyse du processus social permettent de dissoudre : l'erreur idéaliste (les finalités et valeurs comme forces auto-explicatives), l'erreur institutionnelle (les structures politiques et légales comme finalités), l'erreur matérialiste (les processus économiques comme déterminants ultimes, indépendants des structures et des finalités).

26. Cette critique de l'individualisme est un thème qui revient « comme une basse » dans l'œuvre de Dewey ainsi que le formule Zask dans son introduction à la traduction de Dewey [1927 (2003)].

équivalence automatique et naturelle entre *wealth* et *welfare* (richesse et bien-être), et de réduire sur cette base l'économie à l'accumulation des moyens de l'enrichissement individuel [1920]. Autrement dit, elle ne permet pas une critique de la vie économique, au contraire, elle constitue au fond une « justification intellectuelle » d'un régime historique de l'économie qu'est le régime individualiste.

Or, pour Dewey, une philosophie économique doit intégrer une critique de la vie économique moderne si elle veut être une philosophie attentive aux problèmes qui se posent dans l'expérience humaine. Pour lui, le « matérialisme odieux et la brutalité de notre vie économique sont [en grande partie] dus au fait que les finalités économiques ont été regardées essentiellement comme instrumentales » [1920, p. 178]. Il faut au contraire les regarder aussi comme idéales, morales : ainsi, « la place ultime de l'organisation économique dans la vie humaine est d'assurer une base sûre à l'expression ordonnée des capacités individuelles et en vue de la satisfaction des besoins humains non économiques » [1935 LW11, p. 63].

Mais réaliser l'idéal – faire de l'économie « un moyen pour l'intérêt général et une opportunité pour le développement personnel par un pouvoir créatif » [1920 MW12, p. 184] –, idéal que Dewey considère comme une dimension d'un autre idéal, la démocratie, les deux étant en crise et constituant la situation problématique que l'enquête doit résoudre dans le contexte historique qui fut le sien, implique pour lui de faire dans le champ des Humanités ce qui a été fait dans le champ de la Science : une « désintégration de l'ancien savoir » pour qu'un nouveau, nécessaire à la résolution de la situation, puisse être créé [Dewey, 1948 MW12]. Tel est l'enjeu pour Dewey de la reconstruction de la philosophie par l'enquête et de la critique du vieil individualisme, telle est la contribution de sa philosophie sociale : un nouvel individualisme pour une société et une économie plus humaines.

## Bibliographie

Bazzoli L., Dutraive V. [2013], « D'une "démocratie créatrice" à un "capitalisme raisonnable". Lecture croisée de la philosophie de J. Dewey et de l'économie de J.R. Commons », *Revue économique* (version électronique), *à paraître.*

Bernstein R.J. [1991], « Dewey et la démocratie : la tâche qui nous attend », dans J. Rajchman, C. West (dir.) *La pensée américaine contemporaine*, Paris, PUF.

Dewey J. [1896], *Lectures on Political Ethics*, in D.F. Koch (ed.) *Principles of Instrumental Logic. John Dewey's Lectures in Ethics and Political Ethics, 1895-1896*, Southern Illinois University Press, 1998.

— [1898], *Lectures on Political Ethics*, in D.F. Koch (ed.) *J. Dewey. Lectures on Psychological and Political Ethics: 1898*, Hafner Press, 1976.

— [1915-1916], *Moral and Political Philosophy*, in D.F. Koch, W.J. Samuels (ed.) *Lectures by John Dewey: Moral and Political Philosophy*, in *Research in the History of Economic Thought and Methodology*, Archival Supplement 1, 1989.

— [1918], « A new social science », repris dans *The Middle Works*, vol. 11 (1918-19), Essays, Electronic edition of the Collected Works, Intelex Past Masters Collection.

— [1920], *Reconstruction in Philosophy*, repris dans *The Middle Works*, vol. 12 (1920), Essays, Electronic edition of the Collected Works, Intelex Past Masters Collection.

— [1924], *Syllabus : Social Institutions and the Study of Morals*, repris dans *The Middle Works*, vol. 15 (1923-24), Essays, Electronic edition of the Collected Works, Intelex Past Masters Collection.

— [1927], *Le public et ses problèmes*, Publications de l'université de Pau, Farrago/Éditions Léo Scheer, 2003.

— [1927], *Le public et ses problèmes*, Paris, Gallimard, coll. « Folio essais », 2010.

— [1930], *Individualism, Old and New*, repris dans *The Later Works*, vol. 5 (1929-30), Electronic edition of the Collected Works, Intelex Past Masters Collection.

— [1935], *Liberalism and Social Action*, repris dans *The Later Works*, Vol. 11 (1935-37), Electronic edition of the Collected Works, Intelex Past Masters Collection.

— [1938], *Logique. La théorie de l'enquête*, Paris, PUF, 1993.

— [1939a], « The economic basis of the New Society », repris dans *The Later Works*, vol. 13 (1938-39), Electronic edition of the Collected Works, Intelex Past Masters Collection.

— [1939b], « La démocratie créatrice – La tâche qui nous attend », *Horizons philosophiques,* 5 (2), 1997, disponible sur : http://agora.qc.ca / textes/dewey.html

— [1948], « Introduction : reconstruction as seen twenty-five years later », repris dans *The Middle Works*, Vol. 12, Miscellany, Electronic edition of the Collected Works, Intelex Past Masters Collection.

— [1949], « Experience and nature: a re-introduction », repris dans *The Later Works*, Vol. 1, Appendix 1 : The Unfinished Introduction, Electronic edition of the Collected Works, Intelex Past Masters Collection.

— [2011], *La formation des valeurs*, Paris, Les Empêcheurs de penser en rond / La Découverte.

Dufour E. [2011], « Histoire et définitions de la philosophie sociale », Colloque *Philosophie sociale et sciences sociales*, ENS de Lyon, 24-25 mars.

Edel A., Flower E. [1985], Introduction à *The Later Works* vol. 7 (1932), Electronic edition of the Collected Works, Intelex Past Masters Collection.

Hook S. [1983], Introduction à *The Later Works* vol. 1 (1925), Electronic edition of the Collected Works, Intelex Past Masters Collection.

Koch D.F. [1976], « Editor's introduction », in D.F. Koch (ed) *J. Dewey. Lectures on Psychological and Political Ethics: 1898*, Hafner Press, p. xxi-xlix.

Koch D.F. [1989], « Editor's introduction: international conflict and the development of Dewey's moral, political, and legal philosophy », *Research in the History of Economic Thought and Methodology*, Archival Supplement 1, p. 19-56.

Koch D.F. [1998], « Editor's introduction to the lecture on political ethics », in D.F. Koch (ed.) *Principles of Instrumental Logic. John Dewey's Lectures in Ethics and Political Ethics, 1895-1896*, Southern Illinois University Press, p. 103-122.

Karsenti B. [2013], *D'une philosophie à l'autre. Les sciences sociales et la politique des Modernes*, Paris, Gallimard.

Kurtz P. [1984], Introduction à *The Later Works* vol. 5 (1929-30), Electronic edition of the Collected Works, Intelex Past Masters Collection.

Renault E. [2011], « La philosophie sociale avec ou sans les sciences sociales », Colloque *Philosophie sociale et sciences sociales*, ENS de Lyon, 24-25 mars 2011.

Ross R. [1982], Introduction à *The Middle Works* Vol 12 (1918-1920), Electronic edition of the Collected Works, Intelex Past Masters Collection.

Samuels W.J. [1989], « Editor's introduction: notes from John Dewey's lectures on moral and political philosophy and their relevance to the study of the history of economic thought », *Research in the History of Economic Thought and Methodology*, Archival Supplement 1, p. 1-18.

Thompson J.K. [2005], *John Dewey and Pragmatic Economics*, Dissertation for the degree of Doctor of Philosophy, Graduate School of Vanderbilt University, disponible sur : http://etd.library.vanderbilt.edu/available/etd-04012005080229/unrestricted/Dissertation.pdf

Tilman R. [1998], « John Dewey as user and critic of Thorstein Veblen's ideas », *Journal of the History of Economic Thought*, vol. 20, n° 2, p. 145-60.

Williams L.P. [1970], « A liberal's perspective on the dismal science: John Dewey's view of economic theory and practice », *Educational Theory*, vol. 20, n° 2, p. 177-188.

# FIRMS AS PERSONS

*Richard Adelstein*[1]

This essay asks whether business firms should be treated as moral or legal persons, capable of bearing rights and duties as distinct entities. Building on earlier work describing firms as relational contracts in performance [Adelstein, 2010], it considers the nature of legal and moral personality, whether and when rights and duties can be assigned independently without a balancing symmetry, and what qualifies a subject for personhood, and thus for rights and duties. It argues for an asymmetric view of the rights and duties of firms. On the one hand, because the purposeful acts of firms typically cannot be reduced to the purposeful acts of any individual participant, there is a residual responsibility for the acts of the firm after the responsibility of each participant has been properly reckoned that can only be attributed to the firm. But on the other, while it may be convenient for participants and others that firms hold rights to ordinary property, because firms are never more than instruments created by living people for their own purposes, they have no right to life or liberty. In the absence of these rights, there is no basis for granting firms political rights to such things as free speech, free association or privacy. A concluding section considers the granting of constitutional rights to business corporations in the United States in light of these arguments.

***Les firmes en tant que personnes***
*Cet essai pose la question de savoir si les firmes doivent être traitées comme des personnes morales ou juridiques, capables d'endosser des droits et des devoirs en tant qu'entités distinctes. S'appuyant sur de précédents travaux où les firmes étaient décrites comme des* contrats relationnels en performance *[Adelstein 2010], il examine la nature de la personnalité juridique et morale, la possibilité d'assigner indépendamment et sans symétrie des droits et des devoirs, ainsi que les conditions permettant de qualifier un sujet de personne, ayant par extension des droits et des devoirs. Il plaide en faveur d'une approche asymétrique pour ce qui est des droits et des devoirs des firmes. D'un côté, parce que les actions finalisées des firmes ne peuvent justement pas être réduites aux actions finalisées de n'importe lequel de ses membres, une fois comptabilisée la responsabilité de ces derniers, il y a une responsabilité résiduelle de la firme pour ses actions, responsabilité qui n'est imputable qu'à elle. Mais, d'un autre côté, quand bien même il peut être utile pour les membres de la firme et pour d'autres de détenir collectivement des droits de propriété, parce que les firmes ne sont que des instruments créés par des individus poursuivant leurs propres fins, elles n'ont droit ni à la vie ni à la liberté. En l'absence de ces droits, rien ne justifie de leur accorder des droits politiques comme la liberté d'expression, la liberté d'association ou le droit à la protection d'une vie privée. À la lumière de ces arguments, une dernière partie examine l'octroi de droits constitutionnels aux sociétés commerciales aux États-Unis.*

**Keywords:** theories of the firm, contracts in performance, Kantian personhood, collective rights and duties. / **Mots clefs :** théories de la firme, contrats en performance, personnalité kantienne, droits et devoirs collectifs.
**JEL classification:** A12, B40, D23, K20

1. Woodhouse/Sysco Professor of Economics – Wesleyan University – Middletown, CT 06459 USA – radelstein@wesleyan.edu
I am grateful to participants in the June 2012 Conference on Economic Philosophy in Lille, Claude Roche, and three anonymous referees for helpful criticisms of an earlier draft of this essay. All remaining errors are my own.

In earlier work [Adelstein, 2010], I considered the interrelated ontological and epistemological questions of precisely what business firms are, whether and in what sense they are 'real' social actors, and whether their actions and effects can ultimately be traced without remainder to the actions of living people in real time or, contrarily, whether there is some irreducible aspect of their existence and operation that can only be attributed to a social collective as such. I described firms as 'contracts in performance,' ongoing, multilateral relational contracts from whose operation – that is, from performance over time by specific individuals in the roles and relationships defined by the contract – emerge each firm's idiosyncratic behavioral routines and organizational capabilities. I argued that because, in my account, every action of a firm supervenes on the actions of its human participants, this account is consistent with a reasonable individualism that allows for social outcomes to be determined by the actions and interactions of individuals. Nonetheless, adopting the standard of social reality posed by Searle [1995], I argued that firms were not, as many contemporary legal theorists claim, mere legal ephemera, but institutional facts and thus real social actors despite the fact that, characterized as relational contracts, they are in essence mental objects, or ideas.

The problem of firms as social actors has a normative aspect as well, the question of whether firms should be treated as moral or legal 'persons' in their own right, capable of bearing rights and duties as separate entities, distinct from the rights and duties of the individuals who are at any moment associated with (and through) them. Here, I address that question in light of the ontological and epistemological arguments of this earlier work. After an introductory discussion of firms as contracts in performance, I turn to the complex nature of legal and moral personality, whether and in what circumstances rights and duties can be assigned independently of one another, without a balancing symmetry, and what qualifies a subject for personhood, and thus for rights and duties. I briefly survey the existing literature in this area in terms of its relation to the contracts-in-performance model, and suggest where and how the latter can shed useful light on a question that has long bedeviled legal and moral philosophers. I argue that rights and duties need not be symmetrical in the case of firms, and that while their social reality and capacity for rational agency make firms appropriate bearers of moral and legal responsibilities, because they are instrumental means to human ends rather than autonomous ends in themselves, they are not proper bearers of moral or constitutional ('human') rights. A concluding section considers the granting of constitutional rights to business corporations by the United States Supreme Court toward the end of the nineteenth century in light of these arguments.

## Contracts in performance

Firms come about when an entrepreneur succeeds in persuading others to abandon the current employment of their resources and cast their lot with the entrepreneur's plan to organize some small sphere of production in a new way. If they agree to do so, they bind one another to perform in accordance with a long-term *relational contract* that defines the roles and relationships that will govern the operation of the new enterprise and whose precise terms gradually change over time as individual participants come and go. Unlike *discrete contracts*, which govern instantaneous transactions in what economists call perfectly competitive markets, relational contracts govern long-term relationships that participants hope to preserve over time in an uncertain environment as conditions and participants in the contract change. Successful firms are durable relational contracts that organize the interactions of sometimes very large numbers of people engaged in a particular kind of cooperative enterprise, the production of goods over time [Adelstein, 2010: 335–38].

The participants' agreement to this relational contract at every moment is what constitutes the firm as such, so that in the first instance, firms are ideas, or mental objects. But as Searle's [1995] rigorous analysis of social reality makes clear, they are nonetheless *social facts*, epistemically objective social realities constituted by a specific, broadly shared state of mind that Searle calls *collective intentionality*. By this he means that a group of individuals share a *we consciousness*, 'a sense of doing (wanting, believing, etc.) something together, and the individual intentionality that each person has is derived *from* the collective intentionality that they share.' It is a sense, shared both by participants in an enterprise and, in the third person, by others who recognize the common enterprise the participants are engaged in, that '*I* am [or they are] doing something only as part of *our* [or their] doing something' [*ibid.*: 23–6, emphases in original; Adelstein, 2010: 345].

Searle illustrates this idea with the intentionality and behavior of a football team, one kind of relational contract, though it clearly describes the collective intentionality at work in the case of relational contracts like firms as well. But collective intentionality often takes milder forms, as when two people agree to take a walk together, and whenever it exists, a social fact is created for the individuals who share the intentionality. In this sense, social facts are ubiquitous. But social facts merely exist, they do not necessarily act. Social facts become unitary social actors, a species of what Searle [1995:43–51] calls *institutional facts*, with the further creation of a specific collective intentionality that he summarizes as *X counts as Y in C*, where *X* is some object, *Y* is a symbolic status that the intentionality assigns to *X* so that *X* can perform a function for the group, and *C* specifies the context in which *X* will be recognized as *Y*. Firms are easily reduced to this account: participants and others agree that when participants act in accord with a certain relational contract (*X*), they will think of them and treat them as a unitary body called a firm (*Y*), so they can more effectively produce goods (*C*). Once this collective intentionality exists, the relational contract becomes an institutional fact, one that participants and others henceforth treat as an active social unit [Adelstein, 2010: 346–7].

Once firms actually begin operating, as real people perform in real time in the roles and relationships defined by the contract, the firm becomes a relational contract in performance, and two crucial things happen. First, the firm takes on a quality I call *physicality*. At every moment, firms are physically manifested in the performance of their current participants in the roles and relationships defined by the contract at that moment. Second, performance of the contract leads to the emergence of routines and capabilities, patterned human interactions in real time that give firms a range of human-like capacities – to see, to think, to plan, to act – that often far exceed the cognate abilities of any actual human being. The physicality manifested in the performance of these routines is not complete, as human consciousness and intentionality condition every specific act performed by every firm, but that a firm's characteristic routines are in fact being performed is an outwardly physical phenomenon, visible to any observer. Almost everything a firm does can be observed by watching what its participants do; that it is a *firm* that is doing it is true only because of what people think [*ibid.*: 340–4]. It is these three aspects of firms as contracts in performance, the collective intentionality that creates them, their physicality, and the powers of cognition and action that human performance of their routines enables them to exercise, that ground their claim not only to social reality, but to *rational agency* of often great consequence, and raise the question of whether they should be treated as moral or legal persons.

## Firms as bearers of duties and rights[2]

### Personhood

Personhood is at once a juristic, a philosophical and a moral concept, and sharply contested in all three spheres. Ordinary speech treats every human being as a person, and rarely is this label attached to anything else, particularly things that are not alive. But at law, as Maitland [1911: 307] put it, a person is an abstraction, a 'right-and-duty-bearing unit.' Maitland was concerned to show that the particular kind of firm called corporations are fully capable of bearing both rights and duties, and his definition hints at the truth that not every human being (or *natural person*) is a legal person, nor is every legal person a natural one. Normal adults typically are right-and-duty-bearing units, combining as they do a capacity for rational deliberation and agency and a unity of consciousness or sense of self in a single organism. Scruton [1989: 249–50], also a proponent of corporate personhood, elaborates these three canonical elements of natural personhood as, first, biological 'unity and duration as an animal [,] a natural kind;' second, rational agency, a 'kind of "intentional system," which receives and stores information, forms plans for the future and acts upon them [so as to] have a "will of his own," and to exhibit a certain kind of continuity through time;' and third, self-awareness, identifying oneself in the first person and attributing to oneself mental states and an epistemologically unique point of view, the 'most mysterious of the three features' and one, Scruton concedes, not easily ascribable to corporations.

Indeed, as Ohlin [2005: 212–29] points out, only some human beings have all three attributes of natural personhood, and there are plausible candidates for rights and duties, natural and otherwise, who lack one or more of the elements or in whom the elements are in tension. Children and incompetent adults, for example, have the first and third attributes but lack, temporarily or permanently, the second; patients with psychiatric disorders may exhibit the first but not the second or third. Rational agency and self-awareness, moreover, are matters of degree, not just in the sense that living people who are also legal persons display a broad spectrum of capacities for each but perhaps across species as well; animals may base a claim to rights on a diminished form of both. And, of course, there are collective actors like firms, which (or who) are not biological organisms,

2. This section draws on Adelstein [2012: 78–86].

and may or may not be self-aware, but are, as I have argued, quite capable of intentionality and rational agency. For the law, the question in such cases is how to weigh the three elements in the context of each claimant's case for personhood, whether and to what extent the fact of a patient's humanity might outweigh her irrationality or lack of self-awareness in determining her rights, or the absence of a living body might absolve a rational, self-aware, active manufacturing enterprise of responsibility for its actions.

In American law, this last question is raised only by the specific form of relational contract called a *corporation*. Once a firm adopts a standard form of internal governance and meets other statutory requirements for incorporation, the law recognizes it as a particular kind of institutional fact, a corporate actor to be treated by the courts as a legal person in its own right, detached from any and all of its human participants, able to own property, make contracts, and bear rights and duties in its own name, distinct from those of its participants. Other kinds of firms, those the law calls *proprietorships* and *partnerships*, are not organized as corporations, are not treated as distinct legal entities, and do not bear rights and duties beyond those of their participants. But while all corporations are firms as I describe them, not all firms are corporations. It is relational contracts in performance, not corporations as such, that manifest the collective capacity for intentionality and rational agency and the kind of unified consciousness grounded in the collective intentionality of individuals that is expressed in the coordinated performance of routines. Here, I treat all such firms, corporations or not, as social actors distinct from their human participants, and thus candidates for the same generic rights and duties.

The idea that living men and women are the proper *situs* of rights and duties is deeply engrained in liberal philosophy and politics. As bearers of personal duties or responsibilities, most adults have sufficient powers of cognition, intentionality, rational deliberation and action to create the capacity for *mens rea* and blameworthiness in contemplating and acting on their choices. And as bearers of personal rights, they are limited in the extent of their imposition on others by their mortal, imperfect bodies and in this respect stand in rough equality to one another as citizens. But firms may grow very large and powerful, in command of both material resources and practical capabilities of perception, cognition and effective action far beyond those available to individuals. When they do great harm, the case for holding them responsible as collective actors is strong, but once granted it seems intuitively to demand some compensating recognition of rights, at least with respect to the activities that might generate the responsibility [Weinreb,

1992: 281–94). When the legal personhood of huge corporations became a political issue in the United States at the turn of the twentieth century, this symmetry of rights and duties enabled the friends of big business to join their foes in favor of it, the former to protect the corporations from government regulation, the latter to subject them to civil or criminal liability [Hager, 1989: 579–92]. And as Ripken [2009: 122–4] suggests, it is why many contemporary opponents of corporate rights resist the otherwise congenial notion of corporate responsibility so vigorously.

What qualifies a subject for personhood, and thus for rights and duties? For some, following Descartes, personhood demands the first and third attributes, a physical union of body and mind found only in biological units of sufficient complexity; for others, following Locke, it requires only the third, consciousness of a continuous self, based on experience and memory [Ohlin, 2005: 213–4). But the arguments of interest here are those that start with Kant's [1993: 35–40] view, that the second attribute, rational agency, is enough to confer moral personhood. Kant argued that the rational agency of human beings gives them a right to be treated as ends in themselves, respected and preserved for their own sakes rather than used as means to the ends of others, tools without rights or duties of their own. The question is whether personhood should be extended on this basis to collective actors like firms, entitling them to the same presumptions of autonomy and responsibility enjoyed by living people.

One response is simply to deny the rational agency of firms altogether – e.g. Keeley [1981] and Werhane [1989] – and reduce their intentions and actions, and with them primary responsibility for the consequences, strictly to the intentions and actions of their human participants. In this light, firms, if they exist at all, can only be means, not autonomous ends, and have no claim to rights or duties. But I have denied the premise of this argument: firms *are* real, and though performance by their human participants is an indispensable part of their reality, their routines and capabilities are emergent phenomena, irreducible products of the interaction of the participants structured by a relational contract [Adelstein, 2010]. Nor can their actions be separated from these interactions and reduced to the acts of isolated individuals. These irreducibilities are precisely what make a firm's intentions and actions collective. If firms aren't moral persons, it isn't because they cannot act.

A second strategy is to detach responsibility from rights and reach conclusions about the one without much attention to implications for the other. This is the approach of French [1979; 1984] and Pettit [2002; 2007], who argue in different ways for corporate responsibility based on collective rational agency without discussing the rights this might imply, and Dan-Cohen [1986], who opposes granting Kantian 'autonomy rights' to firms as such because they can be portrayed as intelligent machines despite their powers of intentionality and action, without addressing the consequences this might have for corporate responsibility. A third approach is to argue directly for corporate personhood, without metaphor, in the style of Scruton [1989: 246–57] or McDonald [1987: 219–20]. Though he acknowledges the differences between the kinds of intentionality and consciousness accessible to individuals and collectives, Scruton insists that corporate actors experience meaningful analogues to such feelings as pride, remorse and guilt and thus that they have moral lives and personalities, and that their role as essential mediating institutions between the state and the individual and the part they play in creating the social world within which human personality develops justify their claim to moral personhood on a par with living people. McDonald goes further. Because large firms often have far greater capacity for intelligent agency than individuals, he suggests, and because they are in principle immortal and thus able to shoulder responsibility more fully than transient human beings, they rather than individuals may be the 'paradigm moral agents.'

## Firms as duty bearers

French's normative account of corporate responsibility closely tracks the positive depiction of firms as contracts in performance. He divides collectives generally into two categories, *aggregates*, or loose collections of people such that a change in membership is enough to change the group's identity (my neighbors, a mob), and *conglomerates*, purposeful organizations whose continuous existence and identity are consistent with varying membership over time (universities, corporations, armies). Only the latter, he argues, can claim moral personhood and the ability to bear responsibility for harms done by their collective actions. To say that a mob is responsible for a death is just a shorthand way of describing the responsibility of each of its members as individuals; once the responsibility of every individual is reckoned, there is none left over to ascribe to the mob as such. But conglomerates and business corporations in particular act in such a way that responsibility for their actions cannot, or cannot always, be distributed without remainder among their participants, so that the residue must be ascribed to the firm as such. This attribution is justified whenever a firm displays the particular kind of intentionality and rational agency French calls 'a Corporation's Internal Decision (or CID) structure.'

The CID structure may be more or less formal or explicit, but for French, it must be clearly visible and contain two essential elements that enable it to bear the Kantian weight he places on it: a clear description (a 'flow chart') of how decisions are to be made and actions taken to carry out the firm's policies and achieve its objectives, and a set of 'corporate decision recognition rules' that signify to participants and others that particular decisions and actions do in fact represent the decisions and actions of the firm. This structure is what I have described as the relational contract that constitutes the firm, the system of roles, relationships and procedures through which the firm is governed and operated. When human actors are seen to perform in accord with the constitutive relational contract, the outcomes of their interactions become the institutional facts of the firm's actions. In similar terms, French maintains that a CID structure 'licenses the descriptive transformation of events, seen under another aspect as the acts of biological persons . . . , to corporate acts by exposing the corporate character of those events. A functioning CID Structure *incorporates* acts of biological persons.' The kind of rational agency created by such a structure, he concludes, 'is a necessary and sufficient condition of moral personhood,' enough to hold firms responsible for their acts [1979: 211–5, emphasis in original].

Pettit's argument to the same conclusion also turns on the rational agency of collectives, and like French, he grounds the attribution of corporate responsibility in deliberative procedures that allow firms to 'simulate the performance of individual agents. They endorse certain goals and methods of reviewing goals and certain judgments and methods of updating judgments, and they follow procedures that enable them to pursue those goals in a manner that makes sense according to those judgments' [Pettit 2007: 172]. Pettit also describes two kinds of groups and argues that only one, those he calls *social integrates*, display the kind of corporate intentionality that distinguishes the intentions and decisions of the firm from those of its participants and provides the autonomy of moral choice and agency necessary to support corporate responsibility. And for Pettit too, the requisite autonomy is demonstrated by what French would call a CID structure. But only a very particular kind of CID will do, one that addresses the *discursive dilemma* that is posed in a variety of common settings to business firms.

Suppose a conclusion X requires that both premise A and premise B be true. A group can decide on X in two ways: it can have each member decide for himself on A and B and then vote only on the conclusion this implies for X, a *conclusion-centered procedure* (CCP), or it can poll the members only on the individual premises and let those decisions dictate the logical X, a *premise-centered procedure* (PCP). The dilemma arises because in many plausible cases, the two procedures lead to different conclusions by the group regarding X, and because PCPs in particular can reach conclusions on X that are not shared by even a single member. So choosing which kind of procedure to adopt, a choice that Pettit argues must be made by every group in one way or another, means choosing what kind of group its members want it to be: CCPs create groups that are nothing more than instruments of the current desires of their members, while PCPs enable groups to defy their membership on the question at hand so as to preserve logical consistency with other decisions.

Rock [2006: 1–6] shows that firms may confront the discursive dilemma in a variety of business situations, some involving the evaluation of A, B and X in a single decision, others in which A and B are previous collective decisions that are logically related to an X to be determined now. In both cases, the costs of logically inconsistent collective decisions to firms with reputations to protect and long-term obligations to meet can be very great, which draws them to PCPs. A firm may choose to determine X by CCP, letting the decision of the group respond directly to the current views of members on X, but this may risk a collective decision that contradicts earlier ones on the basis of which costly investments have been made. Employing a PCP ensures that the firm's decisions will be seen by its participants and others as 'collectively rational' over time even where this produces outcomes that are contrary to the current views of members on X [Pettit 2002: 446–54]. This latter possibility, that the collective decision on X may not reflect the conclusion of any of the members, suggests the sense in which Pettit claims that PCPs 'collectivize reason,' and thus provide a basis in rational agency for the personhood of groups that adopt them. An organization that can defy its human participants in pursuit of consistency with its own, previously expressed positions does indeed appear to have a mind of its own.

Despite their differences, this last point is the crucial one for both French and Pettit. For French, the CID structure confers moral personality precisely because it allows the decisions of the firm to be made for the firm's own reasons and in pursuit of its own objectives, whatever the reasons and objectives of the structure's human participants might be [1979: 213–5]. And for Pettit [2007: 184], moral autonomy is 'intuitively guaranteed' by the fact that, in many cases, 'the judgment of the group will have to be functionally independent of the corresponding member judgments, so that its intentional attitudes as a whole are most saliently unified by being, precisely, the attitudes of the group.' This position seems to me a straightforward extension of the positive depiction of firms as contracts in performance to the normative problem of moral responsibility. Firms are real social actors, ontologically distinct from their human participants, and in the operation of their routines and deployment of their capabilities, they apply real powers of perception, cognition, deliberation and action to pursuit of their objectives. They have the capacity to appreciate and make moral choices, and the rational agency to act on them, all in ways that distinguish their intentions and actions from those of their human participants. In this metaphysical sense, as French [1979: 207] puts it, firms clearly are persons. There seems no reason to deny that, in matters of responsibility, they are moral persons as well.

## Firms as right bearers

Without argument, French [1979: 207] draws an easy equivalence between duties and rights. Having shown that ascriptions of moral responsibility to firms are meaningful, he concludes that 'corporations can be full-fledged moral persons and have whatever privileges, rights and duties as are, in the normal course of affairs, accorded to moral persons.' Given the obvious differences of substance and scale in the attributes of personhood that distinguish firms from human beings, it is not apparent why this should be true. Indeed, if McDonald is correct, and firms' capabilities make them moral superpersons in relation to natural persons, perhaps firms should have more or broader rights than living men and women. But over their entire history, Americans in particular have been wary of the magnified powers of cognition and action possessed by large enterprises and their potential to turn real firms into economic or political superpersons, and the ascription to firms not just of identical rights, but even diminished or circumscribed versions of the rights of natural persons has consistently provoked resistance (cf. Winkler [2007]). Even Scruton, who like French would accord corporations full moral personhood, is far more confident of his position in the case of bodies like churches, fraternal groups and universities, the institutions celebrated by Gierke [1987] as shields of individual men and women against a powerful state, than he is for business firms, though he ultimately includes these too on his list of candidates for personhood. Scruton sees the purpose of *internal* institutions like churches as inextricably bound to their existence; their continued existence is the fulfillment of their purpose. A firm, in contrast, is an *independent* body, 'an association for a purpose, a means to an end, and is usually treated as such by those who work for it.' Unlike a church or a family, it 'stands in a contractual relation to its employees, and is dissoluble at will. [It] is not the legal recognition of a new moral reality' [1989: 241–2].

In Kantian terms, this concession is decisive, for it removes firms, despite their rational agency, from the category of autonomous ends, valued and preserved for their own sake, to the category of means that, if they are given rights and duties at all, receive them only on condition that this serve the ends of living people. This breaks the intuitive link between rights and duties – if rights and duties are placed in firms because of their utility to people, and Kantian rights of people take priority over utilitarian rights of firms, there is no reason to suppose that any firm's rights and duties must reciprocate one another or meet some other test of fairness to the firm as such. This is Dan-Cohen's [1986] strategy. Through an ingenious thought experiment involving a firm hypothetically operating for a time without the participation of any human beings, one that even a friendly critic [Fisse, 1987: 297] calls 'a "crazy case" which toys with the problem of corporateness,' Dan-Cohen argues that firms are in principle intelligent machines, and that as machines, they are not Kantian persons entitled to autonomy rights but instruments given whatever rights they possess solely for the benefit of Kantian persons. A firm may exercise an autonomy right only on behalf of specific people who hold that right, provided that the protection of that very autonomy right is the purpose of the firm, and then only if it is socially useful that it be allowed to do so.

Once firms are denied Kantian personhood, their rights become a matter of policy, and one can argue for or against any array of rights and duties for any firm, irrespective of whether these fall heavily on one side or the other or whether all firms are granted the same array of rights and duties, solely on the basis of empirical estimations of social costs and benefits. It is, for example, often convenient for both participants in a firm and those who deal with it for the firm to own and dispose of property in its own name, as corporations do. Enabling a firm to own material or financial property frequently makes it easier to transfer or liquidate that property in commerce, and vesting intellectual property rights to new knowledge created by the operation of a firm's routines in the firm as such, rather than trying to apportion them among the participants, may be the only practical way to preserve incentives to participate in the routines themselves.

But granting ordinary property rights to firms for utilitarian reasons does not imply that firms are appropriate bearers of political or moral rights as well. To be sure, firms whose purpose is to increase the value of the property of their owners might, as firms, be given the same rights to due process or equal protection with regard to that property that their owners possess as natural persons. But here too, as Dan-Cohen suggests, this is not because the firms themselves are entitled to such rights, as living people are, but because it is convenient for their owners (and others) to allow the firm to assert these autonomy rights for them rather than exercise the same rights themselves. Living people are entitled to due process and equal protection with regard to their property, but firms are not, and have these rights only to the extent and for as long as they remain a cost-effective way to protect the property rights of living people. Whether they have other political or moral rights, say to free speech or privacy, depends on whether they can be said to be asserting a similar autonomy right on behalf of their human participants and, if so, whether the social benefits of permitting them to do so exceed the social costs. Thus, one may consistently argue that firms have fundamental rights to due process and equal protection with regard to property and then deny on utilitarian grounds that they should be given the same rights to such things as free speech or privacy that people have, or any rights to them at all (cf. Greenwood [2007]).

In this view, firms, though they may be fully intentional subjects, are second-class moral persons. But as Katsuhito Iwai [1999: 585] points out in the case of corporations, this is in the 'dual nature' of the beast. Corporations are legal persons, and as such owners of property, but at the same time they are themselves the property of human owners, like any other thing those people might own. They are thus more than things, but less than people. People own themselves, and absent slavery cannot own other people, but corporations, though they can own other corporations, cannot own themselves, and (thought experiments aside) are ultimately owned by living people. And though it is harder for stockholders to dissolve corporations than it is for partners or proprietors to dissolve their enterprises (cf. Blair [2003]), the part of firms that is property is not legally protected from willful destruction at the hands of lawful competitors in the market. As Scruton recognizes, firms are not created so they can experience life in the sense that men and women do, finding identity, realizing potential, serving others, or fulfilling some other existential mission, but specifically so they can effectively perform certain functions in organizing production for the economic benefit of living people. In Kantian terms, we have no interest in the existence or survival of any firm in the way we do those of living people. No law-abiding firm has a right to live if it is unprofitable and defeated by fair competition, as every law-abiding man or woman has a right to live even if their lives are unsuccessful or unhappy. Indeed, the failure of firms produces important empirical knowledge in the market order: every unsuccessful enterprise reveals a way in which productive resources cannot profitably be organized and perhaps a reason why, indispensable knowledge that cannot be created in any other way and is quickly dispersed to others through interaction in the market order. In the competitive world to which we allow their human creators to commit them, for the benefit of everyone, the most useful thing that most firms do is die.

One could respond that once a firm is up and running, its routines and capabilities might give it the ability to perform desirable social tasks in ways that have merit even if they cannot be made profitable, and that this particular knowledge and capability would be lost with the dissolution of the firm. This may be the case, though if it is, the possibility for improving on it remains open, if an entrepreneur can find a way to preserve the merits of the older organization in a profitable new one. But it is not the individual firm in isolation that produces knowledge in the market order, it is the competitive process that tests the organizational experiment that each firm represents and separates those that can make production pay for itself from those that can't. What is important for the creation of knowledge about how to organize production in profitable ways is not the survival of any single firm, but the survival of the spontaneously ordered process of competition and discovery in which they are all immersed. As Kantians, we care whether people survive because we consider them ends rather than means, but we do not care in the same way about the survival of firms (though we may care much about the distress of the people they leave behind) because every firm is part of a larger system that performs desirable tasks for people, some of which require the dissolution of unsuccessful firms, and it is that beneficial larger system, not any individual firm, that people have an interest in preserving.

## Corporations and the American Constitution

Despite all this, in the United States corporations, alone among forms of business organization, have enjoyed constitutional rights to due process and equal protection of the laws for well over a century. Before 1850, when almost every American firm was either a sole proprietorship or a small partnership, business relations were governed primarily by contract law, individual owners and partners bore unlimited liability for the debts of their enterprises, and firms as such were understood as convenient legal artifacts, transparent, insubstantial masks behind which easily identifiable human beings who could be held personally responsible for the conduct of their firm did business. Neither proprietorships nor partnerships had continuous existence of their own, and both were dissolved by the departure of any owner or partner, for any reason. The privilege of incorporation, which gave firms a separate, potentially perpetual legal personality that could survive the departure of any of its participants, was granted sparingly by state legislatures. Its primary purpose was to protect investments in relatively large, 'public' enterprises like bridge or turnpike construction that required the commitment of substantial human and material resources for lengthy periods by 'shielding' the enterprise from dissolution at the hands of a minority owner or partner [Blair, 2004: 47–57; Hansmann et al., 2006: 1337–43]. Corporations were thus treated as *artificial entities*, created with the legal properties they had solely by legislative action and consequently endowed with only those rights and powers the legislature chose to give them [*Dartmouth College*, 1819: 636].

But with the industrialization of the early nineteenth century, as increasing numbers of ordinary commercial firms took on the character of the early corporations and sought the entity-shielding advantages of incorporation, a powerful movement arose to transform the privilege of incorporation into a right, freely available to any entrepreneur for the organization of any lawful business. By 1875, it had succeeded everywhere in the United States, and corporations, almost all of them featuring limited liability for stockholders in addition to the protections of entity-shielding, were quickly becoming much more numerous, and much larger, than they had ever been before [Blumberg, 1986: 591–5]. As they did, and the states attempted to check their growth or influence their operations through popular legislation, supporters of the corporations looked to the courts for protection from the close governmental regulation that was possible under the artificial entity theory. Their legal strategy was to dismiss the idea of a distinct corporate entity itself as an obsolete legal fiction, and replace the conception of the corporation as a concession by the legislature with one that portrayed it as a 'natural' outcome of free exchange that originates independently of the state. They analogized corporations, even the very large ones the states were keenest to regulate, to small partnerships, and looked through the corporation as an entity to focus instead on the property rights of its owners as individuals [Mark, 1987: 1457–60; Lamoreaux, 2004: 41–3]. The fourteenth amendment rights to due process and equal protection, they argued, should be extended to corporations as such to protect the rights of their owners as individuals from regulation that would be unconstitutional if it were applied directly to living people.

In a famously terse opinion [*Santa Clara County*, 1886], the Supreme Court agreed, 'without argument, without justification, without explanation, and without dissent' [Winkler, 2007: 865]. The theory on which they apparently did so was expressed in an earlier circuit court opinion by Justice Stephen J. Field, the most influential nineteenth-century Justice after John Marshall and a great friend of big business on the Supreme Court from 1863 to 1897. 'Private corporations,' he wrote,

> are, it is true, artificial persons, but … they consist of aggregations of individuals united for some legitimate business.… It would be a most singular result if a constitutional provision intended for the protection of every person against partial and discriminating legislation by the States, should cease to exert such protection the moment the person becomes a member of a corporation.… On the contrary, we think that it is well established … that whenever a provision of the constitution, or of a law, guarantees to persons the enjoyment of property or affords them means for its protection, or prohibits legislation injuriously affecting them, the benefits of the provision extend to corporations, and that the courts will always look beyond the name of the artificial being to the individuals whom it represents [*San Mateo County*, 1882: 743–4].

Purely on its own terms, this was wrong as a matter of elementary legal logic, an error with enormous political significance. It is of course not the case that shareholders surrender their constitutional rights to due process or equal protection and become defenseless to expropriation when they contract to create a corporation. Once one 'looks beyond' the corporate entity to the individuals it represents, one sees all the corporation's property already protected by the constitutional rights of its owners, which makes granting the same rights to the entity logically redundant. If a statute unconstitutionally takes the property of a corporation, it has directly taken the property of its individual owners, who fully retain their capacity to vindicate their rights in court. Indeed, the corporation itself gives them a powerful vehicle for combining their claims of individual right into a kind of class action carried on through the instrument of the corporation and with the assistance of its resources, which are likely to be much greater than those of any shareholder, without the need for any recognition of rights in the corporation as such. As Field observed, corporations are a means to hold and administer the property rights of thousands of owners *in the aggregate*, greatly magnifying the incentive of corporations to assert those rights and the resources they can mobilize to do so. But the Court's casual reproduction of Field's mistake, if such it was, now made the idea that constitutional rights could inhere in corporations as such a permanent feature of American jurisprudence. Its significance was felt almost immediately, as the Court soon embarked on a forty-year campaign to expand the rights of property owners against all forms of government regulation in the name of 'substantive due process' [Adelstein, 2012: 218–29].

The theory that huge business firms were mere fictions proved to be as ephemeral as the corporations it portrayed. The separation of ownership from control in large corporations rendered the partnership analogy untenable, and the fiction theory could not be squared with the undeniable social presence and collective powers of the new industrial giants. Its successor was what Gindis [2009: 31–6] calls *real entity* theory, in which corporations are fully reified, treated as real, purposeful creatures distinct from their participants and endowed with economic interests and purposes of their own. After 1895, English and American writers struggled to adapt this essentially collectivist conception to the individualist landscape of common law and Lockean liberalism. The earliest realists embraced a literal organicism that depicted a corporation, in Maitland's words (in Gierke [1987: xxvi]), as 'no fiction, no symbol [but] a living organism and a real person, with body and members and a will of its own.' By 1920, a second generation of realists had largely abandoned this view for a milder notion of collectivity that acknowledged that the corporation was not actually an organism but insisted that it was a real social entity, identifiable as such, as Ernst Freund [1897: 47] put it, by 'its unity, its distinctiveness, and its identity in succession.' But as early as 1906, in holding that a corporation had fourth amendment rights of privacy regarding internal documents that even stockholders had no right to see [*Hale*, 1906], the Supreme Court made its abandonment of the fiction theory clear, and adopted instead a conception of the corporation that enabled it to exercise rights that could not be traced to the rights of its owners. This expansion of protection beyond the fourteenth amendment's guarantees of due process and equal protection has in turn been the basis for later extensions of first amendment rights to free speech and association to corporations (e.g. *First National Bank* [1978]).

In the context of the times, stressing the corporation's reality and clothing it in the language of personhood had a cultural resonance that strongly favored the political and legal interests of real corporations and continues to influence popular attitudes toward them. As Mark [1987: 1472] puts it, characterizing corporations as persons 'proved the perfect rhetorical weapon, asserting the panoply of individualist protections for the corporation and shifting the role of the state from guardian to invader of rights.' At the same time that it made the corporation an individual, the word 'person' also invoked the collective power of individuals united in a single, vibrant unit. Corporate personhood was a metaphor perfectly suited to the nascent collectivism of the late nineteenth century. After 1870, American intellectuals increasingly depicted society as an organism, a concrete, living entity with interests distinct from, and superior to, those of its living constituents [Tariello, 1982: 53–69]. Real entity theory was the mirror of this collectivism in the realm of production, and 'a major factor in legitimating big business' [Horwitz, 1985: 176, 181–3] in the courts of law and public opinion. The continuing economic and political dominance of large corporations in our own day is testimony to its lasting power and effect.

## Conclusion

The contracts-in-performance model of firms, coupled to a Kantian perspective on moral personhood, points to an asymmetric conclusion on the rights and duties of firms as such, as distinct from those of their human participants. On the one hand, because the purposeful acts of firms are typically the consequence of the interactive performance of the firm's characteristic routines by its human participants but cannot meaningfully be reduced to the purposeful acts of any individual participant, there is a residual responsibility for the acts of the firm after the responsibility of each participant has been properly reckoned that can only be attributed to the firm. But on the other, while it may or may not be convenient for firms to hold rights to fair treatment regarding property in proxy for their human participants, there is no good reason to grant firms moral or political rights distinct from or in addition to those already possessed by their human participants. On the contrary, given the often superhuman powers of cognition and action possessed by large firms and the vast resources they control, granting redundant rights of this sort to firms as such may cause significant political distortion in a liberal democracy. Because firms are never more than instruments created by living men and women for their own purposes, they have no right to life. Nor, since they are owned by others, do they have a right to liberty. In the absence of rights to life or liberty, there is no basis for granting firms political rights to such things as equal protection, free speech, or privacy that might flow from these fundamental rights.

These conclusions rest on a conception of firms as relational contracts, voluntarily entered into by all participants and free of any exercise of power or authority to which its subjects have not consented. But it is clear that many functioning institutions and organizations, from families and armies to prisons and slave plantations, do not comfortably fit this description and yet may be real social actors in the same sense that firms are. Even in ordinary business firms, unequal relations of power are common and participants are not always completely free to avoid or resist them. Individuals within these collectives, or in ordinary firms, may not act volitionally in the sense that participants in relational contracts do, and this may have important implications not just for the moral quality of their own acts but for those of the larger collective as well. How the moral or political quality of the relationships within a collective affect the rights and duties of the collective in such cases is an open question.

## References

Adelstein Richard [2010]. Firms as social actors. *Journal of Institutional Economics* 6: 329–49.

— [2012]. *The Rise of Planning in Industrial America, 1865-1914*. London: Routledge.

Blair Margaret M. [2003]. Locking in capital: what corporate law achieved for business organizers in the nineteenth century. *UCLA Law Review* 51: 387–455.

— [2004]. The neglected benefits of corporate form: entity status and the separation of asset ownership from control. In Anna Grandori (ed.) *Corporate Governance and Firm Organization: Microfoundations and Structural Forms*. Oxford: Oxford University Press: 45–66.

Blumberg Phillip I. [1986]. Limited liability and corporate groups. *Journal of Corporate Law* 11: 573–631.

Dan-Cohen Meir [1986]. *Rights, Persons, and Organizations: A Legal Theory for Bureaucratic Society*, Berkeley: University of California Press.

Dartmouth College v. Woodward [1819]. 17 U.S. (4 Wheaton): 518–715.

First National Bank v. Bellotti [1978]. 435 U. S.: 765–827.

Fisse Brent [1987]. Review of Meir Dan-Cohen, Rights, Persons and Organizations. *University of New South Wales Law Journal* 10: 295–301.

French Peter A. [1979]. The corporation as a moral person. *American Philosophical Quarterly*, 16: 207–15.

— [1984]. *Collective and Corporate Responsibility*. New York: Columbia University Press.

Freund Ernst [1897]. *The Legal Nature of Corporations*. Chicago: University of Chicago Press.

Gierke Otto von [(1900) 1987]. *Political Theories of the Middle Age*, translated by F. W. Maitland. Cambridge UK: Cambridge University Press.

Gindis David [2009]. From fictions and aggregates to real entities in the theory of the firm. *Journal of Institutional Economics* **5**: 26–46.

Greenwood Daniel J. H. [2007]. Should corporations have first amendment rights? *Seattle Law Review* 30: 875–84.

Hager Mark M. [1989]. Bodies politic: the progressive history of organizational "real entity" theory. *University of Pittsburgh Law Review*, 50: 575–654.

Hale v. Henkel [1906]. 201 U. S.: 43–89.

Hansmann Henry, Reinier Kraakman and Richard Squire [2006]. Law and the rise of the firm. *Harvard Law Review* 119: 1333–1403.

Horwitz Morton J. [1985]. *Santa Clara* revisited: the development of corporate theory. *West Virginia Law Review* 88: 173–224.

Iwai Katsuhito [1999]. Persons, things and corporations: the corporate personality controversy and comparative corporate governance. *American Journal of Comparative Law* 47: 583–632.

Kant Immanuel [(1785) 1993]. *Grounding for the Metaphysics of Morals*, translated by James W. Ellington, Indianapolis: Hackett Publishing, 3rd ed.

Keeley Michael [1981]. Organizations and non-persons. *Journal of Value Inquiry* 15: 149–55.

Lamoreaux Naomi R. [2004]. Partnerships, corporations, and the limits on contractual freedom in U.S. history. In Kenneth Lipartito and David B. Sicilia (eds.) *Constructing Corporate America: History, Politics, Culture.* Oxford: Oxford University Press: 29–65.

Maitland Frederic W. [(1903) 1911]. Moral personality and legal personality. In H.A.L. Fisher (ed.) *The Collected Papers of Frederic William Maitland.* Cambridge UK: Cambridge University Press: 304–20.

Mark Gregory A. [1987]. The personification of the business corporation in American law. *University of Chicago Law Review* 54: 1441–83.

McDonald Michael [1987]. The personless paradigm. *University of Toronto Law Journal* 37: 212–26.

Ohlin Jens David [2005]. Is the concept of the person necessary for human rights? *Columbia Law Review* 105: 209–49.

Pettit Philip [2002]. Collective persons and powers. *Legal Theory* 8: 443–70.

— [2007]. Responsibility incorporated. *Ethics* 117: 171–201.

Ripken Susanna Kim [2009]. Corporations are people too: a multi-dimensional approach to the corporate personhood puzzle. *Fordham Journal of Corporate and Financial Law* 15: 97–177.

Rock Edward B. [2006]. The corporate form as a solution to a discursive dilemma. *Journal of Institutional and Theoretical Economics* 162: 1–15.

San Mateo County v. Southern Pacific Railroad [1882].13 F. (California): 722–89.

Santa Clara County v. Southern Pacific Railroad [1886]. 118 U.S.: 394–417.

Scruton Roger [1989]. Corporate persons. *Proceedings of the Aristotelian Society* 63: 239–66.

Searle John R. [1995]. *The Construction of Social Reality*. New York: The Free Press.

Tariello Frank Jr. [1982]. *The Reconstruction of American Political Ideology, 1865-1917.* Charlottesville: University Press of Virginia.

Weinreb Lloyd L. [1992]. Natural law and rights. In Robert P. George (ed.) *Natural Law Theory: Contemporary Essays*. Oxford: Clarendon Press: 278–305.

Werhane Patricia H. [1989]. Corporate and individual moral responsibility: a reply to Jan Garrett. *Journal of Business Ethics* 8: 821–2.

Winkler Adam [2007]. Corporate personhood and the rights of corporate speech. *Seattle Law Review* 30: 863–73.

# L'ENTREPRENEUR SCHUMPÉTÉRIEN EST-IL SURHUMAIN ?

*André Lapied*[1] *et Sophie Swaton*[2]

Bon nombre de commentateurs admettent l'influence de Nietzsche dans la conception schumpétérienne de l'entrepreneur. Mais, de notre point de vue, cette influence est souvent traitée exclusivement dans le contexte historique et dans une version très réductrice de l'entrepreneur. Nous avançons que ce dernier gagnerait à se lire sous un angle philosophique, en particulier à travers une interprétation nietzschéenne axée sur la volonté de puissance, même si, évidemment, Schumpeter n'a pas voulu aller si loin.

***Is the Schumpeterian entrepreneur superhuman?***

*Most of Schumpeter's commentators admit Nietzsche's influence on the Schumpeterian conception of the entrepreneur. Nevertheless, from our point of view, this influence is often treated in the historical context and in a very limited definition of the entrepreneur. In this article, we argue that the latter could be interpreted from a philosophical standpoint. Although Schumpeter has not aimed to go that far, we suggest an interpretation based on Nietzschean will to power.*

**Mots clefs :** Nietzsche, Schumpeter, entrepreneur, innovation, volonté de puissance.

**Keywords:** Nietzsche, Schumpeter, entrepreneur, innovation, will to power.

**JEL classification:** B13, M13

1. Aix-Marseille University (Aix-Marseille School of Economics), CNRS & EHESS – a.lapied@univ-amu.fr

2. Centre d'études interdisciplinaires Walras-Pareto, Université de Lausanne – sophie.swaton@unil.ch
Les auteurs remercient les participants de la conférence *Economic Philosophy* (Lille, 2012), ainsi qu'un rapporteur anonyme, pour leurs commentaires sur une précédente version de ce texte.

## Introduction

Si Schumpeter ne se réfère pas directement à Nietzsche dans sa construction emblématique de l'entrepreneur, l'influence nietzschéenne est aujourd'hui couramment admise par de nombreux spécialistes de l'auteur de *The Theory of Economic Development* [Sweedberg, 1991]. En effet, la typologie nietzschéenne, combinant la nécessité de maintenir deux approches, l'une dynamique et l'autre statique, via les figures emblématiques de Dionysos et Apollon, offre à Schumpeter un nouvel horizon pour sa propre conception de l'entrepreneur et de l'innovation.

Néanmoins, de notre point de vue, la référence à Nietzsche en tant qu'inspirateur de Schumpeter, dans un milieu de foisonnement intellectuel où ses thèses pouvaient difficilement être ignorées, est souvent traitée dans le contexte historique et dans une version très réductrice de l'entrepreneur, perçu selon une perspective qui ne rend pas nécessairement compte de l'apport nietzschéen et de la grille de lecture philosophique qui pourrait en être extraite. De plus, dans certains articles, Nietzsche est simplement mentionné et analysé comme une source d'influence parmi d'autres, en l'occurrence Bergson [1907]ou le Romantisme.

Peut-on aller philosophiquement au-delà de cette interprétation ? Tel est l'enjeu de cet article. Au-delà d'une référence érudite et dichotomique (section 1), nous avançons que l'entrepreneur schumpétérien gagnerait à être lu sous un angle philosophique et interprétatif nouveau en introduisant le concept de surhumain nietzschéen. Ce dernier mérite donc une clarification afin de poser le cadre de l'argumentation (section 2). Une fois les sources de confusions écartées et le projet spécifié, nous pourrons revenir sur le concept d'entrepreneur lui-même, tel que défini par Schumpeter (section 3) et proposerons une interprétation différente de celle que l'on a coutume de rencontrer (section 4), qui valorise l'originalité de la vision schumpétérienne tout en mobilisant un philosophe peu présent dans le corpus théorique de l'analyse économique[3].

3. Sur ce point, cf. Lapied et Swaton [2011].

## 1. L'influence nietzschéenne de Schumpeter : une référence reconnue mais limitée

Les commentateurs de Schumpeter expliquent que l'influence nietzschéenne est évidente dans le corpus schumpétérien bien que non revendiquée. Pour cela, ils se réfèrent au contexte historique dans lequel les thèses de Nietzsche étaient nécessairement connues. Ainsi, Santarelli et Pesciarelli [1990, p. 687, n. 23] relatent les faits suivants : Schumpeter « received his education in an atmosphere of close interdependencies between the arts and the sciences, fostered by a cultural climate that encouraged communication between intellectuals from different disciplines. A major influence at work in this environment was the thought of Nietzsche, which enjoyed its period of maximum currency between 1900, year of the philosopher's death, and the beginning of the First World War ».

Au niveau conceptuel, le rapprochement est justifié à travers une vision binaire opposant le couple statique / dynamique. Selon Shionoya [1997], la proximité est évidente, Schumpeter trouvant dans l'interprétation nietzschéenne de la volonté de puissance un horizon que ne pouvaient lui offrir ni la théorie walrasienne de l'équilibre général ni la théorie de Marx, jugées trop « statiques », sans référence à des marques « d'initiative personnelle ». Or, la visée première de Schumpeter était d'introduire un type dynamique de l'homme en sciences sociales[4]. C'est bien dans la philosophie nietzschéenne que l'on trouve un rapprochement avec la figure de l'entrepreneur. Telle est également la perspective de Santarelli et Pesciarelli [1990, p. 687-688] : « Nietzsche and Schumpeter share a view of the word based on the irreconcilable co-presence on the historical stage of two opposing human types ... Nietzsche defines these two types as the 'overmen' and the so-called 'mass' or 'herd' ... We find a similar concept in Schumpeter's writing, although he employs a wide range of synonyms and never uses the term 'overmen.' He describes 'the leaders who emerge vigorously from the mass' or 'personalities who in se possess the rules for their actions.' »

Sous la plume de Schumpeter, l'entrepreneur est décrit comme la figure émergeant de la masse. La référence à la philosophie nietzschéenne permet de penser une approche dynamique de l'entrepreneur et par-là de l'économie. En effet, ce que Schumpeter critique dans la vision classique, et marxiste, c'est une conception uniquement statique de l'homme, une

4. Shionoya [1997, p. 6].

économie statique et non dynamique. Dans son approche, le processus social est constitué d'interactions apportées par des hommes dynamiques et des hommes statiques qui, eux, poursuivent la routine. L'innovation et l'adaptation sont alors deux facettes de la vie sociale. « While innovation disrupts existing equilibrium, adaptation absorbs the consequences of innovation as a new order, just as the Apollo's harmonizing form integrates the Dionysos's disruptive forces of life.[5] »

Néanmoins, d'autres sources d'influence sont mentionnées. Dans l'article de Santarelli et Pesciarelli [1990], Nietzsche est évoqué et analysé comme une source d'influence parmi d'autres, en l'occurrence Bergson [1907]. Streissler [1994] trouve, quant à lui, des prémisses de l'approche de Schumpeter chez Wieser[6] : « He gives Wieser some credit for something like the concept, although Wiser applied it more narrowly to the case of large firms innovation having a destruction effect on independent entrepreneurs. » Par ailleurs, dans les articles que nous avons recensés, y compris chez Sweedberg [1991], l'influence est uniquement légitimée pour la figure de l'entrepreneur, non pour le processus de destruction créatrice lui-même, qui semble né sous la plume de Schumpeter et qui sera ensuite repris par une interprétation évolutionniste[7]. Rappelons toutefois que ces deux mouvements de destruction et de création constituent une force unique pour Nietzsche, comprise dans la volonté de puissance. Il ne s'agit donc pas d'un simple mouvement binaire opposant le statique au dynamique comme cela peut apparaître dans certains commentaires.

En ce sens, l'approche de Shionoya [1997] est intéressante car elle permet de confronter trois niveaux d'interprétation de la pensée de Schumpeter en tant que réponses différentes à des problématiques de son époque : le néo-classicisme, le marxisme et l'historicisme. Ainsi, la référence nietzschéenne à Dionysos et Apollon, fondatrice du processus de destruction créatrice, lui permettrait, en développant par ailleurs l'idée de cycle, de rompre avec l'équilibre du classicisme : la création, emblème du romantisme, est magnifiée et encensée et se retrouvera dans la figure dynamique de l'entrepreneur s'élevant au-dessus de la masse. Pourtant, l'analogie n'est pas portée plus loin

5. Shionoya [1997, p. 7].

6. Cité par Diamond Jr [2007, p. 176, n. 2].

7. La théorie dynamique de Schumpeter offre, en effet, un potentiel d'exploration pour l'économie évolutionnaire. Malgré cela, les conceptions proposées se limitent souvent à opposer les deux types humains, hédoniste et énergique, ce dernier apparaissant sous les traits de l'entrepreneur. La dichotomie statique / dynamique inhérente à la destruction créatrice et que l'on retrouve dans la typologie nietzschéenne passif / actif devient la prémisse ontologique de la conception schumpetérienne de l'évolutionnisme [1926].

et, à ce premier niveau, succède un second, celui de l'évolutionnisme en tant que réponse de Schumpeter [1954, p. 441] au marxisme dont il écrit : « Marxist analysis is the only genuinely evolutionary economic theory that the period provided. » Et c'est de la juxtaposition de ces différents niveaux que Schumpeter extrait sa conception d'une science sociale universelle.

Or, Nietzsche récuse la conception d'une science universelle et objective, propre à celle de son temps ainsi que l'idée de progrès véhiculée dans les théories de l'évolution. La référence à Nietzsche est à nouveau justifiée, mais encore de manière partielle, pour illustrer ici une vision romantique et une exaltation du processus de création. Ainsi, l'interprétation nietzschéenne est d'abord revendiquée par des liens évidents avec le projet de Schumpeter, puis écartée dans un second temps au profit de l'évolutionnisme.

Enfin, relevons que cette influence évolutionniste ne fait pas seulement office de référence supplémentaire, à côté du romantisme ou autre : elle s'avère peu compatible avec une interprétation nietzschéenne. En effet, ce dernier ne cachait pas son désaccord avec Darwin [Lapied et Swaton, 2011].

Peut-on aller philosophiquement au-delà de ces interprétations et envisager une autre dimension dans le rapprochement Nietzsche - Schumpeter, tout en restant dans le cadre d'analyse de l'entrepreneur ? Pour y répondre, il convient de revenir sur l'interprétation de la volonté de puissance et du surhumain sur laquelle nous baserons notre analyse.

## 2. Le concept de surhumain dans la pensée de Nietzsche

Il est sans doute plus aisé de critiquer des interprétations à l'évidence fautives du terme « surhumain » que d'en donner une définition positive. En effet, la pensée métaphorique et non systématique, ou même conceptuelle, de Nietzsche rend difficile l'émergence d'une caractérisation unique de ses innovations de langage – dans les termes ou dans leur utilisation – telles que surhumain, volonté de puissance, retour éternel, généalogie, type humain, etc. Ce dont nous pouvons être sûrs est que, d'une part, l'utilisation de ce type de mot n'est pas conforme au langage habituel. Par exemple, la volonté de puissance n'est pas une volonté, ni au sens de Schopenhauer, ni au sens commun du terme. Nietzsche considère en effet que le langage étant consubstantiel à la philosophie, il n'est pas possible de proposer un renversement de toutes les valeurs sans réformer en même temps le langage. On peut considérer ce fait comme concourant au caractère opaque de son œuvre ou comme l'une de ses richesses. L'évolution des termes employés constitue ainsi un fil directeur dans le développement de sa pensée. D'autre part, le même mot employé à des endroits différents d'un même manuscrit ne revêt pas nécessairement le même sens. Volontairement, Nietzsche, le philosophe-métaphoricien, dévoile sa pensée à l'aide d'éclairages différents du même phénomène, qui relèvent d'interprétations croisées du livre de la nature.

Parmi les erreurs d'interprétation bien connues, nous devons tout d'abord écarter une conception « populaire » du surhomme qui l'assimilerait à un génie, un grand homme : « Si l'on considère tout ce que l'on a vénéré jusqu'ici sous le nom d'"esprit surhumain", de "génie", on en arrive à la triste conclusion que, dans l'ensemble, l'intellectualité de l'humanité a dû être quelque chose de très bas et pitoyable : tant il fallait jusqu'ici peu d'esprit pour se sentir aussitôt bien supérieur à elle ![8] » Il est donc bien évident que Nietzsche ne valide pas la liste des génies figurant dans les édifiants manuels d'histoire scolaires.

De la même façon, la vision du héros romantique n'est pas adéquate :

> « Le mot « *surhomme* » pour désigner un type d'accomplissement supérieur, par opposition à l' « homme moderne », à l' « homme bon », aux chrétiens et autres nihilistes, – un mot qui dans la bouche de Zarathoustra, le *destructeur* de la morale, est un mot qui donne à réfléchir – ce « surhomme » a presque partout été compris, en toute candeur, dans le sens de ces valeurs mêmes dont le personnage de Zarathoustra incarne l'antithèse : je veux dire comme type « idéaliste » d'une classe supérieure d'hommes, mi-« saint », mi-« génie » [...] Parmi le cheptel savant, d'autres m'ont, à cause de lui, soupçonné de darwinisme : on y a même reconnu le « culte du héros » que j'ai pourtant si cruellement récusé, et que prône Carlyle, ce grand faussaire malgré lui. Ceux à qui je soufflais à l'oreille qu'ils feraient encore mieux de chercher un César Borgia qu'un Parsifal, ils n'en croyaient pas leurs oreilles[9,10] ! »

« Le surhumain ne désigne en aucun cas un absolu [...][11] » car, « [...] au « surhumain de la culture idéaliste doit se substituer le surhumain de la culture supérieure instituée par le disciple de Dionysos[12]. » Remarquons également que, si Nietzsche récuse Parsifal pour des raisons aisément compréhensibles

8. A, VI, livre 5, § 548, p. 278.

9. En italique dans le texte.

10. EH VIII, « Pourquoi j'écris de si bons livres », § 1, p. 278.

11. Wotling [2009, 5, 2, p. 336].

12. Wotling [2009, 5, 2, p. 335].

de proximité avec le Christ, il ne lui substitue pas pour autant Siegfried, le blond barbare, pourtant vierge de toute contamination chrétienne, mais César Borgia. Ce choix n'est pas exempt d'un goût marqué de la provocation à cette époque de sa vie mais il balaye également la recherche romantique de « racines » aryennes héroïques.

Nous pouvons aussi laisser à quelques extrémistes la version du prédateur volontiers totalitariste, à la mode dans une période trouble du passé : « Ce n'est *absolument* pas le but que de concevoir les derniers [les surhumains] comme maîtres des premiers [les derniers hommes], mais : deux espèces doivent exister, l'une en même temps que l'autre – le plus possible séparées ; l'une, tels *les dieux d'Épicure, ne se préoccupant pas de l'autre*[13,14]. »

Avec ces « contre-exemples », nous ne prétendons malgré tout pas échapper à une tentative pour cerner plus précisément le « surhumain », à travers la mise en évidence de quelques interprétations de ce terme.

La première relie le surhumain à la notion de type humain : « [...] le surhumain représente toujours un type, et non un individu isolé ; s'il est exceptionnel, c'est par la valeur de son type eu égard aux exigences de la volonté de puissance, mais dans une culture véritablement supérieure, il ne doit pas l'être par sa rareté[15] [...] » Ainsi, le choix de César Borgia, qui pourrait paraître surprenant, ne cherche pas à exemplifier un individu, mais des instincts, dans ce cas anti-chrétiens.

Le surhumain est aussi caractérisé par le fait du dépassement : « *Je vous enseigne le surhomme.* L'homme est quelque chose qui doit se surmonter[16,17]. » Il s'agit bien évidemment du dépassement personnel, d'un acte individuel, et non du dépassement d'une espèce, à la Darwin. L'espèce des surhommes n'a pas vocation à remplacer l'espèce humaine, au sens d'une « amélioration », qui relèverait nécessairement d'une vision téléologique – et peut-être aussi totalitaire – bien éloignée des principes nietzschéens.

Nous devons également mentionner un sens historique du surhumain, lié au dépassement du nihilisme européen mais qui nous concerne moins ici.

13. En italique et souligné dans le texte.

14. FP, IX, 7 [21], p. 256.

15. Wotling [2009, 5, 2, p. 343].

16. En italique dans le texte.

17. APZ VI, Prologue, § 3, p. 23.

Le surhumain doit également se lire en termes de valeur, « [...] la valeur du surhumain tient [...] à l'ampleur de sa capacité d'interprétation, à sa compréhension perspectiviste de la vie[18] » en relation avec la volonté de puissance : « L'essentiel, c'est que les hommes les plus grands aient peut-être aussi de grandes vertus, mais justement alors en plus les antithèses de celles-ci. Je crois que c'est la présence de ces contradictions, et du sentiment de ces contradictions que naît précisément le grand homme, *l'arc doté de la plus haute tension*[19,20]. » La volonté de puissance forme une expression unique, celle du jeu des forces dans leurs joutes perpétuelles pour l'auto-accroissement. Bien loin d'un désir, conscient ou non, de domination, elle constitue, dans la représentation nietzschéenne du monde, le processus de lutte des « quantas dynamiques ».

Il n'est pas inutile de rapprocher la notion de surhumain avec l'opposition bien connue fort – faible, cette dernière catégorie étant liée au terme de décadence qui est caractérisée par « [...] trois symptômes essentiels [...] : faiblesse de la volonté, incapacité à résister à une sollicitation, et contradiction physiologique, aspects complémentaires d'un même dysfonctionnement du corps[21] ». Les conséquences sont en termes de morale puisque « [...] le propre de la décadence est de susciter des interprétations morales de la réalité qui masquent leur origine pulsionnelle et induisent de ce fait une aggravation de la maladie, [...][22] ».

Cette opposition concerne bien la volonté de puissance : « Affirmative et forte, la Volonté de Puissance assumera la variété, la différence et la pluralité. Négative et faible, elle se rétrécira dans des réflexes de fuite et de protection, elle voudra son propre amoindrissement à l'ombre d'un idéal exsangue, tout à l'opposé de la grande simplification que produirait la parfaite maîtrise[23]. » Plus précisément, « [...] c'est parce qu'il n'a pas la force nécessaire pour le spiritualiser que le décadent succombe à la violence d'un affect – en l'occurrence la haine –, et qu'il se montre incapable de maîtriser cet affect en le sublimant. Ce qui caractérise au contraire la véritable puissance, c'est

18. Wotling [2009, 5, 2, p. 345].

19. En italique dans le texte.

20. FP, XI, 35 [18], p. 245.

21. Wotling [2009, 2, 1, p. 131].

22. Wotling [2009, 4, 3, p. 302].

23. Haar [1993, 1, p. 29].

précisément le fait de parvenir à maîtriser les passions les plus fortes et à leur imposer une direction nouvelle[24] ».

L'opposition fort/faible est irréconciliable au sens hégélien du terme, mais ces catégories ne sont pas pourtant inconciliables : « La hiérarchie s'est établie par la *victoire* du plus fort et l'*impossibilité* pour le plus fort de *se passer* du plus faible comme pour le plus faible du plus fort – c'est là que prennent naissance des fonctions séparées : car obéir est aussi bien une fonction de la conservation de soi que, pour l'être le plus fort, commander[25,26]. »

Dans la perspective nietzschéenne, le processus le plus élevé est la création de valeur morale qui est celle de la culture. Le concept de haute culture est lié au sentiment de croître, de devenir plus fort, au niveau individuel. Elle constitue le produit rare, précieux et fragile du jeu de la volonté de puissance. Nietzsche considère que l'accumulation de richesses ou de biens matériels n'a aucune valeur morale directe : elle peut simplement permettre d'épargner du temps pour les activités intellectuelles.

Au terme de cette section, nous pouvons tirer la conclusion partielle selon laquelle la spécificité du surhumain est de créer. Qu'en est-il de l'entrepreneur schumpétérien ?

## 3. La spécificité de l'entrepreneur schumpétérien

Pour Schumpeter, l'entrepreneur relève d'un type humain plutôt que d'une personne. « Nous appelons [...] "entrepreneurs", les agents économiques dont la fonction est d'utiliser des nouvelles combinaisons et qui en sont l'élément actif[27]. »

L'état d'entrepreneur étant relatif aux actions et non à l'individu, il sera le plus souvent transitoire et non permanent. Les entrepreneurs ne sont pas nécessairement propriétaires de la firme ou travailleurs indépendants et ne portent pas obligatoirement le risque de leur activité. Ce sont des chefs, susceptibles de mobiliser des hommes et des moyens autour d'un projet : ils se saisissent de possibilités existantes mais non encore employées à l'usage

24. Wotling [2007, p. 96].

25. En italique dans le texte.

26. FP X, 25 [430], p. 143.

27. Schumpeter [1999, p. 106].

auquel ils les destinent. Ce ne sont pas des intellectuels ou des personnes cultivées mais des hommes d'action.

En général, les entrepreneurs n'ont pas les ressources nécessaires pour mener à bien les innovations qu'ils imaginent, hormis le cas où l'entrepreneur est propriétaire d'une entreprise prospère qui a déjà accumulé des réserves non employées pour la production habituelle. Mais cette situation est jugée par Schumpeter comme étant l'exception plutôt que la règle. Ces ressources sont alors mobilisées par un autre canal : le crédit. Les entrepreneurs doivent faire appel aux capitalistes, que Schumpeter range en deux catégories : les propriétaires d'entreprises ayant des capitaux qui ne sont pas mobilisés pour la production courante et les banquiers spécialisés dans le financement. Le crédit est une condition nécessaire et suffisante de l'innovation car « [...] en principe personne autre que l'entrepreneur a besoin du crédit, [...][28] » et « on ne peut devenir entrepreneur qu'en devenant auparavant débiteur[29] ». Crédit et évolution sont donc intimement liés : « L'évolution crée le crédit et à son tour il vit de l'évolution[30]. »

L'existence du profit rend possible le paiement de l'intérêt par l'entrepreneur au capitaliste et donc le crédit qui finance l'innovation[31] : « L'intérêt du prêt à la production a sa source dans le profit[32,33] »; « Sans évolution de l'économie il n'y aurait, [...] aucun intérêt[34,35]. » « L'intérêt agit sur le profit comme un impôt[36,37] » et il rémunère le risque car : « L'acceptation d'un risque n'est, en aucun cas, un élément de la fonction d'entrepreneur[38]. » « Jamais l'entrepreneur n'a de risque à supporter. [...] C'est celui qui fournit le crédit

28. Schumpeter [1999], p. 146.

29. Schumpeter [1999], p. 147.

30. Schumpeter [1999], p. 191.

31. Même dans le cas où l'entrepreneur est son propre financeur, il rémunère cette fonction par l'intérêt, pour justifier de ne pas retenir une utilisation alternative de ses fonds.

32. En italique dans le texte.

33. Schumpeter [1999], p. 228.

34. En italique dans le texte.

35. Schumpeter [1999], p. 248.

36. En italique dans le texte.

37. Schumpeter [1999], p. 249.

38. Schumpeter [1999], p. 204.

qui essuie les pertes, si l'affaire ne réussit pas[39]. » Ce qui ne veut pas dire qu'aucun entrepreneur ne prend de risque, mais que l'éventuelle prise de risque correspond au rôle de prêteur à lui-même qu'il peut éventuellement jouer et non à sa fonction d'entrepreneur.

*A priori*, et à ce stade de notre analyse, le rapprochement avec Nietzsche est loin d'être établi, du moins si l'on s'en tient à une définition stricte et minimale de l'entrepreneur comme utilisateur de nouvelles combinaisons[40] sans chercher à approfondir ce que cela implique. Une telle réduction d'optique s'avère même peu propice à une interprétation nietzschéenne pour peu que l'on considère, outre le fait de l'absence de prise de risque, le raisonnement circulaire suivant[41] : innovation - profit - économies d'échelle - baisse des prix - augmentation de la consommation, pour favoriser une consommation de masse. Ce cercle est synonyme de déclin de la culture pour Nietzsche, comme évoqué dans le paragraphe précédent. Pourtant, le rapprochement entre l'entrepreneur schumpétérien et Nietzsche a été avancé (section 1). Qu'est-ce qui le justifie vraiment, au-delà de l'aspect statique – dynamique et de celui d'un cercle de croissance économique, vertueux pour les uns, culturellement dangereux pour Nietzsche ?

Selon nous, la réponse se trouve dans le texte de la *Théorie de l'évolution économique* déjà précédemment évoqué et qui mérite un examen minutieux. Schumpeter prend bien soin de distinguer sa conception de l'entrepreneur de celle de Walras, Mataja ou Marshall. Il y a bien un « type » de l'entrepreneur sans pour autant que ce dernier ne constitue une classe au sens de la « lutte des classes »[42]. Qu'est ce qui fait donc la spécificité de cette fonction d'entrepreneur, ou plus exactement, comme le formule Schumpeter lui-même [1999, p. 113], « pourquoi exécuter de nouvelles combinaisons est-il un fait particulier et l'objet d'une "fonction" de nature spéciale ? »

Cette tâche n'est pas l'apanage de tous, mais implique « une autre manière d'agir » [1999, p. 116, note I], « des qualités autres et non pas seulement différentes en degré ». En l'occurrence, l'entrepreneur est celui qui est capable

39. Schumpeter (1999), p. 203.

40. Définition que Schumpeter lui-même impute à J.-B. Say.

41. Sur lequel nous reviendrons dans le prochain paragraphe *via* l'innovation.

42. Schumpeter [1999, p. 112] : « L'accomplissement de la fonction d'entrepreneur ne *crée* pas les éléments d'une classe pour l'entrepreneur et les siens, elle peut marquer une époque de son existence, former un style de vie, un système moral et esthétique de valeurs, mais, en elle-même, elle *a* tout aussi peu le *sens* d'une position de classe qu'elle en présuppose une. Et la position qu'elle peut éventuellement permettre de conquérir n'est pas, comme telle, une position d'entrepreneur [...] » (En italique dans le texte.)

d'ouvrir un nouveau chemin plutôt que de le suivre, ce qui présuppose une capacité à s'extraire de la routine et de l'habitude qui sont l'apanage de tout agent économique :

> « Il est *objectivement* plus difficile de faire du nouveau que de faire ce qui est accoutumé et éprouvé et ce sont là deux choses différentes ; mais l'agent économique oppose encore une résistance à une nouveauté, il lui opposerait même une résistance, si les difficultés objectives n'étaient pas là. [...] L'essence et la fonction d'habitudes de pensées fixes, fonction qui accélère la vie et épargne les forces, reposent précisément sur ce qu'elles sont devenues subconscientes, donnent automatiquement leurs résultats, et sont à l'abri de la critique, voire de la contradiction, de faits individuels. Mais cette fonction, quand son heure a sonné, devient un sabot d'enrayage. Il en va de même dans le monde de l'activité économique. Dans le tréfonds de celui qui veut faire du nouveau, se dressent les données de l'habitude ; elles témoignent contre le plan en gestation. Une dépense de volonté nouvelle et d'une autre espèce devient par là nécessaire ; elle s'ajoute à celle qui réside dans le fait qu'au milieu du travail et du souci de la vie quotidienne, il faut conquérir de haute lutte de l'espace et du temps pour la conception et l'élaboration des nouvelles combinaisons, et qu'il faut arriver à voir en elles une possibilité réelle et non pas seulement un rêve et en jeu. Cette liberté d'esprit suppose une force qui dépasse de beaucoup les exigences de la vie quotidienne, elle est par nature quelque chose de spécifique et de rare. » [1999, p. 122-123]

L'entrepreneur revêt donc des qualités propres. Il est capable de ne pas voir « les résistances » comme des contraintes. Il est aussi le vecteur de l'innovation. C'est ici que s'ancre, selon nous, la base d'un rapprochement possible avec Nietzsche.

## 4. Une interprétation nietzschéenne : l'entrepreneur comme créateur destructeur

Pour Schumpeter, une innovation correspond à « l'exécution de nouvelles combinaisons »[43] : fabrication d'un bien nouveau, introduction d'une méthode de production nouvelle, ouverture d'un débouché nouveau, conquête d'une source nouvelle de matière première ou de produits semi-ouvrés, réalisation d'une nouvelle organisation. Les innovations ne sont pas régulièrement distribuées mais ont tendance à apparaître en grappes. En effet, la situation économique est plus ou moins favorable à l'innovation à un moment donné. Une seconde raison étaye ce regroupement : l'innovation engendre un

43. Schumpeter [1999], p. 95.

terrain favorable à l'innovation, en se diffusant dans l'économie : « [...] le succès d'un entrepreneur entraîne après lui l'apparition non seulement de quelques autres entrepreneurs, mais de personnes toujours plus nombreuses et toujours moins qualifiées[44] » ; « [l]es premiers entrepreneurs suppriment les obstacles pour les autres non seulement dans la branche de production où ils apparaissent, mais aussi, conformément à la nature de ces obstacles, ils les suppriment ipso facto en grande partie dans les autres branches de la production [...][45] ».

L'origine de ces innovations n'est pas à chercher du côté de la demande mais de l'offre : « [...] les innovations en économie ne sont pas, en règle générale, le résultat du fait qu'apparaissent d'abord chez les consommateurs de nouveaux besoins, dont la pression modifie l'appareil de production, mais du fait que la production procède en quelque sorte à l'éducation des consommateurs, et suscite de nouveaux besoins, si bien que l'initiative est de son côté[46]. » Ce mouvement a pour acteur un agent économique spécifique précédemment décrit : l'entrepreneur.

Revenons à présent sur le lien entre innovation et création de valeur économique et plus précisément sur le processus de destruction créatrice que nous soumettrons ensuite à une interprétation spécifique. L'innovation est le moteur du profit et le profit est l'une des motivations à entreprendre[47]. Le profit est caractéristique de l'expansion économique : « [...] le profit est, par essence, le résultat de l'exécution de nouvelles combinaisons[48]. » La vague d'innovation entraîne d'importantes conséquences économiques qui vont constituer des moteurs de la poursuite du cycle : baisse des prix des biens produits du fait de la progression de l'efficacité productive, augmentation des prix des équipements par suite d'une progression de la demande à offre donnée et renchérissement du crédit en conséquence d'une sollicitation accrue pour des réserves données. Ces effets-prix reposent sur l'application standard de la loi de l'offre et de la demande : *ceteris paribus*, une augmentation de la demande ou une baisse de l'offre (respectivement une diminution de la demande ou une progression de l'offre) font augmenter (respectivement diminuer) les prix.

44. Schumpeter [1999], p. 330.

45. Schumpeter [1999], p. 331.

46. Schumpeter [1999], p. 94.

47. Mais une parmi d'autres seulement, comme nous le verrons à l'issue de cette section.

48. Schumpeter [ 1999], p. 202.

Les vagues d'innovation engendrent nécessairement les crises économiques, qui sont des temps d'ajustement vers un nouvel équilibre : « Les crises sont des tournants de l'évolution économique[49]. » Pendant ces dépressions, les firmes innovantes peuvent disparaître car leurs profits reculent et elles ont fréquemment pris plus de risques que les entreprises moins novatrices. Souvent plus jeunes, elles n'ont pu accumuler des capitaux qui sont bien utiles pour amortir les crises : « [...] on ne peut parler qu'avec de grandes réserves du processus de "sélection de la crise" : car ce sont les entreprises les plus stables, et non les plus parfaites en soi qui ont le plus de chance de survivre à la dépression[50]. »

Durant la dépression économique, des entreprises vont disparaître et l'on observera des effets inverses aux précédents : hausse des prix des biens produits, baisse des salaires, baisse des prix des équipements et du coût du crédit. Ces conséquences créent les conditions favorables à l'apparition d'une nouvelle série d'innovations démarrant le cycle suivant : « Ce qui donne l'impulsion aux agents économiques dans la période de dépression, ce sont à coup sûr les pertes effectives ou possibles subies[51]. »

À l'issue de cette analyse, il nous apparaît que l'expression création destructrice semble plus pertinente que celle de destruction créatrice, dans la mesure où la destruction ne précède pas la création, du fait du recours au mécanisme du crédit[52]. Les destructions sont une conséquence de la création de firmes nouvelles, de produits nouveaux, de la mise en œuvre de techniques innovantes. « En règle générale il faut que la nouvelle combinaison prélève sur d'anciennes combinaisons les moyens de production qu'elle emploie [...][53]. » Ce n'est même pas tellement la création elle-même que ses effets sur les prix qui provoquent la destruction.

Ce renversement n'est pas anecdotique car le mécanisme du crédit revêt une importance toute particulière dans l'analyse de Schumpeter. Ce dernier n'affirme pas que la destruction est nécessaire à la création, mais que la création entraîne nécessairement une destruction. « [...] l'octroi de crédit permet à l'entrepreneur de détourner de leurs emplois actuels les moyens de

49. Schumpeter [1999], p. 322.

50. Schumpeter [1999], p. 345.

51. Schumpeter [1999], p. 347.

52. Qui est caractéristique du capitalisme : « Le système capitaliste du crédit est né du financement de nouvelles combinaisons. Il s'est développé parallèlement avec lui. » [Schumpeter, 1999, p. 100]

53. Schumpeter [1999], p. 97.

production, dont il a besoin, d'affirmer une demande à leur égard [...][54]. » Voici donc ce que nous retiendrons : la création prime sur la destruction dans la conception schumpétérienne de la destruction créatrice[55]. Et l'entrepreneur est bien le vecteur de l'innovation perçue comme une création.

Précisément, c'est ici que se situe le cœur de notre argumentation. Nous proposons une interprétation de la création destructrice – plutôt que de la destruction créatrice – en termes de volonté de puissance, traduite en l'occurrence ici, pour l'entrepreneur schumpétérien, par le fait de vouloir innover. À ce stade, on peut avancer que l'entrepreneur manifeste la volonté de puissance qui est également attachée au surhumain. Peut-on pour autant conclure, et de manière non strictement syllogistique, qu'il est un surhumain ? Selon nous, deux réponses possibles se profilent. Le choix entre ces deux options dépend de l'interprétation que l'on donne au concept de création et à celui d'innovation.

Si l'on prend en compte la création de valeur dans une vision économique exclusive de l'entrepreneur, alors le rapprochement est limité et notre interprétation affaiblie. En effet, si innover n'est pris que dans le contexte de la création de valeur économique, l'entrepreneur schumpétérien est un homme certes dynamique, comme revendiqué dans les analyses des commentateurs recensées dans le premier paragraphe, mais qui n'incarne pas le processus de création de valeur suprême. Nous pouvons donc caractériser cette première possibilité d'interprétation par le fait qu'il s'agit d'une analyse focalisée sur les résultats.

Mais il en existe une seconde. Selon cette nouvelle interprétation, nous voyons davantage le processus que la conséquence en termes de produit économique dans l'innovation, du fait que l'entrepreneur schumpétérien a bien certains traits du surhumain incarnés dans l'acte de créer. Notons que l'innovation est alors comprise comme synonyme de la création entendue comme valeur suprême. Le surhumain est celui qui incarne cette aptitude à transformer, en commençant par travailler sur sa propre matière : venir à bout de ses résistances, de ses forces négatives pour se dépasser. Parallèlement,

54. Schumpeter [1999], p. 151.

55. C'est d'ailleurs une différence entre Sombart et Schumpeter que relève Diamond Jr. [2007] : « The supposed passage where Sombart allegedly presages the concept of creative destruction is quite different from Schumpeter's concept. Sombart talks about how once there is destruction, then someone may creatively discover a substitute for what is destroyed. But for Schumpeter, the new creation comes first, and then the old technology is destroyed. » [Note 2, p. 176.]
Également dans Schumpeter [1999], p. 134.

l'entrepreneur schumpétérien est celui que les résistances n'effraient point. Au contraire, il ne connaît pas l'aversion pour l'effort : « L'entrepreneur typique ne se demande pas si chaque effort, auquel il se soumet, lui promet un "excédent de jouissance" suffisant. Il se préoccupe peu des fruits hédonistiques de ses actes. Il crée sans répit, car il ne peut rien faire d'autre ; il ne vit pas pour jouir voluptueusement de ce qu'il a acquis. Si ce désir surgit, c'est pour lui la paralysie, et non un temps d'arrêt sur sa ligne antérieure ; c'est un messager avant-coureur de la mort physique[56]. »

Il est difficile ici de ne pas opérer un parallèle avec le surhumain nietzschéen possédant la force de sortir de l'ascétisme et de l'enlisement. Allons plus loin encore avec les précisions de Schumpeter lui-même quant aux différents mobiles à l'œuvre autres que le profit :

> « Sous notre portrait du type de l'entrepreneur il y a l'épigraphe : *plus ultra*. [...] Il y a d'abord en lui le rêve et la volonté de fonder un royaume privé, le plus souvent, quoique pas toujours, une dynastie aussi. [...] Puis vient la volonté du vainqueur. D'une part vouloir lutter, de l'autre vouloir remporter un succès pour le succès même. La vie économique est, en soi, matière indifférente dans les deux sens. [...] il s'agit d'une motivation étrangère à la raison économique et à sa loi. La joie enfin de créer une forme économique nouvelle est un troisième groupe de mobiles qui se rencontre aussi par ailleurs, mais qui seulement ici fournit le *principe* même de la conduite. Il peut n'y avoir que simple joie à agir [...] notre entrepreneur, lui, a un excédent de force, il peut choisir le champ économique, comme tous autres champs d'activité, il apporte des modifications à l'économie, il y fait des tentatives hasardeuses en vue de ces modifications et précisément à raison de ces difficultés. Il se peut là aussi que la joie pour lui naisse de l'œuvre, de la création nouvelle comme telle, que ce soit quelque chose d'indépendant ou que ce soit chose indiscernable de l'œuvre elle-même. Ici non plus on n'acquière pas des biens pour la raison et selon la loi de la raison, qui constituent le mobile économique habituel de l'acquisition des biens[57]. »

Dès lors, l'innovation peut se percevoir non pas en tant que création de valeur économique (de richesse matérielle) mais comme acte fondateur de l'être et du devenir. C'est bien, comme le disait Schumpeter, le fait d'innover et non les conséquences de l'innovation qui motive l'entrepreneur : répétons-le, « [i]l crée sans répit, car il ne peut rien faire d'autre ; il ne vit pas pour jouir voluptueusement de ce qu'il a acquis[58] ». Sa créativité, qui pourrait être

56. Schumpeter [1999], p. 134.

57. Schumpeter [1999], p. 135-136.

58. Également dans Schumpeter [1999], p. 134.

vue comme un enfermement, une compulsion, est plutôt l'extériorisation d'un surcroît de force et non une décision visant à satisfaire ses préférences ou œuvrer de manière altruiste pour le bien-être collectif. L'égoïsme de son action est la source extra-morale de l'accroissement de la vie.

## Conclusion

Si l'on accepte de considérer l'entrepreneur schumpétérien selon une grille de lecture philosophique, de multiples perspectives interprétatives s'offrent, donnant une lueur nouvelle au concept même de destruction créatrice, dans un parallèle enrichissant également la perspective nietzschéenne. L'interprétation que nous avons souhaitée mettre en évidence consiste à percevoir la création telle que Schumpeter la décrit pour qualifier l'entrepreneur schumpétérien au-delà d'une simple création de valeur au sens économique du terme[59]. L'entrepreneur schumpétérien est bien un diffuseur d'innovation. Et, de notre point de vue, il peut illustrer, à cet égard, à la fois la spécificité de l'acte individuel de créer et la volonté de puissance prise dans son ensemble, en tant que processus.

La volonté de puissance est donc mobilisée ici en tant que concept positif au niveau individuel et en tant qu'instrument dans le processus plus large de l'acte d'innover. Dans cette optique, au-delà de l'analyse binaire traditionnellement reconnue, et dans une vision plus conforme au projet de Nietzsche, nous appréhendons l'existence de deux polarités en apparence opposée dans un même processus : la volonté de puissance.

Relevons néanmoins une condition à cette interprétation qui consiste à accepter que l'entrepreneur, à l'instar du surhomme, soit le produit de la culture, non de l'histoire. Cela implique de sortir d'une vision linéaire de l'histoire et c'est alors d'un point de vue cyclique que cette dernière doit s'appréhender. Mais comment penser alors l'inscription de l'entrepreneur dans ce cycle, sachant en outre que Schumpeter prend soin de distinguer état stationnaire et état dynamique ? Ici réside peut-être la limite d'un rapprochement entre le surhumain de Nietzsche et l'entrepreneur de

59. La logique de l'innovation ne relevant pas véritablement du calcul économique, on pourrait se demander si la mise en œuvre de nouvelles combinaisons productives s'effectuerait en dépit de profits attendus plus faibles. Là encore, deux types de réponse sont possibles : si l'on suppose que la mise en œuvre ne se fera pas, alors l'interprétation philosophique reste étrangère à la théorie économique ; dans le cas contraire, celui d'une réponse positive, cela peut être source d'inquiétude pour l'économiste qui peut soit modifier *ad hoc* une fonction d'utilité de l'entrepreneur, soit renoncer à rendre compte sur cette base de la création destructrice.

Schumpeter. À moins d'y percevoir, au contraire, une nouvelle source de questionnement et de mise en perspective mutuellement fécondes pour les deux théories.

*Abréviations utilisées pour les œuvres de Nietzsche citées dans le texte :*

A : *Aurore* ; APZ : *Ainsi parlait Zarathoustra* ; EH : *Ecce Homo* ; FP : Fragments posthumes (suivi du tome dans l'édition Gallimard).

## Bibliographie

Bergson H. [1907], *Évolution créatrice*, Paris : Puf.

Bowler P.J. [1983], *The Eclipse of Darwinism: Anti-Darwinian evolution theories in the decades around 1900*, Baltimore : John Hopkins University Press.

Diamond A. M. [2007], « The neglect of creative destruction in micro-principles texts », *History of Economics Ideas*, XV, 1, p. 175-188.

Haar M. [1993], *Nietzsche et la métaphysique*, Paris : Gallimard.

Lapied A. et Swaton S. [2011], « Sélection naturelle ou volonté de puissance : comment interpréter le processus de destruction créatrice ? », DT GREQAM 2011-35, à paraître dans *Revue de philosophie économique*, 2013.

Nietzsche F. [1971], *Ainsi parlait Zarathoustra*, Œuvres philosophiques complètes, t. VI, Textes établis par G. Colli et M. Montinari, trad. M. de Gandillac, Paris : Gallimard.

— [1980], *Aurore*, Œuvres philosophiques complètes, t. IV, Textes établis par G. Colli et M. Montinari, trad. J. Hervier, Paris : Gallimard.

— [1974], *Ecce Homo*, Œuvres philosophiques complètes, t. VIII, Textes établis par G. Colli et M. Montinari, trad. J.-C. Hémery, Paris : Gallimard.

— [1997], *Fragments posthumes (Été 1882 – printemps 1884)*, Œuvres philosophiques complètes, t. IX, Textes établis par G. Colli et M. Montinari, trad. A-S. Astrup et M. de Launay, Paris : Gallimard.

— [1982], *Fragments posthumes (Printemps-automne 1884)*, Œuvres philosophiques complètes, t. X, Textes établis par G. Colli et M. Montinari, trad. J. Launay, Paris : Gallimard.

— [1982], *Fragments posthumes (Automne 1884 – automne 1885)*, Œuvres philosophiques complètes, t. XI, Textes établis par G. Colli et M. Montinari, trad. M. Haar et M. B. de Launay, Paris : Gallimard.

Santarelli E., Pesciarelli E. [1990], « The emergence of a vision: the development of Schumpeter's theory of entrepreneurship », *History of Political Economy*, vol. 22, n° 4, p. 677-696.

Schumpeter J.A. [1926], *Theorie der wirtschaftlichen Entwicklung*, 2e éd., Leipzig : Duncker & Humblot.

— [1954], *History of Economic Analysis*, New-York : Oxford University Press.

— [1999], *Théorie de l'évolution économique*, Paris : Dalloz.

Shionoya Y. [1997], *Schumpeter and the Idea of Social Sciences*, Cambridge : Cambridge University Press.

Streissler E. W. [1994], « The influence of German and Austrian economics on Joseph A. Schumpeter », in Y. Shionoya and M. Perlman (ed.) *Schumpeter and the History of Ideas*, Ann Arbor : The University of Michigan Press, p. 13-38.

Sweedberg R. [1991], *Schumpeter. A biography*, Princeton : Princeton University Press.

Wotling P. [2007], *La pensée du sous-sol*, Paris : Éditions Allia.

— [2009], *Nietzsche et le problème de la civilisation*, Paris : Puf.

# CONTRE UNE PHILOSOPHIE ÉCONOMIQUE POST-HAYÉKIENNE

*Marlyse Pouchol*[1]

L'article prend position sur une approche qui situe la philosophie économique dans un champ constitué par trois types d'intersection : la première se placerait entre l'économie politique et la philosophie sociale, la deuxième entre l'économie normative et la philosophie morale, enfin la troisième se placerait entre la science économique et la philosophie des sciences. Il montre, dans un premier temps, que cette philosophie économique suppose une conception hayékienne tant de la formation de l'esprit humain que des voies du progrès économique, conception qui offre la possibilité de relier des arguments de type biologiques, moraux et épistémologiques dans une même problématique. Malgré cet héritage, il est aussi indéniable que cette philosophie économique prend de la distance à l'égard d'Hayek, en particulier, du point de vue des critères de validité d'une théorie. Alors qu'Hayek reste animé par un souci de vérité scientifique, la philosophie économique considère qu'il est nécessaire de mettre en place un autre critère de validité tenant, cette fois, à la capacité prédictive d'une théorie. Mais, il ne faudrait pas considérer que ce changement indique une distance critique à l'égard de l'auteur autrichien, il s'agit plutôt d'un acte d'allégeance supplémentaire.

***Against a post-Hayekian economic philosophy***

*The article takes a position on an approach that puts economic philosophy in a field consisting of three types of intersection: between* political economy *and* social philosophy, *between* normative economics *and* moral philosophy, *and finally between* economics *and* philosophy *of science. It shows, firstly, that this economic philosophy presupposes a Hayekian conception of the formation of the human mind and ways of economic progress, a design that offers the possibility of linking arguments of biological, moral and epistemological type in the same problematic. Despite this heritage, it is also undeniable that economic philosophy takes a distance with respect to Hayek, in particular, from the point of view of the criteria for the validity of a theory. While Hayek is animated by a concern for scientific truth, economic philosophy considers it necessary to establish another criterion for validity, this time, the predictive ability of a theory. But we should not assume that this change indicates a critical distance from the Austrian author, but rather an act of further allegiance.*

**Mots clefs :** philosophie économique, Hayek, méthodologie.

**Keywords:** economic philosophy, Hayek, methodology.

**JEL classification:** B4, B5, B53

1. Université de Reims et Clersé, Université de Lille 1. marlyse.pouchol@wanadoo.fr

La position critique adoptée dans cet article a été nourrie de la vision de la politique conçue par Hannah Arendt ; ce qui conduit, en particulier, au souci de maintenir les distinctions du langage courant contre un processus d'élaboration conceptuelle qui tend à les éliminer.

L'activité philosophique peut se percevoir comme une pratique de réflexion accessible au commun de mortels ou bien, au contraire, comme une activité de production d'idées et de systèmes de pensée relevant de la spécialité de quelques-uns particulièrement aptes à la spéculation intellectuelle. Cet article vise à défendre l'activité philosophique dans le premier sens du terme laquelle équivaut, alors, à une activité de penser, c'est-à-dire à une habitude d'interrogations sur les expériences qui traversent notre vie, à laquelle chacun de nous devrait pouvoir céder. Il faudrait souhaiter que « les philosophes de profession », spécialisés dans la production conceptuelle, n'abandonnent pas la pratique du questionnement relevant d'un dialogue entre soi et soi-même, activité dont Platon a trouvé le modèle chez Socrate qui, pour sa part, n'a rien écrit et parlait à tout le monde en considérant chacun comme son égal. Hannah Arendt souligne le changement notable dans l'œuvre de Platon entre *Les Dialogues* qui mettent en scène Socrate et donnent à voir une condition humaine en actes et en paroles et *La République* où la préoccupation du philosophe de la Grèce antique revient à proposer « un plan de montage pour fabrication d'État » en vue de contenir un peuple qui n'a pas accès à la vérité. Alors que le Platon qui relate *Les Dialogues* se considère comme un homme parmi d'autres en relation avec eux, celui qui élabore *La République* adopte un point de vue supérieur qui lui fait rechercher des moyens de faire marcher droit un peuple dépourvu de la faculté de s'orienter lui-même dans la bonne direction. Platon invente alors des menaces comme la peur de l'enfer pour obtenir le respect des Lois par des gens réputés incapables de saisir la raison pour laquelle elles ont été promulguées. Si Arendt est tout à fait critique à l'égard de *La République* de Platon, reprenant en cela, « jusqu'à un certain point », la position d'Aristote, son « antiplatonisme systématique et bien articulé », comme le souligne Miguel Abensour, ne va jamais jusqu'à commettre « la bévue qui consiste à faire de Platon le père du totalitarisme moderne[2] ». C'est, en revanche, la position adoptée par Karl Popper lequel inspire fortement Hayek qui est conduit à désigner les philosophes et leur prétention à détenir la vérité comme les responsables des cataclysmes du XX^e^ siècle.

2. Miguel Abensour [1996], « D'une mésinterprétation du totalitarisme et de ses effets » in Enzo Traverso, *Le totalitarisme, le XX^e^ siècle en débat*, Éditions du Seuil, 2001, p. 764.

L'appel à la fondation d'une philosophie économique dans les dernières décennies du XX^e siècle se situe, c'est du moins la thèse que nous chercherons à soutenir ici, dans une recherche de conciliation de la dénonciation hayékienne des prétentions des intellectuels et l'ambition, en particulier chez les spécialistes de *l'économie publique,* de faire des propositions de réglementation étatique, notamment en matière d'impôt, qui puissent être considérées comme justes et efficaces. C'est bien dans cette perspective d'économie publique que Serge-Christophe Kolm[3] publie en 1986 un ouvrage intitulé *Philosophie de l'économie.* D'une façon générale, il s'agit d'établir un fondement aux décisions de l'État, qui soit compatible avec les théories économiques du libéralisme qui, pour leur part, ne disposent pas des outils d'analyse pour l'aborder. La communication s'intéresse à cette philosophie économique spécifique qui est née du souci d'établir un pont entre l'individualisme méthodologique caractéristique du principe du « laisser-faire » et la mise en évidence de critères d'évaluation de l'action de l'État susceptible, en particulier, de condamner la politique économique keynésienne.

La philosophie économique dont il est question dans cet article désigne ainsi une « école » déterminée qui a le mérite d'avoir cherché à cerner son objet en exposant les principes de sa démarche. Elle est mise en œuvre dans le *Traité de philosophie économique*[4] [1999] et a été auparavant définie dans le *Que sais-je ?*[5] [1998] rédigé par Alain Leroux et Alain Marciano. Pour ces deux auteurs, la philosophie économique, telle qu'ils la perçoivent, se détermine, avant tout, par ce qu'elle n'est pas. Elle n'est ni « une philosophie appliquée à l'économie », ni « une économie à prétention philosophique[6] », ce qui invite à exclure ces deux types de démarche du label « philosophie économique » dont ils cherchent à saisir les contours. Leur philosophie économique relèverait d'un champ mixte où économistes et philosophes seraient confrontés à des questions similaires auxquelles ni l'une ni l'autre des deux disciplines ne pourraient pleinement répondre. Ils mettent en évidence trois zones d'interférence. La première se situe entre « l'économie politique » et « la philosophie sociale » qui seraient deux disciplines cherchant l'une et l'autre à « rendre intelligible la vie de l'homme en société[7] ». La deuxième

3. Serge-Christophe Kolm, *Philosophie de l'économie*, Éditions du Seuil, 1986.

4. Alain Leroux et Alain Marciano (dir.), *Traité de Philosophie économique*, Éditions De Boeck, 1999.

5. Alain Leroux et Alain Marciano, *La philosophie économique*, Puf, collection « Que sais-je ? », 1998.

6. Leroux et Marciano [1998], *op. cit.*, p. 123.

7. Leroux et Marciano [1998], *op. cit.*, p. 33.

s'inquiéterait de « la qualité du lien social[8] », souci qui serait commun à « l'économie normative » et à « la philosophie morale », enfin la troisième renverrait à une interface entre « science économique » et « philosophie des sciences » s'interrogeant sur les critères de validité d'un énoncé portant, notamment, sur la qualité du lien social. L'appel lancé aux économistes et philosophes s'avère fructueux puisqu'il ouvre à des *Leçons de philosophie économique* dispensées dans trois ouvrages collectifs[9] découpés selon la thématique qui vient d'être indiquée.

L'invitation à un rapprochement entre philosophie et économie a tout lieu de séduire et nous ne pouvons que souscrire à une tentative de décloisonnement ouvrant à une coopération pluridisciplinaire ; cependant l'ouverture s'avère plus étroite que les intentions annoncées ne le laissent envisager. Il apparaît que le type de rapprochement sollicité ne puisse, en fait, avoir lieu qu'en adhérant, au préalable, à une conviction propre à la vision hayékienne de l'espèce humaine dont nous commencerons par rappeler le contenu. Nous serons alors en mesure de comprendre à quel genre de gageure se trouve confronté l'intellectuel cherchant à « dire le vrai » tout en étant conscient de l'impuissance de sa propre raison à le découvrir. Nous verrons enfin en quoi la visée anti-élitiste qui fait partie de « la ligne directrice »[10], comme l'annonce l'introduction des *Leçons,* de cette sorte de philosophie économique est loin de se solder par la légitimation de l'expression de tout un chacun.

## 1. La vision hayékienne du progrès de l'espèce humaine

Durant toute sa vie qui fut longue (1899-1992), Friedrich Auguste Hayek a construit une argumentation de plus en plus élaborée contre l'intervention de l'État. Son argumentation ultime, développée au cours des années 1970 et présentée dans les trois volumes[11] de *Droit, législation et liberté*, est fondée sur une théorie du développement de l'espèce humaine permettant d'expliquer en quoi l'interventionnisme étatique mis en place au cours du

8. *Ibid.*, p. 6.

9. Sous la direction de : Alain Leroux et Pierre Livet : *Leçons de philosophie économique*, tome 1 *Économie politique et philosophie sociale* [2005], tome 2 : *Économie normative et philosophie morale* [2006], tome 3 : *Science économique et économie des sciences* [2007], Éditions Economica.

10. Tome 1,2 ou 3 des Leçons de philosophie économique, *op cit.*, p. 1.

11. Hayek F. [1973 ; 1976 ; 1979] *Droit Législation et Liberté*, volume 1 : *Règles et Ordres*, volume 2 : *Le Mirage de la justice sociale*, volume 3 : *L'Ordre politique d'un peuple libre*, Puf [1980 ; 1981 ; 1983].

XIXe siècle constitue un changement historique radical tout à fait néfaste augurant de la fin du progrès. Cet interventionnisme étatique aurait engagé l'espèce humaine dans la voie de la régression laissant présager un arrêt de la croissance économique dans le futur ainsi qu'une exacerbation des conflits sociaux. Hayek va ainsi considérer que le chômage, la lutte des classes, la violence et l'apparition de systèmes politiques totalitaires sont des maux du XXe siècle qui découlent logiquement de ce péché originel interventionniste ayant aboli le « laisser-faire ». *A contrario*, le « laisser faire » est paré de toutes les vertus puisqu'il acquiert, dans l'interprétation hayékienne qui diffère de la recommandation smithienne, le statut de principe explicatif du progrès de l'espèce humaine depuis son apparition sur terre. Pour éviter que l'humanité n'aille à sa perte, pour dépasser les conflits, éliminer la violence sociale et se défaire du chômage, Hayek nous conjure de restaurer ce principe du laisser-faire qu'il tient pour l'élément clé expliquant la progression des facultés intellectuelles des êtres humains du début de l'humanité jusqu'aux temps sombres qu'il voit apparaître dans le dernier tiers du XIXe siècle.

## Les origines du mal interventionniste

Hayek a commencé par contester le bien-fondé de l'intervention économique de l'État dans ses conférences publiées en 1931 sous le titre *Prix et Production*, ouvrage dans lequel il prend l'analyse de Keynes à rebours. Il s'oppose à la politique macroéconomique en montrant, à partir d'une représentation particulière des enchaînements économiques, qu'une politique de baisse du taux d'intérêt préconisée par l'économiste anglais n'est pas le remède mais, bien au contraire, la cause du mal. Selon cette représentation, l'expansion monétaire est responsable d'un déséquilibre entre épargne et investissement se soldant non seulement par de l'inflation, mais, *in fine*, par un développement du chômage. Il élargit, par la suite, son opposition en dénonçant cette fois *la législation sociale* visant alors les lois de protection des travailleurs qui ont été promulguées au XIXe siècle, en particulier, en Allemagne sous Bismarck et qui sont désignées par le terme de « *Sozialpolitik* ». Dans *La route de la servitude,* ouvrage de 1944[12], il considère qu'il existe une relation de cause à effet entre ces lois sociales dans la mesure où leur mise en place, ayant évité aux individus d'affronter la loi du marché, aurait engendré des êtres dépendants, exigeants et aussi irresponsables que des enfants, et l'arrivée, par voie démocratique, de Hitler au pouvoir. L'apparition du régime nazi ayant commis des crimes qui atteignent l'horreur absolue fait ici figure de

12. F. Hayek, *La route de la servitude*, Puf, 1985.

preuve des méfaits considérables de l'interventionnisme social. Poursuivant une sorte d'enquête sur les sources du mal interventionniste ayant envahi le XXe siècle, Hayek remonte de plus en plus le temps à la recherche des erreurs de pensée qui auraient, selon lui, conduit à attribuer à l'État un rôle qu'il n'aurait jamais dû acquérir. Il dénonce le discours des « philosophes sociaux » qui ont fait croire au peuple qu'il était possible d'inventer une organisation sociale nouvelle susceptible d'assurer le bonheur du plus grand nombre et d'éliminer les inégalités. Marx, dont la théorie devient, selon ce raisonnement, la cause de la révolution soviétique de 1917, mais, avant lui, les philosophes des Lumières comme Rousseau qui ont encouragé la Révolution française seraient à considérer comme de grands fautifs. Ils auraient propagé des idées dangereuses contenant une *perversion du Droit* et de *la Loi* en supposant que l'un et l'autre pouvaient être fabriqués, à l'instar de tout type d'objet d'usage, pour satisfaire des aspirations humaines. Ils s'illusionneraient doublement sur les capacités de leur cerveau en supposant qu'il s'agit d'un organe susceptible de découvrir des vérités scientifiques et en mesure de dégager le critère de ce qui est juste et de ce qui ne l'est pas. Dans *Scientisme et sciences sociales* [1952], au sous-titre évocateur : *Essai sur le mauvais usage de la raison*, Hayek pointe l'erreur des penseurs sociaux qui méconnaîtraient « La logique de la découverte scientifique », décrite en particulier par Popper dans son ouvrage de 1935 et qui s'imaginent capables de déterminer ce qu'est une bonne société en faisant fi de la variété des opinions pouvant exister sur la question. L'excès de confiance dans la raison humaine pourrait, à son tour, s'expliquer par des pensées erronées échafaudées dans un passé encore plus lointain. Hayek cible Descartes auquel il reproche d'avoir inauguré, avec « son doute radical[13] » relatif à la capacité des sens à percevoir le vrai, une démarche qui fait de la spéculation intellectuelle la méthode de détermination de la vérité délivrant alors une sorte de permis de juger qui autorise chacun à rejeter ce qui ne lui convient pas. Cette traque des erreurs de pensée le mène jusqu'aux philosophes de la Grèce antique ayant introduit « une distinction mal venue[14] » entre les sens et la raison. Ils auraient inauguré une *vision dichotomique* opposant la nature et la culture, l'inné et l'acquis, ou encore *le naturel* et *l'artificiel* pour reprendre les termes de Hayek. Cette dichotomie serait à l'origine de la formation de deux modes de pensée antagonistes aussi erronés l'un que l'autre. Elle serait aussi à l'origine d'une opposition, que l'on trouve dans le mythe de la caverne de Platon, entre deux types d'êtres : ceux qui restent gouvernés par leurs sens et n'ont qu'une vision déformée

13. F. Hayek, *DLL*, vol. 1, *op.cit.*, p. 11.

14. *Ibid.*, p. 23.

de la vérité et ceux qui sortent de la caverne et accèdent à la lumière de la raison, caractéristique de la présomption du philosophe que Hayek souhaite dénoncer.

## Comment on devient un homme, selon Hayek

Hayek dénonce « la présomption fatale » consistant à supposer qu'un homme se trouve naturellement doté d'une raison. Il faut, selon lui, au contraire, admettre que « l'homme n'est pas né sage, rationnel et bon, mais a dû apprendre à le devenir[15] ». Dans sa conception, ces qualités ne peuvent pas être acquises par l'éducation qui n'est que transmission de connaissances, mais par une formation relevant d'une sorte de pratique expérimentale permettant des essais et des erreurs analogue à un apprentissage solitaire sur le terrain, processus au cours duquel chacun tire des leçons personnelles qui ne sont pas vraiment communicables aux autres par des mots. Ainsi se formerait un esprit performant capable de s'adapter à toute situation nouvelle. Hayek étend ce modèle de l'apprentissage expérimental à une théorie de l'évolution qui suppose que c'est l'action, ou plutôt l'activité du corps qui a forgé les facultés intellectuelles des hommes. Aussi affirme-t-il : « [L]'homme a agi avant qu'il ne pensât, et non pas compris avant d'agir[16]. » Ces affirmations se déduisent en fait d'une conviction : ce sont les relations d'échange qui ont permis à l'homme de se perfectionner et de devenir de plus en plus intelligent au cours des siècles.

Hayek a évidemment trouvé l'idée de l'importance des échanges chez Adam Smith, père fondateur d'une pensée économique devenue, avec lui, dans le dernier tiers du XVIIIe siècle, une discipline autonome distincte de la philosophie morale et de la philosophie politique[17]. Mais il inverse toutefois la séquence smithienne. Alors que pour Smith ce sont les hommes dotés d'un penchant naturel pour les échanges qui ont créé la division du travail explicative de la croissance économique au cours des siècles, pour lui, ce sont les échanges qui ont fabriqué un individu apte aux performances économiques. L'échange des choses qui correspond, selon Hayek, à une relation entre des individus les obligeant à suivre des règles de conduite les uns vis-à-vis des autres aurait ouvert à une pratique qui aurait eu un caractère formateur de l'esprit humain. L'échange des choses pourrait ainsi être considéré comme

15. F. Hayek, *La présomption fatale. Les erreurs du socialisme*, Puf, 1993, p. 33.

16. F. Hayek, *DLL*, vol. 1, *op.cit.*, p. 20.

17. Comme l'explique Hannah Arendt dans *Condition de l'homme moderne.*

la relation originelle fondatrice de l'humanité correspondant, en quelque sorte, au chaînon manquant entre le singe et l'homme de la conception darwinienne de l'évolution. Hayek propose une « histoire conjecturale » de l'esprit humain qui aurait été inaugurée par l'échange à saisir comme un acte expérimental tenté par un personnage qui aurait le désir de s'émanciper de sa communauté originelle en entrant en contact avec l'extérieur, un acte qui aurait porté ses fruits et qui se serait alors perpétré. Il émet le genre de supposition suivante. « Peut-être pourrait-on même dire que la formation de règles universelles de conduite n'a pas commencé dans la communauté organisée de la tribu, mais plutôt avec le premier cas de troc muet, lorsqu'un sauvage plaça quelque offrande à la frontière du territoire tribal, dans l'espoir qu'un don correspondant lui serait fait en retour par le même procédé ; ce qui inaugurait une nouvelle coutume[18]. » L'échange des choses, surgi de façon spontanée et donc non sciemment organisé, aurait institué un genre de compétition pacifique entre les individus de laquelle chacun chercherait à sortir vainqueur. Il aurait agi comme un stimulant neuronal, ce qui expliquerait, en partie, les inventions techniques et les progrès de la productivité qui vont s'accélérer au cours du temps.

## Comment se font les découvertes scientifiques

La cause de ces progrès aurait été mal saisie par les philosophes sociaux du XIXe siècle, notamment ceux qui vont s'imaginer, en raison de l'énorme accumulation de marchandises, qu'il est désormais possible de s'organiser autrement en se passant des relations d'échange. Elle serait également mal appréhendée par ceux du XIXe et du XXe qui s'imaginent qu'il est possible d'aménager la loi du marché en aidant les perdants et en faisant en sorte que l'État organise une redistribution et fixe de nouvelles règles. Hayek propose une explication inédite du progrès, qui conduit à rejeter toute velléité de ce genre et, de plus, à amplifier le rôle des échanges au-delà de ce que les néoclassiques, comme Walras notamment, avaient pu envisager jusqu'alors. Selon la vision hayékienne, le prix des choses fixé par les échanges constitue une information inestimable à destination du producteur lui permettant d'évaluer si son offre répond aux besoins de la multitude des consommateurs. S'il s'appauvrit, il saura que son offre ne convient pas et cherchera à la reconfigurer, s'il s'enrichit, cela vaudra confirmation d'avoir choisi le bon créneau, du moins pour la période considérée. Une intervention de l'État qui agit sur le prix des choses constitue, selon cette approche, une désinformation

18. F. Hayek, *DLL*, vol. 3, p. 99.

des producteurs, comme si la boussole qui permettait de rectifier leur position était devenue défectueuse, ce qui expliquerait les désordres de la production et les déséquilibres du marché à l'époque de l'interventionnisme. En vertu de cette conception du rôle du prix formé par le libre-échange, Hayek peut faire valoir l'idée selon laquelle le laisser-faire a été le vecteur du progrès technologique en ayant recours aux enseignements de l'épistémologie poppérienne. Cette épistémologie indique, en nous permettant une évocation succincte de son contenu, que la découverte scientifique se fait par tâtonnement. Le savant émet des hypothèses susceptibles d'être mises en application par un acte expérimental. *A contrario*, les énoncés qui ne sont pas *falsifiables* c'est-à-dire qui ne peuvent pas être soumis à l'épreuve de la vérification expérimentale n'ont aucun caractère scientifique. De plus, Popper enseigne que l'expérimentation ne peut jamais donner l'assurance qu'une proposition positive est juste, (l'exemple bien connu de proposition positive étant : *tous les cygnes sont blancs*), en revanche, la constatation de l'infirmation de cette proposition (l'observation de cygnes noirs) fournit à coup sûr un énoncé scientifique : *tous les cygnes ne sont pas blancs.* Aussi les connaissances authentiques ne peuvent-elles être formulées que sous la forme de propositions négatives. Par analogie, Hayek va considérer que les individus qui ont des idées susceptibles de se traduire par des actes de production qu'ils soumettent à la concurrence du marché accomplissent une expérimentation qui permettra de découvrir la valeur de leurs idées. Hayek peut ainsi affirmer : « La concurrence est ainsi, comme l'expérimentation dans les sciences, d'abord et surtout une procédure de découverte[19]. » Par ce procédé et à l'instar du savant, le producteur découvre ce qu'il ne faut pas faire. Tirant parti de cet enseignement, il testera une nouvelle idée tant qu'il n'aura pas trouvé celle qui lui permet de gagner sa vie. En dehors de ce procédé, la raison humaine est impuissante, par elle-même, à produire des connaissances ayant un caractère scientifique et novateur. Dans ces conditions, vouloir remplacer *l'ordre spontané* des échanges par une *organisation* de la société conduit à l'arrêt du progrès scientifique et à la stagnation économique.

## L'ordre politique idéal selon Hayek

L'ordre politique idéal se déduit des enseignements précédents. Les systèmes politiques des démocraties occidentales existantes, y compris celles du Royaume-Uni et des États-Unis, ayant intégré une notion de « droit de l'homme » donnant des obligations à l'État ne sont pas conformes à l'idéal

19. F. Hayek, *DLL*, vol. 3, p. 80.

démocratique redéfini par Hayek. Il dénonce cette notion telle qu'elle est présentée dans *La déclaration universelle des droits de l'homme,* adoptée en 1948 par l'assemblée générale des Nations unies. « Ce document est ouvertement [selon lui] une tentative pour fusionner les droits de la tradition libérale occidentale, avec la conception entièrement différente dérivée de la révolution marxiste russe[20]. » La déclaration s'inspire du mélange des quatre libertés proclamées par le Président Roosevelt : le droit d'être à l'abri du besoin (*freedom from want*), le droit d'être à l'abri de la peur (*freedom from fear*) qui s'ajoute à la liberté d'expression (*freedom of speech*) et à la liberté de conscience (*freedom of worship*). Alors que les deux dernières proclamations relèvent de *droits civils* incontestables, les deux premières définissent des *droits sociaux,* dont la reconnaissance est contraire au respect de l'ordre économique établi par le libre-échange et introduit, de plus, ce que Hayek nomme, « *une perversion du Droit* ».

Il propose « une constitution de la liberté[21] » dans laquelle l'Assemblée législative ne pourra pas être en mesure d'inventer toutes lois qui lui sembleront bonnes et de les faire adopter sous prétexte qu'elles ont été votées à la majorité. La tâche d'une assemblée législative ne serait pas de fabriquer la loi mais de dire la *Loi.* La *Loi* à laquelle Hayek met une majuscule énonce les règles de juste conduite, l'ensemble des interdits qui s'applique à tous, aux gouvernants comme aux gouvernés. Il considère que les démocraties existantes ont donné trop de pouvoir au « corps législatif qui est à la fois chargé de confectionner les lois et de diriger le gouvernement[22] ». La limitation du pouvoir de contrainte exercé par l'appareil d'État exigerait de ne pas en faire un organe exécutif de lois représentant le bon vouloir de la majorité. Le terme de démocratie aurait été souillé en étant conçu comme une organisation politique chargée d'établir dans les faits une égalité entre les hommes, but qui, si l'on admet les explications hayékiennes concernant la source du progrès, s'avère injuste, contre-productif et liberticide. La démocratie qui donne le pouvoir au peuple sans limitation de ce pouvoir de fabrication des lois ne vaudrait pas mieux que le gouvernement d'une aristocratie qui utilise la puissance de contrainte de l'État pour servir les intérêts de la noblesse. Hayek propose un autre terme pour désigner l'idéal démocratique qu'il cherche à faire triompher. Il invente le terme de « *démarchie* », (un

20. F. Hayek, *DLL*, vol. 2, p. 124.

21. Titre de son ouvrage de 1960 La constitution de la liberté, Éditions LITEC, 1994.

22. F. Hayek, *DLL*, vol. .3, p. 1.

néologisme composé des mots grecs, *demos* pour le peuple, et *arkheim*[23] pour commander) qui aurait l'avantage de faire pendant au terme de *monarchie* signifiant le gouvernement selon la loi du monarque fondant sa suprématie sur l'idée qu'il est le représentant de dieu sur terre. La *démarchie* rétablirait une suprématie de la Loi en donnant l'assurance que le commandement n'est exercé par personne en particulier mais par tout le monde en même temps si elle adoptait le principe du respect de la loi du marché. Et cette *démarchie* suppose évidemment un État capable d'imposer la soumission de tout un chacun à l'évaluation des activités humaines réalisées par le marché.

## II. Une philosophie économique qui prolonge et soutient l'ordre hayékien

La *philosophie économique* appréhendée dans le précis de Leroux et Marciano par trois types d'interfaces entre économie et philosophie correspond, du moins c'est ce que nous voulons établir, à la philosophie qui se déduit de *l'ordre spontané* dont Hayek a découvert (ou imaginé, selon la lecture que l'on en fait) l'existence. Le marché qui met en rapport les produits des activités économiques individuelles engendrerait une sorte d'ordre spontané que Hayek a désigné par le terme de « catallaxie », substantif construit à partir du grec (*katallatein* signifiant échanger) et chargé d'indiquer que les échanges seraient dotés de la vertu de transformer un ennemi en ami. L'adjectif *spontané* permettrait, pour sa part, de qualifier un ordre qui n'est, pour reprendre les adjectifs hayékiens, ni *naturel* ni *artificiel*, mais relève d'une sorte de composé de ces deux dimensions en même temps. *L'ordre spontané* fait apparaître l'être humain comme un genre hybride que nous pourrions situer entre *l'homo œconomicus* de la théorie économique utilitariste et *l'animal politique* (*zoon politikon*) mis en scène dans la philosophie d'Aristote plus de 300 ans avant Jésus-Christ. À ce titre, il faudrait qualifier l'homme hayékien d'être « économico-politique ».

La *philosophie économique* qui se définit par ses trois interfaces cherche précisément à faire exister cet être hybride surgi d'une zone mixte qui prend d'abord consistance en contestant la validité d'une séparation entre l'économie et la politique. Elle met ainsi explicitement en cause « *la thèse, dite de la spécialisation des domaines* », opposant les activités économiques et les actions politiques ou morales, qui reposerait, comme l'explique Dupuy,

23. Si l'on suit H. Arendt, le mot grec *arkheim* pourrait aussi contenir l'idée de commencer quelque chose plutôt que celle de commander.

« sur une lecture biaisée des économistes écossais[24] ». Cette incise renvoie, en particulier, aux interprétations de l'œuvre de Smith[25] qui, composée de deux ouvrages majeurs, l'un de philosophie : *La théorie des sentiments moraux* [1759] et l'autre d'économie : *Une enquête sur la nature et les causes de la richesse des nations* [1776], soulève la question de l'unité ou du caractère contradictoire de la pensée de l'auteur écossais. La philosophie des interfaces propose, pour sa part, une forme de cohabitation entre les deux sortes de liens humains mis en évidence dans chacun des ouvrages de Smith, *la sympathie*, d'une part pour la *Théorie des sentiments moraux*, et *l'intérêt*, d'autre part, pour l'œuvre économique qui offre une réponse aux détracteurs de Smith, notamment ceux de *l'École historique allemande* qui ont vu là une contradiction. En tentant de fonder l'existence d'un « entre-deux », la *philosophie économique* permet de balayer l'accusation d'incohérence dont Smith a pu faire l'objet, tout comme elle évacue une autre forme d'interprétation consistant à considérer que les deux ouvrages évoquent des questions distinctes, l'une de morale et l'autre d'économie.

Autrement dit, et c'est là un point crucial, cette philosophie économique combat et refuse les distinctions entre économie et politique que H. Arendt dans la *Condition de l'homme moderne* a précisément cherché à rétablir, en opposant la vie privée et la vie publique, les activités d'entretien de la vie physique et les occupations du citoyen. À lire Arendt, on prend conscience que toute tentative de jeter un pont théorique entre ces deux domaines de l'existence humaine revient à vouloir remplacer les êtres réels établissant des « va-et-vient » entre des espaces différents selon les moments de leur quotidien et les époques de leur vie par des êtres fictifs dont l'unité est abstraitement établie.

## Le souci de théorisation du théoricien

Le rejet de la séparation des activités humaines, qui conduit à refuser de considérer que travailler, fabriquer une œuvre, agir, penser, vouloir et juger sont, comme l'explique Arendt, des occupations distinctes ne pouvant être

24. Leroux et Marciano [1998], *op. cit.*, p. 22.

25. La littérature sur cette question est abondante, voir notamment l'ouvrage collectif, *Les théories économiques et la politique, Économie et Démocratie*, (volume 1), dans lequel se suivent trois sortes d'interprétations de l'œuvre de Smith : celle d'une philosophe politique : Marie-Claude Royer, celle d'un économiste : Hervé Guillemin, et celle d'un épistémologue : Francis Clavé. Éditions de l'Harmattan, série « Krisis », 2003, p. 45-106. Pour une vue d'ensemble, voir J. Dellemotte, « La cohérence d'Adam Smith, problèmes et solutions : une synthèse critique de la littérature après 1976 », *Économies et Sociétés*, Série PE, n°45, 12/2011, p. 2227-2265.

réduites à un comportement unique, n'est pas propre à la philosophie des interfaces. Ce rejet a une origine assez claire. Il est lié au souci de théorisation et à la posture surplombante du théoricien cherchant à produire une explication des phénomènes humains. Le souci reste louable et tout à fait intéressant tant qu'il est associé à une préoccupation réelle chargée de dénoncer des situations concrètes inacceptables ou de promouvoir des activités particulières, mais il perd ces qualités et devient tout autre chose dès lors qu'il est coupé de cet élan initial et sombre dans la théorisation pour la théorisation[26]. De même que la préoccupation de Marx s'est perdue dans la « philosophie marxiste » élaborée par Althusser, éloignement que Jacques Rancière[27] a dénoncé, celle de Hayek semble aussi s'évaporer dans la philosophie économique. Celle-ci se lit comme une justification théorique adaptée à la fois à la conception hayékienne de l'ordre social et aux deux sortes de préconisations pratiques que l'adhésion à cette conception implique en termes de devoir de l'État, d'une part, et de tâche de l'économiste, de l'autre. On retrouve ainsi les trois interfaces économie et philosophie précédemment annoncées.

Hayek s'est intéressé aux discours : à ce que disent les hommes dans l'arène sociale, aux déclarations émanant de l'autorité publique et aux énoncés proposés par les savants ; il a cherché à faire surgir les critères de validité de ces trois types de prises de parole. Il s'est efforcé de montrer, au nom de ce qu'il considère comme une connaissance des méfaits de l'interventionnisme, que toutes les plaintes des hommes n'étaient pas recevables, que toutes les lois promulguées par une démocratie n'étaient pas des Lois répondant au critère de la justice et que tous les énoncés des penseurs professionnels ne correspondaient pas à des vérités scientifiques. Les trois fronts sur lesquels Hayek s'est engagé correspondent justement aux trois interfaces entre la philosophie et l'économie présentées dans le précis de Leroux et Marciano de 1998, à cette différence près que l'argumentation développée ne se fait plus au nom des méfaits de l'interventionnisme, mais qu'elle se réalise, désormais, au nom de la connaissance des bienfaits de l'ordre spontané. Ce qui implique d'adopter une position différente de celle d'Hayek, notamment à l'égard du philosophe qui ne se trouve plus rejeté avec la même vigueur. Le souci d'unification de ces trois fronts sous le même label de philosophie économique correspond au franchissement d'une étape supplémentaire tentant de donner un statut nouveau et une légitimité autre que scientifique à un discours d'ensemble surplombant les trois types de « discours » mis

26. Pierre Fougeyrollas distingue ainsi « l'élan du philosopher » et « la retombée de la philosophie » dans *La Philosophie en question*, Éditions Denoël, 1960.

27. Jacques Rancière. *La Leçon d'Althusser* (1974), Éditions La Fabrique, 2011.

en cause par Hayek. Cette tentative suppose, à la fois, la destitution de la discipline économique de sa prétention à la scientificité et l'attribution à la philosophie née dans la Grèce antique, d'un souci de théorisation qui, à vrai dire, ne pouvait pas être le sien, du moins si l'on admet, comme nous le faisons, la compréhension tout autre qu'en donne H. Arendt.

## Une problématique commune aux économistes et aux philosophes ?

Les auteurs du précis de 1998 signalent une première interface entre les deux disciplines de pensée qui se situerait entre *l'économie politique* et une *philosophie* qu'ils qualifient de *sociale* et qui tiendrait au fait que ces deux spécialités poursuivent le *même but* : « [R]endre intelligible la vie de l'homme en société[28]. » Or, rien n'est moins sûr. Le point commun entre l'économie et la philosophie, ainsi présenté, s'avère tout à fait forcé. Son caractère général, loin de convenir pour cerner l'ensemble des approches d'économie politique, constitue au contraire une voie assurée pour éliminer la variété des buts qui ont motivé les représentations successives des sociétés humaines. Si l'on songe à Marx, il est clair que son but a toujours été de fournir une caution scientifique aux travailleurs afin d'appuyer et de légitimer leurs luttes et que, pour reprendre les termes précédents, l'intelligence de la vie des hommes en société qu'il propose n'est, à ce titre, que le moyen d'emporter la conviction générale. Ce but ne convient pas plus aux philosophes des Lumières visant, pour leur part, l'émancipation humaine de l'obscurantisme religieux. Il faut donc reprocher à cette philosophie économique de reposer sur l'invention d'une unité de but qui a le grand défaut de considérer comme négligeable la pluralité des réalités historiques et sociales qui ont fait surgir une diversité de pensées. Pour elle, les circonstances dans lesquelles les idées apparaissent n'auraient aucun caractère significatif, il faudrait supposer que celles-ci viennent à l'esprit d'un individu comme une illumination ; ce qui supprime le besoin du théoricien de cette philosophie économique d'en connaître les raisons et l'autorise à s'intéresser à autre chose, en particulier, à leur processus ou à leur procédé de validation.

La philosophie économique ainsi abordée s'oppose, en particulier, au statut que Marx accorde aux idées, notamment, lorsqu'il les conçoit comme l'expression de l'intérêt de la classe dominante, destinée à enrober l'exploitation et à tromper les travailleurs. Elles apparaissent alors comme un discours masquant la réalité, qui est désigné par le terme « idéologie », laquelle

28. Leroux et Marciano,[1998, p. 33]. Voir aussi dans le *Traité*, [p. 10] : « [L]e projet initial de l'économie politique est d'apporter une réponse à l'interrogation philosophique sur la nature du lien social. »

représente donc tout le contraire de la science. La philosophie économique des interfaces conteste vigoureusement cette conception.

Nous pourrions convenir de la suivre, s'il s'agissait de s'opposer à une position marxiste – du moins d'un marxisme réducteur –, qui signifie qu'il n'est pas besoin d'entendre ce qui est dit, puisque tout propos est prédéterminé car déjà inscrit dans une situation sociale. Cette vision qui fait régner le soupçon implique en effet que tout argument de défense du laisser-faire est à considérer d'office comme un soutien à la classe capitaliste, ce qui conduit à ranger d'emblée le théoricien qui s'y aventure dans la catégorie des mercenaires de la pensée rétribuée. Ce soupçon déclenche un agacement tout à fait compréhensible chez tous les partisans sincères du néolibéralisme qui ne ménagent pas leur peine pour « dire le vrai ».

Toutefois la résistance de la philosophie des interfaces à la conception marxiste de l'origine des idées ne passe pas exactement par ce genre de critique. Elle s'aventure dans une autre sorte d'argumentation conduisant à éliminer la connotation négative du terme. Elle explique que l'idéologie concerne l'étude d'une « production particulière de l'imaginaire[29] » et renvoie à un savoir sur les croyances dont l'utilité sociale devrait être reconnue et que l'on devrait arrêter de dénigrer. Selon cette acception, la démarche consistant à chercher à supprimer l'idéologie pour la remplacer par une vérité scientifique devient une quête privée de sens, tandis que l'idéologue devient un personnage positif devant faire l'objet d'une admiration. Ainsi, le mot *idéologue*, dont Hayek serait l'archétype, qualifie l'intellectuel consacrant toute sa vie à servir une conviction – en l'occurrence celle de « la nocivité de l'attitude interventionniste[30] » –, en étant capable de mobiliser des arguments appartenant à des spécialités de pensée aussi différentes que l'économie et la philosophie. L'idéologue, ainsi défini, mérite l'admiration, pas exactement pour la constance de sa conviction, mais avant tout pour sa capacité à fabriquer un système cohérent d'idées constituant un instrument représentatif de la complexité sociale. C'est à ce titre que Hayek, à l'instar de Sen, Rawls ou Popper, est considéré comme « un maître à penser » par ceux qui souhaitent faire « émerger la "philosophie économique" dans le panorama académique français[31] » ; ceci parce qu'il aurait su, par « un trait de génie », jeter « les ponts les plus visibles entre économie et philosophie ». Hayek serait donc parvenu, mieux que tout autre, à « rendre intelligible la vie de l'homme

29. A. Leroux, « Idéologie et science », in *Traité..., op, cit.*, p.17.

30. *Ibid.*, p.39.

31. Alain Leroux et Pierre Livet, Tome 1, 2 ou 3 des *Leçons de philosophie économique, op. cit.*, p. 1.

en société » en prenant en compte toutes les formes de pensée qu'elles soient scientifiques, philosophiques ou idéologiques, mais que ni l'économie ni la philosophie ne seraient, malgré leurs efforts respectifs, parvenues à atteindre.

Qu'elle le veuille ou non, la philosophie économique qui émerge du postulat d'une intersection entre deux disciplines auxquelles elle attribue un contenu qui lui convient cautionne la conception hayékienne de l'ordre spontané en même temps qu'elle exclut toute autre approche de la société.

## Le devoir de l'État

La deuxième interface située entre « l'économie normative » et la « philosophie morale » concerne plus précisément la question de l'évaluation des actions de l'État, ces dernières étant pensées comme une mise en application de ce que le théoricien préconise. Cette interface résulte d'abord de la conviction selon laquelle le rôle de l'État ne peut être conçu en dehors de la connaissance de la configuration sociale idéale permettant d'assurer la croissance économique. Ce rôle se déduit de cette connaissance, si bien qu'il relève plutôt d'un devoir. L'État se doit de servir le fonctionnement social idéal décrit par l'économie normative.

Il faut d'abord souligner que ce mode de raisonnement disqualifie la philosophie politique qui, pouvant être accusée d'une méconnaissance du fonctionnement de l'économie, proposerait des arguments qui n'auraient pas à être entendus. Il déconsidère également les économistes qui n'auraient pas su le respecter et fournit ainsi un prétexte d'ordre méthodologique pour condamner la politique économique de Keynes auquel il faudrait reprocher d'avoir attribué des tâches à l'État avant même d'avoir cherché à se représenter le fonctionnement de l'économie. Mais Keynes ne ferait que renouveler au XXe siècle « cette impatience d'agir[32] » qui aurait déjà été la caractéristique de l'économie classique repérable, notamment, par « l'engagement politique » de Ricardo au tout début du XIXe siècle.

En revanche, Walras aurait permis d'entamer la bonne démarche en « s'astreignant à taire ses préférences mondaines (en l'espèce socialistes) au profit d'une compréhension désintéressée du système économique qu'il entrouvrit avec ses *Éléments d'économie politique pure* [1874][33] ». Avec lui, l'économie normative décrivant ce qui doit être commence à avoir droit de

32. A. Leroux, A. Marciano, [1998], *op. cit.*, p. 27.

33. *Ibid.*, p. 27.

cité, cependant, si l'on suit la logique du raisonnement de cette philosophie économique, il serait resté sous l'emprise de la philosophie politique en n'intégrant pas l'État dans ce fonctionnement économique. Pareto qui lui succède à la chaire de Lausanne aurait, pour sa part, réussi à parachever cette démarche en éliminant les scories politiques de la pensée walrassienne qui se trouvent dans ses autres écrits concernant l'*Économie appliquée* et l'*Économie sociale*. L'économie normative renvoie donc à la démarche de définition d'un optimum social dans lequel l'État et le marché se distribueraient les rôles de façon idéale. La philosophie économique des interfaces adhère ainsi à la problématique d'une branche particulière de la discipline économique constituée par les théories du bien-être et du choix social qui, de Bentham à Sen en passant par Pareto et Arrow, ont connu une évolution théorique conséquente faite de recherches d'une cohérence logique imparable et ont aussi nourri, en particulier, « l'économie publique » plus particulièrement chargée de cerner les fonctions de l'État. Cependant l'adhésion de la philosophie des interfaces à cette problématique ne peut pas être totale.

Les théories du bien-être ont cherché à donner la configuration d'une société idéale en supposant que le critère pourrait être celui « du plus grand bonheur pour le plus grand nombre », norme que Bentham a érigée *en maxime*[34] en empruntant la formule à Hutcheson [1725]. Si la philosophie des interfaces souligne le bien-fondé de ces théories, elle conteste, toutefois, leur critère d'évaluation qui renvoie au choix d'un *homo œconomicus* dont le comportement s'explique par « le principe d'utilité défini par la recherche du plaisir et le rejet de la douleur[35] ». Le critère du bonheur individuel qui donne implicitement à l'individu un droit de contestation ne peut être admis dès lors que l'on retient, comme elle le fait, la conception hayékienne de la formation de l'esprit humain. La philosophie des interfaces abandonne ce critère individualiste en allant voir du côté de la philosophie morale qui intègre parfaitement l'idée que l'homme a besoin de suivre « des règles de juste conduite » pour progresser et devenir un être responsable. Cependant et dans la logique hayékienne, il faut aussi convenir que ce ne sont pas des producteurs d'idées qui peuvent fabriquer ces règles de juste conduite, si bien que la philosophie morale ne peut pas être le centre de conception de l'ordre social idéal. L'interface entre économie normative et philosophie morale creuse la place dans laquelle peut se loger l'idée de la constitution idéale d'une société imaginée par Hayek pour laquelle l'État est chargé d'un pouvoir d'exécution de lois qu'il n'a pas créées, tandis que le marché devient une sorte

34. *Ibid.*, p. 49.

35. A. Leroux, A. Marciano, [1998], *op. cit.*, p 48.

d'institution dotée d'un pouvoir législatif. Le devoir de l'État consiste, en quelque sorte, à imposer la loi du marché à tout un chacun, réalisant ainsi une justice pure qui, selon Hayek, ne peut être que l'égalité de tous devant la Loi, situation qui seule contraindrait à un respect mutuel. Il considère que « le principe d'égal traitement pour tous les hommes » est « probablement la seule chance de paix » et qu'il est donc « plus important que l'aide spéciale à la souffrance visible[36] ». *A contrario*, c'est la quête de justice sociale qu'il faudrait tenir pour responsable de la violence. En se soldant par une intervention étatique qui crée des inégalités, notamment, en instituant une assistance aux perdants, elle serait à l'origine de l'affrontement de groupes coalisés par des intérêts communs. S'il en est ainsi, la responsabilité des économistes est importante et se trouve totalement engagée en la matière. Mais ce n'est pas exactement comme cela que la philosophie économique voit les choses.

## La tâche de l'économiste post-hayékien

La troisième interface située entre *la science économique* et la *philosophie des sciences* fait intervenir une définition spécifique de la tâche de l'économiste. Alors que Hayek est resté animé par un souci de scientificité[37] inspiré de la logique de Popper, la philosophie économique post-hayékienne considère que ces critères de scientificité ne sont pas adaptés à la discipline économique. Mais, nous allons le voir, il ne faut pas considérer que ce changement indique une distance critique à l'égard de l'auteur d'origine autrichienne, au contraire, il relève plutôt d'un acte d'allégeance supplémentaire.

La troisième interface a donc pour vocation de déterminer une épistémologie qui pourrait être propre à la discipline économique. Elle relève ainsi d'une activité similaire à celle d'un philosophe s'intéressant à la démarche scientifique, toutefois il s'agirait d'une philosophie qu'aucun philosophe des sciences n'a pu concevoir faute d'avoir eu une perception claire de la tâche de l'économiste. Or, la philosophie économique des interfaces véhicule une idée précise de cette tâche qui se déduit de la valeur qu'elle attribue à la théorie hayékienne. Pour elle, il faudrait considérer que l'appareil analytique proposé par Hayek dès les années 1930, notamment dans *Prix et Production* – appareil qui présente les méfaits d'une politique de baisse du taux d'intérêt –, se révèle au bout du compte beaucoup plus pertinent que

36. F. Hayek, *DLL*, vol. 2, p. 109.

37. Hayek soutient que ses positions relèvent de la science comme le rappelle J. Magnan de Bornier : « Hayek, philosophe de l'économie ? », in *Économies et sociétés*, série HP, n° 45, décembre 2011.

les préconisations keynésiennes proposant une sortie de crise par ce genre de politique. Posant la période d'expansion d'après la Seconde Guerre mondiale comme un fait à relier uniquement à la politique keynésienne, l'arrêt de la croissance du milieu des années 1970 va pouvoir s'analyser comme le résultat de cette expérimentation qu'il faudrait donc considérer comme une longue période d'illusion. Ainsi, pour la philosophie économique des interfaces, « la théorie keynésienne [aurait été] réfutée par l'apparition de la stagflation et la crise économique au tournant des années 1970[38] ». *A contrario*, l'appareil analytique construit par Hayek se révélerait tout à fait apte à expliquer en quoi cette crise « prend sa source dans le boom qui l'a précédée ». Ainsi, comme l'écrit Christian Schmidt en 1975, Hayek connaît-il « peut-être enfin une conjoncture qui vérifie certaines des idées maîtresses de ses analyses théoriques[39] ». Si la tâche de l'économiste consiste à concevoir un outil de prévision performant, alors la supériorité de la théorie hayékienne s'avère incontestable. Autrement dit, le critère de validité d'une théorie se déplace et ne correspond plus d'ailleurs à celui que Hayek avait conçu. Il ne s'agit plus de s'intéresser à des normes garantissant le caractère scientifique de la théorie, c'est-à-dire sa capacité à saisir une réalité, mais il s'agit d'interroger sa capacité prédictive qui se déclare après coup. Si l'on admet cette tâche, il est évident que la discipline économique n'est pas assimilable à une science ayant pour but l'explication des phénomènes et cherchant à découvrir une loi de fonctionnement ayant la régularité d'une loi physique. La discipline ainsi appréhendée ne vise pas la connaissance pour la connaissance et la vérité n'est pas exactement son critère de validité. Le critère tient à la performance prédictive du système de représentation sociale élaboré par un auteur. Il faut donc bien une épistémologie particulière pour une tâche spécifique consistant à produire des outils de prévision dont l'avenir est chargé de déterminer la validité. D'après Leroux et Marciano, les économistes auraient produit trois sortes d'outils susceptibles de servir cet objectif : la théorie des jeux, l'économétrie et la comptabilité nationale, mais ceux-ci auraient été, chaque fois, transformés en instrument d'explication d'un fonctionnement social aux dépens de leur fonction prédictive originelle. La déformation de l'usage des outils est attribuée à un « complexe » de l'économiste à l'égard de la science physique qui serait « la marque d'une "courbure de l'âme" (en fait, d'un mauvais pli), dont l'analyse renvoie aux origines et aux fondements de

38. Leroux et Marciano, [1998], *op. cit*, p. 106.

39. Christian Schmidt, préface de *Prix et production*, Éditions Calmann-Lévy, collection « Agora », 1985, p. 9.

l'économie politique[40] ». Il faudrait donc en déduire que cette épistémologie spécifique à l'économie pourrait permettre de décomplexer l'économiste qui, en tant que producteur d'outils de prévision, pourrait légitimement être imperméable aux critiques dénonçant l'écart entre la représentation de l'homme vivant en société et la perception de la réalité de la vie sociale par chacun d'entre nous. La construction de cet outil ne passe pas par l'observation directe. Elle suppose des études de données statistiques qui mettent en scène un être abstrait représentatif du comportement d'une masse humaine réagissant à des changements de variables et rend ainsi inutile la prise en compte de la variété des motifs des actions humaines. Mais là n'est pas exactement le problème. Le problème apparaît lorsque l'objectif consiste à construire un outil de prévision susceptible d'appuyer le rejet de l'interventionnisme économique par la description des conséquences catastrophiques qu'il serait susceptible d'engendrer. La paralysie de l'action politique, laquelle se définit par le fait de commencer quelque chose de nouveau qui n'a jamais existé auparavant, en est alors, de notre point de vue, la conséquence la plus dommageable.

## Conclusion

Si le rejet de la politique, au sens de Hannah Arendt, constitue l'objet prédominant de la philosophie des interfaces, celle-ci court le risque de se fermer aux débats. Dans ce cas, loin d'ouvrir à tous les courants de pensée, dont la diversité est liée à des questions particulières, cette philosophie économique baliserait alors une route étroite qui lui est propre rejetant dans le fossé tout ce qui ne satisfait pas les critères qu'elle a inventés pour convenir au soutien de l'ordre hayékien. Elle détiendrait une vérité qui lui permettrait de regarder de haut tous ces penseurs contemporains qu'elle s'offre de libérer des blocages épistémologiques du type de ceux que Bachelard a mis en évidence et qui s'expliqueraient par les erreurs de conception de l'homme du type de celles que Hayek a combattues. Les théories erronées seraient repérables à partir de « leurs présupposés ontologiques » que Leroux et Marciano nomment, d'une part, « le libéralisme de l'individu » et d'autre part, « le socialisme du camarade » tandis qu'il faudrait soutenir « une troisième classe d'idéologies, encore mal repérée, *l'humanisme de la personne* dont l'existence est suggérée par les tentatives réitérées d'échapper aux deux premières[41] ».

40. Leroux et Marciano, [1998], *op. cit.*, p. 111.

41. Leroux et Marciano [1998], *op. cit.*, p. 43.

L'expression « humanisme de la personne » renvoie à la philosophie personnaliste dont Mounier et Bergson seraient les principales figures. L'élan vital bergsonien, source de la créativité et de l'innovation, constituerait une vision de l'être humain qui pourrait trouver un complément utile dans la conception hayékienne du progrès économique. On aurait alors affaire, comme l'indique le titre d'un ouvrage de Leroux, à une refondation du personnalisme s'appuyant sur l'évolutionnisme hayékien. Mais on peut aussi voir l'association dans l'autre sens, en considérant qu'un économiste convaincu des bienfaits de l'ordre spontané trouvera dans la philosophie personnaliste de quoi étayer et compléter une conception de l'être humain restée, somme toute, assez sommaire chez Hayek qui n'envisage que le principe de la formation de l'esprit.

En faisant référence à « l'humanisme de la personne », la philosophie des interfaces ne s'écarte pas véritablement de la vision hayékienne des conditions d'émergence de l'humanité évoquée précédemment, d'autant plus qu'elle cible les mêmes ennemis. Elle rejette le libéralisme comme le socialisme qui, pas plus l'un que l'autre, ne seraient parvenus à dépasser un raisonnement dichotomique opposant nature et culture, hérité des philosophes de la Grèce antique. La dichotomie serait toutefois inversée et les choses se résumeraient ainsi : le libéralisme table sur une nature individuelle de l'homme et pense la collectivité comme une construction artificielle, en revanche, le socialisme conçoit une nature humaine collective, tandis que l'individu apparaît comme une création des institutions. La philosophie économique des interfaces renvoie dos-à-dos ces deux types de conception en nous enjoignant d'en adopter une troisième pour laquelle l'humanité ne serait pas un donné, mais serait à voir comme le résultat d'un processus d'auto-fabrication dont le mouvement ne devrait pas être compromis. L'humanité émergerait des activités économiques obligeant les êtres à suivre les règles de juste conduite établies par le marché.

La critique de *la philosophie de l'ordre spontané* a été menée en ayant en tête l'œuvre de Hannah Arendt qui souligne l'importance qu'il faut accorder à la distinction entre économie et politique, notamment, en montrant qu'elle a quelque chose à voir avec la compréhension de l'activité de pensée qui est à l'origine de la philosophie. Dans l'activité de penser, accessible à tous, on est à la fois soi et un autre soi-même auquel on pose des questions, si bien que l'activité a fait surgir « la dualité de l'être » qui est à la base d'une distinction élémentaire entre la vie du corps et la vie de l'esprit ou encore entre le monde des phénomènes et la sphère des idées. Cette dualité qui correspond à une indétermination de l'être se trouve, en revanche, abandonnée chez tous les

« penseurs professionnels » dès lors qu'ils prétendent avoir découvert à l'issue de leur spéculation intellectuelle ce qu'est véritablement un être humain. Quel que soit le contenu de la théorie de l'homme qu'ils aient pu formuler, celle-ci consiste, chaque fois, à conceptualiser une unité de l'être humain, transformé en être abstrait doté d'un comportement attendu qui a toujours le défaut de renier l'être pensant dont les actions sont imprévisibles[42].

Quoi qu'il en soit et en dépit de la critique formulée à l'encontre de la philosophie économique des interfaces, il ne faut pas manquer de lui reconnaître le grand mérite de réintroduire une légitimité des questions philosophiques dans le champ de l'économie, notamment en soulignant l'importance des divergences de statut ontologique des individus dans les oppositions de courants de pensée. Cette ouverture à la philosophie n'est-elle pas le souffle d'air susceptible de renouveler une discipline économique asphyxiée par une représentation de plus en plus schématique et caricaturale de la vie des hommes en société ?

42. Pour un développement de ce point et une défense de l'activité de penser, voir Marlyse Pouchol, « Les universitaires, la pensée et l'innovation », in Henri Jorda, *Les Universités et l'innovation, l'enseignement et la recherche dans l'économie de la connaissance*, Paris, L'Harmattan, 2007.

## Bibliographie

Abensour M. [1996], « D'une mésinterprétation du totalitarisme et de ses effets », in Enzo Traverso *Le totalitarisme, le XX^e^ siècle en débat*, Paris : Éditions du Seuil, 2001.

Arendt H. [1958], *Condition de l'homme moderne*, Paris : Éditions Calmann-Lévy, 1983.

Clavé F. U. [2003], « Smith et les systèmes de "check and balance" : possibilité et conséquences d'une lecture non leibnizienne de la main invisible », in *Les théories économiques et la politique, Économie et Démocratie*, vol. 1, Paris : Éditions de L'Harmattan, série « Krisis ».

Dellemotte J. [2011], « La cohérence d'Adam Smith, problèmes et solutions : une synthèse critique de la littérature après 1976 », *Économies et Sociétés*, Série PE, n°45, 12/2011, p. 2227-2265.

Fougeyrollas P. [1960], *La Philosophie en question*, Paris : Éditions Denoël.

Guillemin H. [2003], « La Théorie des sentiments moraux ou la critique de la raison politique » in *Les théories économiques et la politique, Économie et Démocratie*, vol. 1, Éditions de L'Harmattan, série « Krisis ».

Hayek F. A. [1931], *Prix et production*, Paris : Éditions Calmann-Lévy, coll. « Agora », 1985.

— [1944], *La route de la servitude*, Paris : Puf, 1985.

— [1952], *Scientisme et sciences sociales. Essai sur le mauvais usage de la raison*, traduit de l'anglais par Raymond Barre, Paris : Éditions Plon, 1953.

— [1960], *La constitution de la liberté*, Paris, Éditions LITEC, 1994.

— [1973-1979], *Droit, Législation et Liberté*, vol. 1 [1973] : *Règles et Ordres*, vol. 2 [1976] : *Le Mirage de la justice sociale*, vol. 3 [1979] : *L'Ordre politique d'un peuple libre*, Paris, Puf, 1980, 1981, 1983.

— [1988], *La présomption fatale. Les erreurs du socialisme*, Paris : Puf, 1993.

Kolm S.-C. [1986], *Philosophie de l'économie*, Paris : Éditions du Seuil.

Leroux A. et Marciano A. [1998], *La philosophie économique*, Paris : Puf, coll. « Que sais-je ? »,.

Leroux A. et Marciano A. (dir.) [1999], *Traité de philosophie économique*, Bruxelles : Éditions De Boeck.

Leroux A. [1999], *Une société à vivre. Refonder le personnalisme*, Éditions Puf.

Leroux A. [1999], « Idéologie et science », in *Traité de Philosophie économique*, Bruxelles : Éditions De Boeck.

Leroux A. et Livet P. (dir.) [2005-2007], *Leçons de philosophie économique*, tome 1 : *Économie politique et philosophie sociale* ; tome 2 : *Économie normative et philosophie morale* ; tome 3 : *Science économique et économie des sciences*, Paris : Éditions Economica.

Magnan de Bornier J. [2011], « Hayek, philosophe de l'économie ? », *Économies et sociétés*, série PE, n°45, décembre, 12/2011, p. 2213-2225.

Pouchol M. [2007], « Les universitaires, la pensée et l'innovation », in Henri Jorda *Les universités et l'innovation, l'enseignement et la recherche dans l'économie de la connaissance*, Paris : L'Harmattan.

Rancière J. [1974], *La leçon d'Althusser*, Paris : Éditions La Fabrique, 2011.

Royer M.-C. [2003], « Adam Smith et Condorcet : deux philosophes de la liberté », in *Les théories économiques et la politique, Économie et Démocratie*, vol. 1, Paris : Éditions de L'Harmattan, série « Krisis ».

# DE LA RETENUE ET DE LA COMBATIVITÉ EN PHILOSOPHIE ÉCONOMIQUE[1]

*Egidius Berns*[2]

Cet article interroge l'expression « philosophie économique » en ce qu'elle associe des termes opposés, qui ne peuvent pas être définis préalablement sans se référer l'un à l'autre. En raison de cette interrelation originaire entre philosophie et économie, la raison philosophique est aussi limitée que la raison économique, et pour cela, incapable de déterminer la place de l'économie au sein de la totalité sociale. C'est la raison pour laquelle cette expression ne peut se comprendre que comme un double lien de retenue et de combativité. Retenue, car le philosophe est incapable de fournir les fondements du travail de l'économiste, qui de ce fait doit seul se préoccuper de trouver ses propres fondements. Combativité, car le travail de l'économiste est toujours déjà contaminé par des revendications à propos de la totalité sociale et, pour cette raison, sujet de la critique philosophique. Afin d'exprimer ce double lien, il est préférable d'employer les expressions de « philosophie et économie » ou de « philosophie de l'économie ».

***On modesty and combativeness in economic philosophy***

*In this contribution I question the expression "economical philosophy" as an association of opposed terms which cannot be defined without referring to each other beforehand. Because of this original intertwining of philosophy and economics, philosophical reason is as bounded as economical reason and therefore unable to determine the place of the economy within the social totality. Therefore, the expression can only be understood as a double bind of modesty and combativeness. Modesty because the philosopher is unable to provide a foundation for the work of the economist, who is henceforth in charge to look for his own foundations. Combativeness because the work of the economist is always already contaminated by claims about the social totality and therefore subject for philosophical critique. In order to express this double bind, it is better to use the expressions "philosophy and economics" or "philosophy of economics".*

**Mots clefs :** philosophie économique, raison pratique, rationalité, chrématistique.

**Keywords:** economic philosophy, practical reason, rationality, chrematistic.

**JEL classification:** A120, B00, B410

1. Cet article est basé sur mon livre récent : Egidius Berns, La porosité. Un essai sur le rapport entre économie et politique, Éditions Ousia, Bruxelles, 2012, distribué par Vrin, Paris. Dans cette publication je ne traite pas directement de la signification du terme 'philosophie économique', mais de la problématique générale du rapport entre économie et rationalité pratique, telle que la philosophie la pense et la politique l'exerce. Pour de plus amples développements des thèses que je défends dans cet article, je me permets de renvoyer le lecteur à ce livre. Le titre de mon article fait référence au terme 'philosophie économique' parce qu'il était l'objet de la conférence à Lille en 2012. Comme le lecteur de cet article ou du livre le comprendra vite, ma préférence va à une terminologie qui marquera davantage la tension entre économie et philosophie, comme par exemple 'philosophie et économie' ou mieux encore 'philosophie de l'économie' pour autant que ce génitif laisse ouverte la question de savoir s'il s'agit d'un génitif objectif ou subjectif.

2. Egidius Berns (1939) est professeur émérite de l'Université de Tilburg aux Pays-Bas et ancien directeur de programme au Collège international de Philosophie à Paris. Ses publications concernent principalement la philosophie et l'histoire de la pensée économique, l'unification européenne ainsi que la philosophie continentale contemporaine.
Courriel : e.e.berns@skynet.be

## 1. Introduction

Qu'entend-on par l'expression « philosophie économique » ? Que peut-on en entendre ? Dit-elle « philosophie économique » ou « économie philosophique» ? Qui occupe la place du substantif, l'économie ou la philosophie ? Qui l'occupe à l'heure actuelle, celle de la globalisation ?

L'expression invoque en tout cas deux instances et les associe. C'est cette association qui sera au centre de mon propos. Avant d'avancer, il convient cependant de remarquer que l'économiste et le philosophe n'associent pas toujours les mêmes instances. Quand le premier s'adonne à la « philosophie économique » il tente généralement de replacer les sciences économiques dans ce qu'il considère être la totalité. Le philosophe par contre associe plutôt son discours philosophique sur la totalité avec un référent économique qui n'est pas ou peu théorétisé par les sciences économiques et dont l'idée lui vient plutôt de la tradition philosophique et plus particulièrement de sa branche pratique qui représente la philosophie dans les affaires humaines. L'économiste a donc tendance à faire de la philosophie naïve aux yeux du philosophe et le philosophe de l'économie naïve aux yeux de l'économiste. Toutefois, l'économiste n'a pas tort de dire que son idée de la totalité lui vient d'une compréhension du monde que lui apporte l'histoire de la pensée économique à laquelle la philosophie est restée sourde, tout comme le philosophe peut se défendre en disant que l'idée philosophique de l'économie est plus originaire que son élaboration scientifique.

L'expression « philosophie économique » associe donc deux instances. Mais ces instances sont-elles déterminables sans leur association préalable ? L'association des deux instances n'est-elle pas toujours déjà présupposée, avant même leurs séparation et association au second degré dans l'expression « philosophie économique » ? La détermination de l'économie est-elle une question d'économie ou une question de philosophie ? Et la détermination de la philosophie est-elle une question philosophique ou une question économique ? Ces questions peuvent-elles être résolues ou sommes-nous ici, comme je tâcherai de le montrer, devant des termes qui entretiennent entre eux des tensions nécessaires ?

Je commence par me demander si la question de savoir ce qu'est la philosophie est une question philosophique ou si elle est une question économique. Je commence par elle, parce que cette question n'est pas seulement principielle, elle revêt aussi à notre époque, celle de la globalisation, une certaine urgence. Ne dit-on pas en effet que la globalisation se réfère à l'ère de l'érosion du pouvoir politique des États abandonnant les sociétés aux déterminismes économiques ? Elle signifie donc la domination de l'économie, en particulier par rapport à la politique. Or, la politique est traditionnellement considérée comme le lieu-tenant de la philosophie dans les affaires humaines. Si la globalisation désigne cette dominance, elle devrait au moins poser, sinon déjà trancher la question, à savoir si elle n'implique pas que l'économie détermine la philosophie.

## 2. La détermination philosophique de l'économie

Si tel était le cas, nous serions confrontés à un retournement sans précédent de ce que la tradition philosophique d'Aristote à Hegel et bien au-delà a toujours soutenu, à savoir que la raison philosophique, et plus particulièrement sa branche pratique, fixe le cadre à l'intérieur duquel l'économie peut prétendre à la rationalité. En effet, depuis Aristote, l'insertion de la rationalité instrumentale économique dans une rationalité supérieure et totalisante est une nécessité téléologique. Hegel parlerait dans ce contexte d'une nécessité dialectique, ce qui lui permet, mieux qu'Aristote du moins en ce qui concerne les spécificités du capitalisme, de décrire l'appartenance intime et historiée de la rationalité abstraite de l'entendement, *Verstand,* à celle, concrète, de la raison, *Vernunft.* Mais cet approfondissement laisse intacte la grande dichotomie aristotélicienne entre une économie soumise et une politique déterminante. Si en économie on décide de l'adéquation d'un moyen à une fin, il faut encore un ordre qui décide de cette fin pour que l'activité économique garde un sens. Pour la mise en place et le maintien de cet ordre on invoque généralement, par exemple chez Aristote ou Hegel, la politique. Mais plus généralement on pourrait invoquer la rationalité pratique s'exprimant aussi dans la morale ou le droit. Cette rationalité pratique doit être autosuffisante si on ne veut pas tomber dans une régression infinie. Aussi, ne pouvons-nous imaginer un ordre public qu'indépendant de l'économie, car la rationalité pratique ne peut transcender l'économie que pour autant qu'elle ne soit *pas* l'économie. Ne disons-nous pas au sujet de celle-ci qu'elle est privée, à savoir précisément privée de cette publicité, qui caractérise la politique ?

Depuis les Grecs, nous pensons donc ces deux catégories, l'économie et la politique ou rationalité économique et rationalité pratique, en termes d'opposition et de subordination. Quand on est en politique on n'est par conséquent pas en économie et inversement. Ce qu'Aristote nomme « *oikonomia* » est l'économie pour autant qu'elle est subordonnée à ou, comme il le dit si souvent, « limitée »[3] par la politique comme lieu de la rationalité pratique.

Ce qui suppose, bien entendu, que l'économie ne se limite pas par elle-même. Dans la tradition philosophique, l'économie en tant que telle est toujours pensée comme un processus illimité, comme ce que Hegel appelle « un mauvais infini ». Engoncée dans sa rationalité instrumentale où seulement l'adéquation du moyen à une fin est validée et où par conséquent cette fin n'est rationnelle que pour autant qu'elle devienne un moyen pour une nouvelle fin et ainsi de suite à l'infini, l'économie ne sait pas où elle va et n'a de fin rationnelle que si celle-ci lui est apportée de l'extérieur. C'est la rationalité pratique philosophique qui assure que la valeur investie ne se perde pas dans l'infinité de ce mauvais infini, mais revienne. Aussi, les idées, si fortement enracinées dans la culture des économistes, de retour, de circularité, de balance ou d'équilibre sont-elles la métaphysique dans les *economics*[4]. L'humanisation et la moralisation de l'illimité économique ne peuvent advenir, du moins en fin de compte car les rapports familiaux les préfigurent déjà[5], que si l'économie est contenue par un ordre *autre* qu'elle, par exemple moral, juridique ou politique. Aussi, si Aristote appelle de ses vœux la bonne économie de l'*oikonomia,* doit-il bien envisager la possibilité de la mauvaise économie, qu'il nomme *chrematistikè* et qui transgresse la limite que la rationalité pratique voudrait lui imposer. Sans cette rationalité pratique, et donc laissée à elle-même, la chrématistique, malgré les compétences qu'elle exige de ceux qui la pratiquent, ne peut être que la déraison, car livrée à un enchaînement infini où chaque fin n'est que le moyen d'une nouvelle fin sans qu'on sache où cela mène.

## 3. La nature économique de la rationalité pratique philosophique

Mais quelle est la nature de cette rationalité pratique destinée à relever la rationalité instrumentale de l'économie en contenant celle-ci ? Je voudrais défendre ici la thèse, d'allure plutôt heideggérienne, que la raison

3. Aristote, *Politica,* I,3 à partir de 1256 b 33.

4. Il existe, bien entendu, des courants importants en théorie économique qui ne sont pas néo-classiques et qui pensent le déséquilibre, l'incertain et l'aléatoire. Leur influence sociale et « pratique » me semble cependant limitée. En outre, j'ai souvent l'impression que ces courants véhiculent encore des présupposés d'équilibre voire qu'ils en sont une défense plus subtile et profonde que la défense néo-classique. Mais malgré ces réticences et comme le lecteur le verra plus loin, j'appelle ces courants de mes vœux.

5. Aristote, *Éthique à Eudème,* 1242a 28

philosophique est dès son origine d'ordre économique, dans le sens de la chrématistique, donc dans le sens qu'Aristote considérait comme déraison. À la question, posée au début de ce texte, au sujet de l'identité de la philosophie, je réponds donc, au moins dans un premier temps, qu'elle est économique. Mais pour que cela apparaisse, pour qu'il devienne visible que ce qui était encore déraison chez Aristote se révèle être la figure même de la raison, il aura fallu toute l'histoire de la pensée philosophique et économique. La globalisation est un mode particulièrement insistant de cette figure.

Il n'est pas possible de relater toute cette histoire dans le contexte de cette contribution. Mais peut-être puis-je en donner une idée en faisant appel à des pratiques intellectuelles dont les économistes sont familiers. L'apriorisme a marqué l'histoire de la pensée économique. Les économistes construisent des mondes axiomatiques et anhistoriques dont ils savent très bien qu'ils ne reflètent qu'imparfaitement la réalité. Tout comme Platon, ils font donc une césure entre l'intelligible et le sensible. Selon Heidegger cette césure platonicienne a ouvert la voie de l'approche rationnelle de la réalité. Elle en est son origine et sa condition. Comme tous les économistes le savent, le problème à propos de cette césure est le statut des axiomes. Ceux-ci sont réputés « évidents », mais leurs évidences ne s'avèrent jamais évidentes. Une histoire de la pensée économique se déploie alors, une histoire de réfutation des fausses évidences et de purification des bonnes. En toute logique, le terminus de cette histoire est la construction d'un monde totalement évident, donc d'un monde dont la vérité n'a d'autre fondement que la présence de l'objet intelligible à la conscience. « Vérité » veut donc dire, depuis Platon, ce qui se présente en et par lui-même ; la vérité se suffit. Il ne peut y avoir rationalité que dans ce cas de l'auto-justification. La rationalité ramène tout au même. Elle totalise. Aussi l'idéal de la *polis* est-il l'autarcie et celui de l'État moderne la suffisance de la souveraineté.

Si cette auto-justification trouve bien son origine dans la césure platonicienne, cela ne veut pas dire qu'elle y est déjà accomplie. Pour ce faire, il faut, comme je le disais déjà, une longue histoire pour purifier les évidences. Durant cette histoire les évidences ne sont pas encore des objets purs qui ne renvoient qu'à eux-mêmes mais restent affectés par toutes sortes de préjugés. Selon Heidegger, l'histoire occidentale de la pensée est celle de la destruction de ces préjugés afin de rendre manifeste ce qui existait seulement d'une manière enfouie dans la césure platonicienne. Ce terminus est atteint selon lui dans la philosophie de Nietzsche, qui est à son tour réalisée dans ce que Heidegger appelle la technique et qui selon moi répond de l'économie. Nietzsche est l'aboutissement de cette philosophie, car il offre une théorie auto-justificatrice de la vérité. Les conditions aprioriques de la rationalité étant pensées par Nietzsche comme des valeurs pour une volonté de puissance, la vérité est comprise pour la première fois comme n'étant soumise à aucune norme extérieure à elle-même. Ainsi la philosophie nietzschéenne accomplit et rend visible ce qui débute avec la césure platonicienne fondant le projet occidental de rationalité. La volonté nietzschéenne de puissance n'est pas une volonté qui aspire à une puissance qui existerait hors d'elle. Les deux coïncident. Vouloir est vouloir la puissance. « Effrénée[6] » et sans contrainte, la volonté ne veut plus qu'elle-même et par conséquent ne veut plus que le maintien et l'augmentation de la puissance qu'elle est. Parce que la volonté ne veut plus qu'elle-même, elle détermine elle-même ses propres conditions de possibilité. De ce fait elle accomplit l'idéal de l'auto-justification, qui porte la métaphysique.

La volonté de puissance pose elle-même les conditions de possibilité de son maintien et de son augmentation. Nietzsche appelle ces conditions « valeurs », utilisant un mot que la philosophie post-hégélienne avait transféré du discours économique à celui de la philosophie au moment où les économistes commençaient à abandonner les valeurs et leur préférer des prix. Sous la pression du positivisme, ces valeurs philosophiques, entendues comme valeurs en soi, étaient destinées à sauver l'objectivité des idéalités mathématiques, esthétiques et morales. Nietzsche veut démontrer que ces valeurs en soi sont restées de fond en comble économiques, c'est-à-dire relatives, substituables et divisibles. Les soi-disant valeurs en soi ne sont à ses yeux que des conditions dont la volonté doit tenir compte pour garder sa puissance et pour l'augmenter. La volonté serait impuissante comme pur devenir. Aussi, pour vouloir, la volonté doit-elle vouloir les conditions qui pourraient étendre sa puissance. Elle doit tenir compte des circonstances et exploiter les occasions qui se présentent. On pourrait dire que cette autodiscipline préfigure une éthique que la volonté de puissance produit elle-même et d'elle-même. La subjectivité moderne est « effrénée » si ces valeurs ne sont que des appréciations en vue de plus de puissance. Aussi, les valeurs ne sont pas des valeurs en soi, à la validité desquelles la subjectivité se soumet, mais, comme en économie, des calculations, des moyens opérants, utiles *for the time being* en vue d'apporter à la volonté, dans une progression infinie, plus de puissance.

6. M. Heidegger, *Nietzsche II*, Neske, Pfullingen, 1961, p. 229-230. (Traduction française par Pierre Klossowski, Paris, Gallimard, 1971, p. 183.)

Dans cette lecture heideggérienne de Nietzsche, les valeurs au sens philosophique, c'est-à-dire valant en soi, se révèlent donc être des valeurs au sens d'économie chrématistique, sauf que ces dernières ont maintenant une extension non plus régionale mais au contraire englobant la totalité, comme c'est le cas dans la globalisation. Dans son illimité, l'économie révèle donc la rationalité comme telle. Sa limitation par la politique, si on entend cette dernière comme l'accomplissement de la rationalité dans les affaires pratiques, est vaine. C'est, selon Heidegger, la signification du « retour éternel du même ». Aucune valeur extérieure à la volonté de puissance ne peut en limiter le développement, car chaque valeur est en fin de compte une expression de cette volonté. Dans le développement que la valeur rend possible, la volonté retourne à elle-même, étant donné que la valeur ne sert rien d'autre que le maintien et l'augmentation de la puissance. Aussi ce développement, qui n'est limité par rien hors de l'accroissement de la puissance, est-il éternel et infini. L'infinité de ce mouvement, dans lequel Aristote et Hegel voyaient encore l'inachèvement de la rationalité économique en opposition avec la raison philosophique, accomplit justement celle-ci. Car c'est dans ce mouvement effréné que la raison trouve son autojustification. C'est bien pour cela que Heidegger appelle Nietzsche le dernier métaphysicien, sa théorie de la valeur portant la métaphysique à son achèvement[7]. Ce que Heidegger appelle la technique réalise la volonté de puissance de Nietzsche et accomplit par là la métaphysique. J'ajouterais que sa notion de la technique est basée sur une dynamique économique. Il définit en effet la technique comme un « avancement [...] [qui] vise au préalable à faire avancer une autre chose, c'est-à-dire à la pousser en avant vers son utilisation maximum et aux moindres frais[8] », et confirme ainsi la nature économique de la raison philosophique telle que celle-ci a été instaurée par la césure platonicienne.

## 4. Le retour de la philosophie et l'usure de la raison

Si la rationalité philosophique se révèle être en fin de compte économique, faut-il en conclure que l'expression « philosophie économique » est un pléonasme, que toute philosophie est économique ? Non. Car, comme je le disais déjà, l'expression « économie » ne s'entend plus maintenant

7. Voir H. Mongis, *Heidegger et la critique de la notion de la valeur. La destruction de la fondation métaphysique*, Avec Lettre-préface de Martin Heidegger, La Haye, Nijhoff, 1976.

8 .« ...ein Fördern [...] das im voraus darauf abgestellt [ist], anderes zu fördern, d. h. vorwärts zu trieben in die grösstmögliche Nutzung bei geringstem Aufwand. » *Die Frage nach der Technik*, in M. Heidegger, *Die Technik und die Kehre*, Neske, Pfullingen, 1962, p. 15. Traduction française d'André Préau, *La question de la technique*, in M. Heidegger, *Essais et conférences*, Gallimard, Paris, 1958, p. 21.

dans un sens régional, mais dans un sens totalisant. L'économie n'est plus entendue comme une région de la réalité sociétale mais comme le centre, l'origine et le principe explicatif de celle-ci. Ce qui dessine une sorte de retour de la philosophie. La remontée heideggérienne de la technique vers la césure platonicienne n'était-elle d'ailleurs pas aussi un cheminement vers le moment originel où la voie vers une conception auto-justificatrice de la vérité aboutissant à la technique et à l'économie globale, a été engagée ? Une remontée, par conséquent, vers un moment où une autre voie aurait été possible ? Ce retour de la philosophie se fait cependant au sein même de l'économie, tout comme, chez Heidegger, l'accès au moment inaugural n'est possible qu'à partir de la remontée depuis la technique.

Ce qui signifie d'abord que dans un sens toute rationalité y compris donc celle, totalisante, dont les philosophes se targuent d'être les gardiens, est économique. En effet si, comme le montre la lecture heideggérienne de Nietzsche, l'éternel retour du même, et donc l'affirmation de la nature économique de la valeur au sens philosophique, révèle la structure économique de la raison – raison dont la tradition philosophique pensait qu'elle pouvait limiter l'économie en la transcendant –, alors la raison doit être affectée par l'abstraction et le mauvais infini de l'économie. Comme le dit Foucault, celle-ci « est par nature opaque, […] par nature intotalisable[9] ». Aussi l'achèvement économique de la raison pratique et donc de la politique ne peut-il être que son usure. Arrivée à la maîtrise, l'économie n'est plus maîtresse de la totalité dont elle est désormais le seul maître. C'est d'ailleurs ce que Nietzsche dit *aussi* et là où la lecture de Heidegger échoue. La raison n'est alors plus en mesure d'englober la totalité, comme elle prétendait le faire, en particulier par des idées telles que l'autarcie de la *polis*, l'universel concret de l'État, l'humanisme phénoménologique, voire les droits naturels de l'individu libéral. Toute limitation du mouvement infini de l'économie ne peut plus prétendre à une naturalité et implique l'exercice du pouvoir et l'invention d'une morale.

Ou, pour le dire autrement, si l'universalisation de l'économie remet en cause l'opposition entre philosophie et économie, c'est que cette opposition a atteint sa limite qui est la limite *de* l'opposition[10], de la forme de l'opposition elle-même, de la nature oppositionnelle entre l'économie et la philosophie, entre l'économie et la politique, entre le privé et le public, entre l'infinitude

9. M. Foucault, *Naissance de la biopolitique. Cours au Collège de France. 1978-1979*, Paris, Le Seuil / Gallimard, 2004, p. 285.

10. Voir J. Derrida, *Éperons. Les styles de Nietzsche*, Flammarion, Paris, 1978, p. 96.

de l'économie et sa limite, entre l'universel abstrait et concret. Or, c'est la possibilité de cette forme oppositionnelle qui fonde la possibilité d'une limite à l'économie et donc de la philosophie comme discours rationnel sur la totalité. Si donc le rapport entre l'économie et sa limite, que celle-ci soit philosophique ou politique, n'est pas de l'ordre de l'opposition – mais, comme je le pense à la suite de Derrida, de la « différance » – la possibilité d'un discours et d'une *praxis* totalisante fait défaut[11].

Aristote lui-même a d'ailleurs déjà démontré le caractère aporétique d'une relation oppositionnelle entre économie d'une part et politique ou rationalité pratique d'autre part. Si, au nom de la raison philosophique, Aristote croit une *oikonomia* opposée (et donc soumise) à la *politeia* possible ou du moins souhaitable, il donne cependant lui-même les arguments rendant sa transformation en l'illimité chrématistique toujours déjà opérante. La chrématistique se déduit en effet « *kata logon* »[12] de l'*oikonomia*. Dès que la monnaie est inventée comme moyen d'échange et mesure de valeur, ce qui est aux yeux d'Aristote chose naturelle au sein de l'*oikonomia*, le développement de la production « économique » des biens en vue de leur valeur d'usage, vers la production chrématistique en vue de leur valeur d'échange et donc d'un gain, est « logique »: « C'est [...] de cet échange naturel qu'est logiquement venue la chrématistique », car « une fois [...] la monnaie inventée à cause des nécessités de l'échange, apparut une forme[13] de chrématistique, sa forme commerciale, qui se manifesta sans doute d'abord de manière très simple, puis, l'expérience aidant, avec plus d'art en cherchant d'où et comment viendrait, par l'échange, le plus de profit[14]. » Aussi, Aristote admet-il, que « dans les faits », *sumbainon*[15], l'*oikonomia* n'existe pas mais seulement la chrématistique, c'est-à-dire l'effacement constant de la limite séparant l'économie de la politique. C'est bien cette menace qui fait son problème et le pousse à ériger la philosophie en discours sur la limite de l'économie.

11. J. Derrida développe dans *L'écriture et la différence*, Seuil, Paris, 1967, p. 418, la même idée au sujet de la thématique du bricolage chez Lévi-Strauss : « [D]ès lors qu'on admet que tout discours fini est astreint à un certain bricolage, que l'ingénieur ou le savant sont aussi des espèces de bricoleurs, alors l'idée même de bricolage est menacée, la différence dans laquelle elle prenait sens se décompose. »

12. Aristote, *Politica*, 1257a31.

13. Aristote distingue en effet deux formes de chrématistique, la 'bonne', qui fait partie de toute *oikonomia* est 'naturelle', limitée et de ce fait éthiquement acceptable [*Politica*, 1256b29] ; et 'l'autre' [*Politica*, 1256b40], qui ressemble à celle-là, mais n'est ni naturelle, ni limitée.

14. Aristote, *Politica*, 1257a31 et 1257b1-5. Traduction française par P. Pellegrin, Nathan, Paris, 1983, p. 54.

15. *Ibid.*, 1257b33.

On peut trouver une confirmation de cette aporie dans la problématique de ce que les économistes critiquant l'*homo œconomicus*, appellent *bounded rationality*[16]. La « rationalité limitée » résulte des limites qui caractérisent généralement la conduite des consommateurs et producteurs relatives à leurs choix. Dans ce cas nous nous heurtons toujours au problème de la régression sans fin. Nous avons toutes sortes de préférences, mais, parce que nous ne voyons pas suffisamment clair dans nos propres besoins et mouvements d'âme ni dans le monde autour de nous, ces préférences ne constituent pas un ensemble cohérent. Les contradictions entre les préférences, consécutivement à cette limitation de nos capacités cognitives peuvent être résolues en faisant appel à des préférences d'ordre supérieur. Ainsi on peut renoncer au besoin de premier ordre de fumer en invoquant le besoin de second ordre qui veut qu'on reste en bonne santé. Toutefois, ces préférences d'ordre supérieur peuvent à leur tour entrer en conflit les unes avec les autres. Cette régression ne peut se terminer qu'avec une règle *ad hoc,* c'est-à dire avec un recours aux valeurs ou aux habitudes qui empêchent qu'on se perde dans une régression sans fin. Cela moralise les préférences aussi bien que cela soumet les valeurs morales à des calculs économiques. Loin de s'opposer, économie et morale se rapportent donc l'une à l'autre. Mais, en même temps, les deux sont prises dans un report indéfini de détermination rationnelle, puisque aucun calcul établissant une cohérence rationnelle ne peut exister sans faire appel à une règle *ad hoc* échappant à tout calcul.

## 5. Le statut de la philosophie économique

L'universalisation de l'économie amène donc à un effacement de la limite séparant l'économie de la politique comme lieu-tenant de la rationalité pratique philosophique et dont Aristote avait déjà pressenti la possibilité. Cet effacement nous confronte avec une usure de la raison. Il nous renvoie à un en deçà de l'opposition entre économie et politique, entre rationalité instrumentale et rationalité pratique vers un lieu de leur intrication qui signe en même temps l'usure de la rationalité. La délimitation de l'économie et de la politique n'est pas originaire. Leur intrication réciproque a toujours déjà entamé le politique comme tel et donc sa prétention à une *praxis* totalisante, dont la philosophie serait l'expression. Ce qui veut dire qu'un dehors doit échapper à tout usage de la raison. La particularité, qui est chez Hegel précisément particulière parce qu'elle est synthétisable avec l'universalité, reste marquée par une irréductible singularité. Son inscription dans la

16. Voir J. Conlisk, « Why bounded rationality? », *Journal of Economic Literature*, 1996, p. 669-700.

totalité reste abstraite, qu'elle soit violente ou hospitalière. Elle est le fruit d'un compromis, jamais d'une synthèse. Elle garde les restes qui continuent de résister contre l'inscription.

Comment s'engager sur cette piste? Comment avancer philosophiquement vers cette présupposition commune, où économie et philosophie sont encore intriquées, affectant la raison d'usure et fixant par là le statut de ce qu'on pourrait appeler « philosophie économique » ? Celle-ci se déploie désormais dans ce qui ressemble fort à un *double blind.*

D'un côté l'usure de la raison condamne le philosophe à de la retenue. Ne disposant pas d'une raison surplombante, il ne peut plus déterminer la limite garantissant la rationalité de l'économie. Celle-ci se trouve désormais inscrite et développée par le travail des économistes et donc dans un champ extérieur à la philosophie.

Mais, d'autre part, l'économie n'appartient pas pour autant à elle-même. Comment le pourrait-elle, puisque économie et philosophie sont intriquées ? J'ai appelé l'idée du retour « la métaphysique dans les *economics* ». Ceci ne veut pas dire que les sciences économiques devraient se passer d'une telle idée. Il n'y a pas de connaissance sans présupposition, c'est-à-dire sans l'indication d'une limite. Ceci ne veut pas dire non plus que l'idée du retour ne soit pas féconde ou que nous disposions d'une meilleure idée. Au contraire. En attendant des nouveaux développements, il ne semble guère possible de se représenter l'économie autrement qu'en termes de retour et d'équilibre. Ce sont les économistes qui ont le dernier mot à ce sujet. Philosophiquement cette idée est cependant déconstructible et donc livrée au travail du philosophe. C'est son combat. Celui-ci concerne en particulier les oppositions que l'idée du retour met en jeu et qui ne sont pas évidentes, ni neutres politiquement, ni naturelles, comme les économistes aiment à nous le faire croire. Aussi, l'*economy* fausse-t-elle perpétuellement compagnie au retour et à l'équilibre, tout comme « dans les faits » la chrématistique échappe à l'*oikonomia* rendant du même coup aléatoire le retour de la valeur investie. C'est grâce à cela que le temps du retour économique *avance* et s'ouvre à un à-venir. Le temps historique n'est pas celui, pour le dire avec Heidegger, vulgaire, métaphysique et rationnel, des sciences économiques.

La langue de ce combat philosophique n'est pas scientifique, telle qu'on l'entend en sciences économiques. Elle suppose de la part du philosophe une maîtrise au moins passive et pleine de retenue de la langue des sciences économiques. Mais si la présupposition des *economics* est, du moins philosophiquement, déconstructible, si donc la limite qui sépare l'économie de la philosophie, fondant la rationalité économique, se brouille, nous ne savons en fait plus ce que nous disons en parlant d' « économie », ni d'ailleurs de « philosophie ». Celles-ci deviennent philosophiquement des quasi-concepts, car le travail du philosophe consiste précisément à pousser le concept économique scientifique au-delà de lui-même afin qu'apparaissent ses limites qui le définissent sans pouvoir être définissables elles-mêmes.

## Bibliographie

Aristote [1983], *Politiques.* Paris : Nathan.

— [2013], *Éthique à Eudème.* Paris : Flammarion.

Berns E. [2012], *La porosité. Un essai sur le rapport entre économie et politique.* Bruxelles : Ousia.

Conlisk J. [1996], « Why bounded rationality? » *Journal of Economic Literature* 34(2), p. 669-700.

Derrida J. [1967], *L'écriture et la différence.* Paris : Éditions du Seuil.

Derrida J. [1978], *Éperons. Les styles de Nietzsche.* Paris : Flammarion.

Foucault M. [2004], *Naissance de la biopolitique. Cours au Collège de France. 1978-1979.* Paris : Le Seuil/Gallimard.

Heidegger M. [1958], *Essais et conférences.* Paris : Gallimard.

— [1961], *Nietzsche II.* Pfullingen : Neske.

— [1962], *Die Technik und die Kehre.* Pfullingen : Neske.

— [1971], *Nietzsche II.* Paris : Gallimard.

Mongis H. [1976], *Heidegger et la critique de la notion de valeur.* La Haye : Martinus Nijhoff.

# UN PORTAIL ÉLECTRONIQUE EUROPÉEN POUR LES TRADUCTIONS D'OEUVRES ÉCONOMIQUES

Dans le cadre du "Lifelong Learning Program" de l'Union européenne, un projet européen intitulé EE-T a été lancé en 2011, dont l'objet est de mettre en place un portail électronique destiné aux enseignants et chercheurs en Histoire de la pensée économique. Ce portail est conçu comme un outil pour l'enseignement et la recherche portant sur le rôle des traductions de textes économiques dans l'Histoire de la pensée économique en Europe.

Ce portail, dont le contenu est progressivement enrichi, est accessible à l'adresse suivante : http://eet.pixel-online.org et il résulte de la collaboration de dix partenaires contractuels, dont huit universités situées en Allemagne (Hohenheim), Espagne (Barcelone), France (Paris 1 Panthéon-Sorbonne), Grèce (Messolongi), Italie (Pise), Portugal (Lisbonne), Roumanie (Bucarest), Turquie (Ankara). En outre, 26 institutions de recherche ou de diffusion scientifique, appartenant à huit pays, sont partenaires associés à ce programme. Pour la France, il s'agit du Laboratoire d'économie dionysien (LED- Université Paris 8), du Centre de recherche en terminologie et traduction (université Lyon 2), du Centre de recherche en économie de Grenoble (université Pierre-Mendès-France), de l'Association Charles Gide pour l'étude de la pensée économique, et des *Cahiers d'économie politique*, sous le pilotage du Pôle d'histoire de l'analyse et des représentations économiques (PHARE –université Paris 1), partenaire contractuel. Le coordonnateur du programme à l'échelle européenne est Marco Guidi (université de Pise) et la responsable pour la partie française est Nathalie Sigot (université Paris 1 – PHARE).

Sur ce portail, il est possible d'accéder à différentes ressources dans le domaine de l'Histoire de la pensée économique :

- Une base de données de traductions de textes économiques, qui contenait 1203 entrées en octobre 2013 (dont 121 pour les textes en langue française) ;
- Des traductions digitalisées des principaux textes économiques : 65 étaient disponibles à cette date, dont quelques ouvrages en plusieurs langues ;
- Des articles de recherche sur les traductions des œuvres d'auteurs particuliers : 73 étaient disponibles, dont onze sur des traductions en français (concernant Smith, Bentham, Ricardo, Hawtrey, Keynes). Pour des auteurs tels que Smith, Marx et Keynes, des articles distincts traitent des traductions de leurs œuvres dans plusieurs langues, ce qui invite à des recherches comparatives ;
- Des guides de lecture de traductions (une trentaine), destinés plus particulièrement à l'enseignement ;
- Des vidéos sur certaines traductions, destinées elles aussi à l'enseignement ;
- Des liens avec des sites contenant des archives en Histoire de la pensée économique.

Deux rencontres se sont tenues en 2012 et 2013 sur ce projet à Lisbonne et à Paris, ainsi qu'un colloque final en septembre 2013 à Pise. Des sessions ont été organisées autour de lui en 2013 aux conférences annuelles de l'ESHET (à Kingston) et de HES (à Vancouver).

# L'économiste, la cour et la patrie

**Arnault Skornicki**

---

Arnault Skornicki propose un détour historique par la France des Lumières pour mettre au jour l'impensé de ce qui n'était pas encore une discipline universitaire, mais un simple genre intellectuel.

Une étude ambitieuse pour comprendre la naissance du libéralisme.

- ISBN : 978-2-271-07238-2
- Format: 15 x 23
- 448 pages
- 28 €

**CNRS EDITIONS**

15 rue Malebranche 75 005 Paris

Tél: 01 53 10 27 00—Fax : 01 53 10 27 27

11

# REVUE FRANÇAISE DE SOCIO-ÉCONOMIE

**PREMIER SEMESTRE 2013**

## Travail, emploi et politiques sociales

L'approche socio-économique montre toute sa pertinence dans sa capacité à investiguer des objets complexes et irréductibles à l'économisme. C'est en particulier le cas de l'ensemble « Travail, l'emploi et les politiques sociales », dont cette livraison de la *RFSE* propose les regards croisés d'économistes et de sociologues qui en explorent l'histoire ou les développements récents. L'occasion de montrer que « Travail, emploi et politiques sociales » sont de plus en plus entremêlés, soit parce que les espaces de l'action sociale sont aussi la cible de politiques de création d'emploi, ou que les politiques et gestion de l'emploi apparaissent vecteurs de politiques sociales. En se saisissant de ces entrelacements, il s'agit d'analyser, à différents niveaux scalaires – macro, méso ou micro –, les espaces du travail (par l'histoire des temps de travail), de l'emploi (par la notion d'accompagnement dans l'emploi), et de l'action sociale (par l'organisation de l'aide à domicile, par l'analyse des politiques de santé dans le développement, par la relation d'emploi responsable).



ISBN 978-2-7071-7568-7
25 €

L'Harmattan
**Édition -Diffusion**
**5-7, rue de l'École Polytechnique 75005 Paris**

**Tél. 01 40 46 79 20 (comptoir et renseignement libraires)**
**Tél. 01 40 46 79 14 (manuscrits et fabrication)**
**Tél. 01 40 46 79 22 (service de presse)**
**Fax 01 43 25 82 03 (commercial)**
**Fax 01 43 29 86 20 (manuscrits et fabrication)**

**TARIFS PRÉFÉRENTIELS** ACCORDÉS AUX ADHÉRENTS DE L'Association Charles Gide Pour l'Histoire de la Pensée Économique (ACGPE) ou de *l'European Society for the History of Economic Thought* (ESHET). **Joindre les justificatifs.**

---

BULLETIN D'ABONNEMENT POUR LA REVUE « **CAHIERS D'ÉCONOMIE POLITIQUE** » (n[os] 64 à 65)

NOM : ..............................................................................................................

ADRESSE : ..........................................................................................................
.......................................................................................................................

Tarif pour envois en France : 30,80 €

Je joins un chèque de ........ € à l'ordre de l'Harmattan. Pour l'étranger, merci de régler en euros sur banque domiciliée en France, par virement sur notre CCP 23 625 44 N Paris ou par carte bancaire VISA n°................................ date d'expiration........................

---

BULLETIN D'ABONNEMENT POUR LA REVUE « **CAHIERS D'ÉCONOMIE POLITIQUE** » (n[os] 64 à 65)

NOM : ..............................................................................................................

ADRESSE : ..........................................................................................................
.......................................................................................................................

Tarif pour envois à l'étranger 33,80 €

Je joins un chèque de ........ € à l'ordre de l'Harmattan. Pour l'étranger, merci de régler en euros sur banque domiciliée en France, par virement sur notre CCP 23 625 44 N Paris ou par carte bancaire VISA n°................................ date d'expiration........................

---

**Relevé d'identité postale 20041 00001 2362544 N 020 11 PARIS / RC 75 B 3599**
**SIREN 311 023 121 / SIRET 00024 - APE 221 A TVA FR 88 311 023 121**

L'Harmattan
**Édition -Diffusion**
**5-7, rue de l'École Polytechnique 75005 Paris**

**Tél. 01 40 46 79 20 (comptoir et renseignement libraires)**
**Tél. 01 40 46 79 14 (manuscrits et fabrication)**
**Tél. 01 40 46 79 22 (service de presse)**
**Fax 01 43 25 82 03 (commercial)**
**Fax 01 43 29 86 20 (manuscrits et fabrication)**

---

BULLETIN DE RÉABONNEMENT POUR LA REVUE « **CAHIERS D'ÉCONOMIE POLITIQUE** » (n^os^ 64 à 65)

NOM : ..........................................................................................................................

ADRESSE : ..................................................................................................................
..................................................................................................................................

Tarif pour envois en France : 44 €

Je joins un chèque de ........ € à l'ordre de l'Harmattan. Pour l'étranger, merci de régler en euros sur banque domiciliée en France, par virement sur notre CCP 23 625 44 N Paris ou par carte bancaire VISA n°................................ date d'expiration.........................

---

BULLETIN DE RÉABONNEMENT POUR LA REVUE « **CAHIERS D'ÉCONOMIE POLITIQUE** » (n^os^ 64 à 65)

NOM : ..........................................................................................................................

ADRESSE : ..................................................................................................................
..................................................................................................................................

Tarif pour envoi à l'étranger : 47 €

Je joins un chèque de ........ € à l'ordre de l'Harmattan. Pour l'étranger, merci de régler en euros sur banque domiciliée en France, par virement sur notre CCP 23 625 44 N Paris ou par carte bancaire VISA n°................................ date d'expiration.........................

---

**Relevé d'identité postale 20041 00001 2362544 N 020 11 PARIS / RC 75 B 3599**
**SIREN 311 023 121 / SIRET 00024 - APE 221 A TVA FR 88 311 023 121**

**L'HARMATTAN ITALIA**
Via Degli Artisti 15; 10124 Torino

**L'HARMATTAN HONGRIE**
Könyvesbolt ; Kossuth L. u. 14-16
1053 Budapest

**L'HARMATTAN KINSHASA**
185, avenue Nyangwe
Commune de Lingwala
Kinshasa, R.D. Congo
(00243) 998697603 ou (00243) 999229662

**L'HARMATTAN CONGO**
67, av. E. P. Lumumba
Bât. – Congo Pharmacie (Bib. Nat.)
BP2874 Brazzaville
harmattan.congo@yahoo.fr

**L'HARMATTAN GUINÉE**
Almamya Rue KA 028, en face du restaurant Le Cèdre
OKB agency BP 3470 Conakry
(00224) 60 20 85 08
harmattanguinee@yahoo.fr

**L'HARMATTAN CAMEROUN**
BP 11486
Face à la SNI, immeuble Don Bosco
Yaoundé
(00237) 99 76 61 66
harmattancam@yahoo.fr

**L'HARMATTAN CÔTE D'IVOIRE**
Résidence Karl / cité des arts
Abidjan-Cocody 03 BP 1588 Abidjan 03
(00225) 05 77 87 31
etien_nda@yahoo.fr

**L'HARMATTAN MAURITANIE**
Espace El Kettab du livre francophone
N° 472 avenue du Palais des Congrès
BP 316 Nouakchott
(00222) 63 25 980

**L'HARMATTAN SÉNÉGAL**
« Villa Rose », rue de Diourbel X G, Point E
BP 45034 Dakar FANN
(00221) 33 825 98 58 / 77 242 25 08
senharmattan@gmail.com

**L'HARMATTAN TOGO**
1771, Bd du 13 janvier
BP 414 Lomé
Tél : 00 228 2201792
gerry@taama.net

Achevé d'imprimer par Corlet Numérique - 14110 Condé-Sur-Noireau
N° d'imprimeur : 103585 - Dépôt légal : décembre 2013 - *Imprimé en France*

www.ingramcontent.com/pod-product-compliance
Lightning Source LLC
LaVergne TN
LVHW011007061026
849535LV00006B/1754